AF229994

44581

DE LA CONDITION

DES ALIÉNÉS

EN DROIT ROMAIN ET EN DROIT FRANÇAIS

THÈSE POUR LE DOCTORAT

Soutenue le **15 juin 1870**, à deux heures

PAR

GABRIEL SIMON

AVOCAT A LA COUR IMPÉRIALE

Président : M. Bufnoir,

Suffragants :
MM. Colmet d'Aage,
Machelard,
Duverger,
} *professeurs.*

Desjardins, *agrégé.*

PARIS

A. DURAND ET PEDONE-LAURIEL, LIBRAIRES-ÉDITEURS

9, RUE CUJAS

1870

DE LA CONDITION
DES ALIÉNÉS.

Qu'est-ce que l'aliénation mentale ? qu'est-ce qu'un aliéné ? Telle est la première question qui se pose au début de cette étude, la première que nous devions essayer de résoudre.

Si nous interrogeons sur ce point un dictionnaire, nous y trouvons ceci : *Aliénation mentale,* « égarement d'esprit, folie. » *Aliéné,* « s'emploie substantivement et absolument pour désigner ceux qui sont fous, qui ont perdu l'esprit. »

Ces définitions ne sont, il faut bien le dire, dans leur banalité et leur indécision, que le reflet des notions vagues et confuses que présentent à l'esprit ces mots de folie et d'aliénation mentale, de fou et d'aliéné. Lorsque nous voyons certaines personnes en proie au délire, aux visions mensongères, aux déréglements de l'imagination, porter les jugements les plus erronés, se livrer aux actes les plus extravagants ; lorsque nous en voyons d'autres vivre dans l'imbécillité ou dans l'abrutissement, nous appliquons sans hésitation à ces personnes les qualifications de folles et d'aliénées.

Mais quand se pose cette question : Qu'est-ce que la folie? nous sommes infiniment plus embarrassés. C'est qu'en effet rien n'est plus difficile que de trouver, ou pour mieux dire il est impossible de trouver une définition satisfaisante de la folie.

A défaut de cette définition nous exposerons rapidement le résumé des opinions et des systèmes auxquels a donné naissance l'étude de l'aliénation mentale, au point de vue de sa nature et au point de vue de ses caractères (1).

I. Au point de vue de sa nature, la folie a été, tant dans l'antiquité que dans les temps modernes, considérée par les uns comme une maladie de l'esprit, par les autres comme une maladie du corps.

La doctrine qui considère la folie comme une maladie de l'esprit et à laquelle on pourrait donner le nom de doctrine idéaliste, paraît avoir régné dans l'antiquité alors que l'on cherchait et que l'on trouvait dans la colère des dieux l'explication

(1) Nous empruntons les notions qui suivent au livre de M. Albert Lemoine : *L'aliéné devant la philosophie, la morale et la société*, in-12, Didier.

de cette maladie de l'âme. Dans les temps modernes Stahl, Heinroth et Ideler en Allemagne ont repris et soutenu cette thèse qui, chez nous aussi, a trouvé un sérieux défenseur dans Leuret, l'auteur des « *Fragments psychologiques sur la folie.* »

La doctrine contraire, qui fait de la folie une maladie du corps, et à laquelle on peut donner le nom de doctrine physiologique, compte un bien plus grand nombre de partisans. Ses adeptes s'accordent presque unanimement à déclarer que la folie a toujours son principe dans une altération organique, qu'elle est une maladie corporelle dont l'altération des facultés mentales n'est qu'un effet ou un symptôme (1).

Voici les conclusions auxquelles arrive la doctrine physiologique :

(1) *Op. cit.*, p. 90. — « Il serait injuste de croire que la philosophie spiritualiste abonde naturellement dans le sens de la doctrine de Stahl ou de Heinroth , d'Ideler ou de Leuret, que le spiritualisme pousse nécessairement ceux qui le professent vers la doctrine idéaliste qui fait de la folie une maladie de l'âme... Le vrai spiritualisme, bien loin de repousser comme contraire à ses principes et à sa foi la doctrine physiologique, l'accepte, l'appelle et ne lui fournit pas ses moins bons arguments. Depuis Aristote jusqu'à Maine de Biran, en comprenant dans la série Descartes, Malebranche, Leibnitz au dix-septième siècle, et plusieurs écrivains distingués du dix-huitième , les philosophes spiritualistes ont presque tous favorisé par leurs principes , sinon par l'expression formelle de leur pensée, la doctrine physiologique qui rapporte la folie à une altération des organes. » *Id.*, p. 91 et 92.

« 1° La folie n'est pas une maladie propre de l'esprit. Un fou n'est pas seulement un homme qui se trompe. »

« 2° La folie n'est pas non plus, à parler rigoureusement, une maladie purement organique. Un fou n'est pas seulement un corps ou un cerveau malade. »

« 3° La folie a sa racine dans un état anomal, pathologique, des organes corporels. »

« 4° C'est l'erreur, c'est le délire, c'est un trouble quelconque des facultés intellectuelles ou morales qui constitue essentiellement la folie. Elle a son foyer dans les organes et son siége dans l'esprit. »

« 5° Au point de vue médical, pathologique, thérapeutique, le trouble intellectuel est le symptôme du mal physique ; c'est ce mal physique qui appelle l'attention du médecin, qu'il faut connaître et combattre. »

« 6° Au point de vue psychologique, moral, social, le trouble intellectuel est la chose capitale qui entraîne les plus graves conséquences et constitue le fou dans un état exceptionnel (1). »

II. Il nous reste à déterminer en quoi consiste ce trouble intellectuel et quels sont ses caractères.

« On a considéré comme étant la lésion spirituelle qui constitue essentiellement ou qui caractérise le mieux l'état mental du fou tantôt le déré-

(1) *Op. cit*, p. 163.

glement de la volonté et l'abolition du libre arbitre, tantôt le désordre de l'intelligence, l'erreur du jugement, tantôt enfin le trouble de la sensibilité, l'anarchie ou la tyrannie des sensations, des sentiments et des passions. Il y a certainement une bonne part de vérité dans chacune de ces trois opinions différentes ; mais elles sont toutes exclusives. La folie ne peut être caractérisée exclusivement et absolument ni par l'abolition de la volonté, ni par l'erreur des jugements, ni par le trouble de la sensibilité (1). » Voici, en définitive, quelles sont sur ce point les conclusions de M. Albert Lemoine :

« Les lois ordinaires qui régissent dans la santé les rapports de l'âme et du corps les régissent également dans la maladie.

« Les modifications régulières des organes n'agissent directement sur l'âme qu'en modifiant l'état de la sensibilité. Les phénomènes morbides ne portent aussi directement le désordre que dans les phénomènes sensibles.

« C'est en vertu de leurs lois propres et indépendantes, et des règles ordinaires qui gouvernent les rapports de nos facultés entre elles, que l'entendement et la volonté se comportent dans la folie.

« Il n'y a point de folie sans un désordre préalable de la sensibilité ; mais ce désordre des sensations ou des sentiments ne suffit pas à constituer et à

(1) *Op. cit.*, p. 228.

caractériser la folie, il n'en est que le prodrome et la racine psychologique.

« La folie ne commence réellement pour l'esprit que quand l'intelligence accepte comme vraies les illusions des sens, ou quand la volonté est ravie violemment par les mouvements désordonnés de la sensibilité ou opprimée par son apathie.

« On ne peut pas dire que l'état mental du fou soit caractérisé exclusivement par l'aberration du jugement ; car, si le plus souvent l'égarement de la volonté n'est que la conséquence de l'aberration du jugement, il arrive parfois aussi que la raison juge sainement, condamne les mouvements insensés que l'âme éprouve, et que, malgré cette rectitude du jugement, la volonté du malade soit ravie par la violence de la passion.

« Encore moins peut-on dire que l'aberration de la volonté soit le caractère exclusif de l'état mental du fou ; car la plupart du temps l'égarement de la volonté n'est que la conséquence de celui de la raison et ne le suit qu'à un long intervalle, de sorte que la folie est déjà constituée par le seul délire du jugement, avant qu'elle se manifeste par celui des actes (1).

(1) Nous croyons, pour nous, qu'il y a là une distinction un peu subtile, et nous avons peine à voir comment l'égarement du jugement pourra rester sans influence sur la volonté. D'ailleurs cette distinction, fût-elle exacte, n'a pas d'importance au point de vue juridique ; car, tant que la folie n'exerce pas son

« L'aberration du jugement et l'égarement de la
volonté sont deux caractères de la folie aussi importants l'un que l'autre. Le plus souvent ils se trouvent réunis et l'un appelle l'autre ; le plus souvent
ce sont les erreurs du jugement qui entraînent le
déréglement de la volonté parce qu'elle n'a plus pour
s'éclairer la lumière du vrai ; parfois encore c'est
l'égarement de la volonté, l'abolition du libre arbitre qui entraîne l'aberration du jugement, parce
qu'il n'a plus pour se diriger le secours d'une volonté ferme. Mais ils s'offrent quelquefois isolé-
ment, èt un seul de ces deux caractères suffit à
constituer l'esprit qui le présente en état de folie.

« Il faut surtout se garder d'affirmer ou même
de supposer que l'état mental du fou consiste dans
l'abolition complète du libre arbitre. Celui-là est
fou sans doute et même sa folie est à son comble,
qui a perdu toute liberté de vouloir. Mais il ne s'en-
suit pas qu'il soit nécessaire qu'un malade ait perdu
toute liberté pour qu'il mérite le nom de fou.
Alors même que la folie consiste dans l'égarement
de la volonté, le libre arbitre peut coexister dans

influence sur les actes du fou, — si on admet que cela puisse arriver, — il n'y a pas lieu de s'en occuper soit au point de vue
de la capacité de faire ces actes, soit au point de vue de leur
validité ; d'où l'on peut conclure que la folie ne commence
jamais à exister , au moins au point de vue juridique, qu'autant que la volonté est attaquée, que son trouble procède directement d'ailleurs du désordre de la sensibilité ou du désordre du jugement.

une certaine mesure avec la folie ; jusqu'à un certain point la maladie organique, le désordre de la sensibilité, le délire de l'intelligence peuvent amoindrir ou opprimer la liberté du fou sans l'abolir entièrement (1). »

La doctrine que nous venons d'exposer n'a pas été universellement adoptée. Il est sur ce point une autre théorie, la théorie de l'automatisme, développée en dernier lieu par Maine de Biran qui pose ces deux principes : 1° Le trouble de la volonté est la cause première du désordre des facultés sensibles et intellectuelles, des sensations illusoires, des jugements erronés, en un mot de tous les phénomènes physiologiques dont la folie offre le spectacle. 2° Ce trouble essentiel de la volonté libre, première origine et dernière explication de l'état mental du fou, n'est pas seulement une altération, une diminution, mais une suspension complète, une abolition totale de la liberté de vouloir.

Maine de Biran justifie ce second principe en invoquant une doctrine antique et populaire, la doctrine de Zénon et de Descartes, selon laquelle la volonté libre est une puissance absolue et toute d'une pièce, qui chez l'homme a des limites aussi étroites que l'on voudra, mais qui, dans l'enceinte de ces limites, n'admet point de degrés de plus ou de moins, que l'on conserve intacte tant qu'on la

(1) *Op. cit.*, p. 270 et suiv.

possède, que l'on perd tout entière et d'un seul coup, « *qui ne semble pas plus grande dans Dieu que dans moi, qui consiste dans une seule chose et comme dans un indivisible, à laquelle on ne saurait rien ôter sans la détruire* (1). »

Entre ces deux doctrines nous n'avons point à nous prononcer ; nous tenions seulement à en établir l'existence pour montrer plus tard leur influence respective sur le droit.

Ce que nous voulons tirer aussi de l'exposé de ces deux doctrines, c'est que toutes deux considèrent la folie comme la source d'une altération considérable de l'intelligence et de la volonté.

Un pareil état, une maladie qui attaque l'entendement et le libre arbitre, ne pouvait pas laisser le législateur indifférent.

Lorsqu'en effet il consacre au profit de l'homme certains droits et lui impose certains devoirs, c'est évidemment dans la pensée que celui-ci saura user avec discernement de ces droits, qu'il comprendra l'importance de ces devoirs et le respect qui leur est dû, que dans tous les cas aussi il agira dans la plénitude de sa liberté.

En présence du fou chez qui la liberté n'existe plus, chez qui l'intelligence s'éteint dans l'imbécillité ou l'abrutissement, le devoir du législateur était évidemment de déroger par des mesures spéciales

(1) Descartes, *Quatrième Méditation métaphysique.* — *Op. cit.,* p. 276.

aux règles générales qu'il avait posées à l'usage des personnes saines d'esprit.

Ce sont ces règles spéciales relatives aux aliénés que nous étudierons tour à tour dans le droit romain, notre ancien droit français et notre droit moderne.

DROIT ROMAIN.

CHAPITRE PREMIER.

DE LA CONCEPTION JURIDIQUE DE LA FOLIE CHEZ LES ROMAINS.

Chez les Romains, la philosophie et la médecine vinrent-elles, dès le principe, à l'aide du législateur pour lui permettre en déterminant, — la première, les caractères internes, — la seconde, les caractères externes de la folie, de fixer d'une part les conséquences légales de cet état, et de reconnaître d'autre part les personnes auxquelles devaient s'appliquer ces conséquences ?

Sans doute il n'en fut point ainsi, et si nous trouvons dans les XII Tables les traces de dispositions législatives concernant le furieux, nous croyons qu'il faut voir dans ces dispositions non point tant l'expression d'études psychologiques, qu'une mesure conservatoire introduite aussi bien dans l'intérêt de la famille que dans l'intérêt de la personne et des biens du furieux lui-même; et que, si la situation du furieux fut dès lors modifiée, cette modification fut moins le résultat de l'application d'un principe philosophique que la conséquence d'une mesure de protection. Et c'est pour cela sans doute que la loi des XII Tables ne s'occupait que du furieux, c'est-à-dire de celui dont les excès, en même temps qu'ils frappaient tous les yeux, pouvaient avoir pour sa personne et pour son patrimoine les suites les plus funestes (1).

Plus tard, à côté des motifs d'utilité qui avaient fait introduire les premières dispositions législatives, se placèrent des considérations d'un ordre plus élevé.

Les jurisconsultes romains dégagèrent, avec l'aide de la philosophie stoïcienne, le vrai motif qui commandait de modifier la capacité du furieux, c'est-à-dire l'absence de cette volonté libre (2) qui est nécessaire à l'homme pour pouvoir figurer, la plu-

(1) Il est en effet bien difficile d'admettre ce que dit Cicéron : « Non est scriptum, si insanus, sed si furiosus esse incipit : stultitiam enim censuerunt posse tamen tueri mediocritatem officiorum et vitæ cultum communem atque usitatum : furorem autem esse rati sunt ad omnia cæcitatem... » *Tuscul. quæst.*, l. III, c. 5.

(2) « Furiosi nulla voluntas est. » Afric., l. XLVII, *De adquir. vel omitt. hered.*, 29, 2. « .... Nec furiosi ullum esse consensum manifestum est. » Diocl. et Maxim., const. 11, C. *De contr. emptione*, 4, 38. Mais la plupart du temps les jurisconsultes expriment la même idée à l'aide de métaphores; le fou est *loco absentis, vel ignorantis, quiescentis aut dormientis* et même *loco mortui.* V. Paul, l. CXXIV, *De reg. jur.*, 50, 17; Julien, l. II, § 3, *De jure codicill.*, 29, 7; Paul, l. I, § 3, *De acquir. vel amitt. possess.*, 41, 2; Jul., l. 2, § 5, *de acquir. vel omitt. hered.*, 29, 2; Afric., l. XXIV, § 1, *Ratam rem*, 46, 8.

part du temps au moins, dans les relations de la vie civile et de la vie publique, et en vinrent, par suite, à poser les vraies limites de sa capacité et de son incapacité.

De son côté la médecine n'avait pas tardé à découvrir et à signaler la perversion des facultés intellectuelles chez des personnes qui ne présentaient pas les caractères extérieurs de la fureur. Dès la fin du cinquième siècle avant Jésus-Christ, Hippocrate avait décrit le délire et la mélancolie. Après lui, Dioclès, Asclépiade, Arétée, Soranus, Galien, étudièrent avec soin les maladies mentales. On en vint ainsi à distinguer le *stultus*, le *fatuus*, le *mente captus*, c'est-à-dire l'individu qui manque d'idées, l'idiot, du *demens*, de l'*amens*, de l'*insanus*, c'est-à-dire de l'individu en démence, et ceux-ci du *furiosus*, c'est-à-dire de l'individu en proie à une folie violente et dangereuse.

Chez toutes ces personnes les facultés mentales étaient plus ou moins profondément altérées. De là, pour les prudents et les préteurs, la nécessité de prendre à l'égard de celles dont la loi des XII Tables ne s'était point occupée, et que les progrès de la médecine signalaient à leur attention, des mesures que commandaient en même temps des motifs d'utilité et des considérations de l'ordre psychologique.

Mais ces catégories, ces distinctions établies par la médecine mentale parmi les fous, devaient-elles passer dans la loi, et la capacité d'un individu devait-elle être modifiée d'une façon ou d'une autre, suivant que sa folie présenterait tel ou tel caractère, et le rangerait parmi les *mente capti*, les *dementes* ou les *furiosi?*

Cette capacité devait-elle encore varier avec la violence de la maladie, s'étendre ou se restreindre suivant les phases que parcourrait la folie?

C'est ici qu'apparaît l'influence de la philosophie stoïcienne dans le droit romain. Nous avons vu que cette doctrine n'admettait point de degrés dans la liberté, qu'elle déclarait la liberté morte dès qu'elle était atteinte. Cette théorie passa dans le droit romain ; dès que la folie était reconnue, on considérait qu'au point de vue du droit comme au point de vue psychologique la liberté de l'agent était complétement détruite.

Il résulte de ces considérations que si notre classification des fous présentait au point de vue médical quelque utilité, il n'en était pas de même au point de vue juridique. Tous les genres de folie, de quelque manière d'ailleurs qu'ils se manifestassent extérieurement, présentaient au regard du droit romain ce caractère commun : l'abolition complète du libre arbitre.

Or cette abolition de la volonté libre constitue précisément le fondement de la modification que doit subir la capacité des aliénés ; tous les genres de folie présentant ce même caractère, tous les fous devaient voir régler de la même façon par le droit romain leur condition dans la vie civile et dans la vie publique.

C'est en effet ce qui est arrivé, et c'est ce qui fait aussi que les mots *dementes*, *amentes*, *insani*, *furiosi*, *mente capti*, *stulti*, *fatui*, etc., furent, au point de vue juridique, complétement assimilés, si bien que dans tous les textes que nous rencontrerons, ces désignations, que la jurisprudence empruntait à la médecine mentale, ne devront point être entendues dans leur sens spécial et restreint, mais devront être prises au contraire dans un sens général, et étendues, — à moins d'une exception formelle, — à tous les aliénés sans distinction.

CHAPITRE II.

PRINCIPES GÉNÉRAUX SUR LES EFFETS DE LA FOLIE.

Nous l'avons déjà dit : le fondement de la modification que subit la situation légale de l'aliéné dans la société, c'est la perte du libre arbitre.

Abordons maintenant les conséquences qui découlent de ce principe. Il en résulte :

1° Qu'à l'égard des actes de la vie civile ou de la vie publique qui exigent l'exercice, la possession du libre arbitre, le fou doit être, en droit, incapable de les accomplir.

2° Qu'en dehors de ces actes sa capacité doit rester pleine et entière.

3° Qu'enfin, il suffit que le fou recouvre sa libre volonté pendant un temps quelconque, pour qu'immédiatement sa capacité reparaisse aussi complète que celle de l'homme qui est toujours resté sain d'esprit.

Ces trois conséquences déduites par la logique la plus rigoureuse d'un principe unique dominent tout le droit romain ; toutes les dispositions de ce droit à l'égard des aliénés n'en sont, ainsi que nous le verrons, que les strictes applications.

CHAPITRE III.

SECTION I.

De la nécessité d'un pouvoir tutélaire auprès de l'aliéné et de l'organisation de ce pouvoir.

En même temps que le fou perdait la volonté, il perdait aussi, et par une conséquence nécessaire, la faculté de disposer de lui-même, et de veiller à la conservation de ses biens. De là, pour le législateur, la nécessité de mettre à côté de l'aliéné une ou plusieurs personnes chargées de veiller sur lui, et armées du pouvoir de faire en ses lieu et place les actes nécessaires à la conservation, à l'administration, et quelquefois même à la disposition de son patrimoine.

C'est l'organisation de ce pouvoir tutélaire à Rome que nous nous proposons d'étudier ici.

Nous avons eu déjà l'occasion de dire que la loi des XII Tables s'était occupée des aliénés, ou, pour parler plus exactement, des furieux ; que dès cette époque le législateur avait songé à protéger la personne et le patrimoine des furieux.

Mais, si haut que remonte la loi des XII Tables, elle paraît n'avoir fait autre chose que sanctionner un usage existant déjà sous les rois. Si l'on en croit Ulpien, en effet, la loi des XII Tables n'apporta aucune innovation, elle ne fit que consacrer l'œuvre du temps et des mœurs (1).

Le texte même de la loi des XII Tables nous a été conservé par Cicéron (2) ; il le rapporte ainsi :

« *Si furiosus escit* (3) *agnatorum gentiliumque in eo pecuniaque ejus potestas esto.* »

Festus paraît nous donner le complément de ce texte dans cette phrase : « *Ast ei custos nec escit* (4). »

Ce texte forme, d'après M. Ortolan, la disposition vii de la Table V, et doit se traduire ainsi :

« Pour le fou qui n'a pas de curateur, que le soin de sa personne et de ses biens soit à ses agnats, et, à défaut, à ses gentils. »

(1) Ulp., l. I, pr. *De curat. fur.*, 27, 10.
(2) Lib. *De Inventione*, 2, 50 ; Tuscul., quæst. 3, 5 ; *De republ.*, 3, 23 ; *Auctor Rhetor. ad Herenn.*, 1, 13. — Voyez aussi Ulp., *Regul.*, 12, § 2, etc.
(3) Ou : « Si furiosus esse incipit. »
(4) Festus, *De verborum significatione*, v° *Nec*.

Assurément ce texte est très-vague. Quel était ce curateur à défaut duquel le soin de la personne et des biens du furieux passait à ses agnats et à ses gentils? Tous les furieux sans exception étaient-ils soumis à la curatelle? Qu'advenait-il de l'affranchi qui ne pouvait avoir ni agnat ni gentil? A quelles règles le pouvoir des curateurs était-il soumis, et quelles garanties offrait-il à ceux qui le subissaient? Ce sont là autant de questions sur lesquelles la loi décemvirale, s'en référant sans doute à des usages antérieurs, restait muette ; mais, par son laconisme même, elle laissa un vaste champ à la sagacité des prudents et des préteurs à venir.

Nous l'avons déjà dit : grâce au développement de la médecine mentale et au progrès des idées philosophiques, la jurisprudence en arriva promptement à étendre aux autres aliénés les dispositions protectrices des seuls furieux. La jurisprudence avait été cependant précédée dans cette voie par un plébiscite rendu pendant la deuxième guerre punique, la loi Plætoria, qui parle de curateurs donnés « *propter dementiam* ». Les véritables dispositions de cette loi qui nous restent inconnues semblent n'avoir été qu'une application plus étendue du principe déposé dans la loi des XII Tables.

Quoi qu'il en soit d'ailleurs des dispositions de cette loi Plætoria, la jurisprudence, les édits des préteurs et les constitutions impériales étendirent à toutes les classes d'aliénés les dispositions protectrices dont la trace apparaît pour la première fois dans la législation des Décemvirs. Étudions l'organisation de ce pouvoir tutélaire tel qu'il nous apparaît à l'époque de Justinien.

A cette époque, ce pouvoir pouvait se présenter sous les quatre formes différentes : 1° de la puissance paternelle ; — 2° de la tutelle ordinaire ; — 3° de la curatelle ordinaire ; — 4° de la curatelle spéciale.

1° Le fou se trouvait-il sous la puissance de son père, l'affection paternelle répondait outre mesure du zèle qui veillerait tant à sa personne qu'à ses intérêts (1) ; le père avait l'administration du pécule *castrens* ou *quasi castrens* et de tous les biens acquis par son fils insensé avant ou depuis sa maladie. Il paraît d'ailleurs, d'après Justinien lui-même, que ce principe avait été déjà bien avant lui posé par Tertullien, mais d'une façon assez peu explicite cependant pour que lui-même ait cru bon de s'en expliquer formellement (2).

2° et 3°. Le fou était-il *sui juris,* mais impubère ou mineur de vingt-cinq ans? dans ce cas on s'attachait à son âge plutôt qu'à la folie, et on lui donnait un tuteur ou un curateur «*non ut furioso, sed ut pupillo aut adolescenti* (3). »

(1) « Quis enim talis adfectus extraneus inveniatur, ut vincat paternum, vel cui alii credendum est res liberorum gubernandas, parentibus derelictis? » Just., const. 7, pr. C. *De cur. fur.,* 5, 70.

(2) *Eod. loc.*

(3) « Quia lex XII Tabularum ita accepta est ut ad pupillos

Dans ce cas, la curatelle ordinaire durait jusqu'à vingt-cinq ans, alors même que l'adulte venait à guérir avant cette époque ; mais elle devait cesser à vingt-cinq ans, encore que la folie n'eût point disparu, pour faire place à la curatelle spéciale.

4° Nous connaissons l'origine de la curatelle spéciale, nous savons quel en était le but ; il résulte enfin de ce que nous avons dit jusqu'ici, qu'elle s'appliquait à tous les fous majeurs de vingt-cinq ans et *sui juris*, sans exception. Il nous reste à étudier de quelle manière elle s'établissait, quelles personnes pouvaient en être chargées, quelles garanties enfin étaient données au fou dont la personne et le patrimoine étaient ainsi livrés à des mains étrangères.

Au point de vue de son établissement, la curatelle spéciale pouvait être : 1° légitime ; 2° honoraire. Elle ne pouvait jamais être testamentaire ; cependant il était dans l'usage de confirmer la nomination d'un curateur faite par le testament du père (1). Cet

vel pupillas non pertineat. » Ulp., l. III, pr. *De tutel.*, 26, 1. — « ..... Ei quem ætas curæ vel tutelæ subjicit, non esse necesse quasi dementi quæri curatorem : et ita Imperator Antoninus Augustus rescripsit : cum magis ætati, quam dementiæ tantisper sit consulendum. » *Ibid.*, § 1.

(1) *Instit.*, 1, 23, § 1. — Modest., l. I, § 3, *De confirm. tut. vel cur.*, 26, 3. — Tryphon, l. XVI, pr. *De cur. fur.*, 27, 10. — Const. 27, Just., C. *De episc. audient.*, 1, 4. — Const. 7, § 5, Just., C. *De cur. fur.*, 5, 70. — Const. 7, Diocl. et Max., C. *De testam. tut.*, 5, 28.

usage, sanctionné déjà par un rescrit de Marc-Aurèle, reçut de Justinien une nouvelle autorité.

1° *De la curatelle légitime.* — La curatelle légitime est celle qui est déférée par la loi des XII Tables aux agnats des furieux.

Sur ce point d'ailleurs, comme au point de vue de la succession *ab intestat*, l'empereur Anastase assimila les frères émancipés aux agnats (1).

Disons, dès à présent, qu'il pouvait arriver que la *potestas* du curateur légitime fût purement nominale : « *Sæpe ad alium a lege XII Tabularum curatio furiosi..... pertinet, alii Prætor administrationem dat, scilicet cum ille legitimus inhabilis ad eam rem videatur* (2). » Il y a dans ce cas existence simultanée de la curatelle légitime et de la curatelle honoraire.

2° *De la curatelle honoraire.* — La curatelle honoraire ou dative est celle qui est conférée par les magistrats. La curatelle doit être conférée par les magistrats toutes les fois qu'il s'agit d'un aliéné autre qu'un furieux, et même s'il s'agit d'un furieux, toutes les fois que celui-ci n'a point d'agnat (3); ou encore, si le plus proche agnat est inhabile à l'administration, s'il se fait excuser ou destituer de la curatelle légitime.

(1) Const. 5, Anast., C. *De cur. fur.*, 5, 70.
(2) Gaïus, l. XIII, D., *De cur. fur.*, 27, 10.
(3) Ce qui arrive toutes les fois que le furieux est un affranchi.

Dans tous ces cas les magistrats nomment eux-mêmes le curateur, de sorte que la curatelle honoraire est devenue de beaucoup la plus commune (1).

Mais, pour être devenue ainsi d'un plus fréquent usage que la curatelle légitime, la curatelle honoraire a-t-elle fini par supplanter définitivement et par faire absolument disparaître cette curatelle légitime?

C'est ce que nous aurions peine à admettre malgré l'autorité de M. Demangeat : « Il paraît, dit-il, que dans l'usage les curateurs étaient toujours nommés par les magistrats. C'est du moins ce qu'on peut conclure de ce passage des *Institutes* où, après avoir dit que le *furiosus* est sous la tutelle légitime de ses agnats, on ajoute : « *Sed solent Romæ Præfectus urbi vel Prætor, et in provinciis Præsides ex inquisitione eis curatores dare* (2). »

Cette interprétation du passage que nous venons de citer nous paraît difficile à admettre en présence de la Constitution xxvii au C. de Justinien *De episcop. audient.* (1,4), constitution dont la date (530) se rapproche singulièrement de celle des *Institutes* (533), et qui parle en termes exprès

____

(1) *Inst.*, 1, 23, § 3. — Gaius, l. XIII, *De curat. fur.*, 27, 10. — Ulp., l. XI, §§ 1 et 2, *De testam. tutel.*, 26, 2.

(2) *Inst.*, § 3 in fine, *De curat.* — Voir M. Demangeat, t. Ier, p. 399. — Cujas émet la même opinion in lib. I, cap. xxiii, *Comm. ad Inst.*

de la curatelle légitime, tandis que d'un autre côté la paraphrase de Théophile explique notre passage des *Institutes* en disant que les magistrats donnent des curateurs aux furieux quand il n'y a pas d'agnat, ou quand le plus proche agnat est inhabile à l'administration (1).

Pour nous, s'il nous est permis d'exprimer sur ce point notre opinion personnelle, nous croyons qu'il y aurait à faire ici une distinction. Nous pensons que la curatelle légitime des furieux continua jusque sous Justinien d'appartenir aux agnats et qu'aucun magistrat ne songea jamais à la leur enlever.

Il nous semble qu'il y eût eu là une violation trop directe, trop flagrante de la loi des Douze Tables pour qu'un préteur se fût jamais permis une telle irrévérence envers ces lois quasi sacrées; mais ce que nous admettons d'ailleurs parfaitement, c'est que le curateur légitime, saisi en quelque sorte par la loi elle-même de l'administration de la personne et de la gestion des biens du furieux, put pendant longtemps s'emparer de cette administration et de cette gestion sans aucune intervention du magistrat; que peu à peu sans doute cette faculté fut restreinte par les magistrats, et qu'il vint un moment où le curateur légitime, le curateur désigné par la loi, dut se soumettre avant d'entrer en fonctions à

(1) Voir M. Ortolan, t. II, n° 270, *Expl. hist. des Inst.*

recevoir de la part du magistrat une sorte d'inves-
titure. En définitive, il restait encore entre le curateur légitime et le curateur honoraire cette différence, que le premier était désigné par la loi
elle-même, que le second était choisi par le préteur ; mais la condition du premier s'était rappro-
chée de celle du second en ce que le curateur légitime était, à l'époque de Justinien, et contrairement
à un usage antérieur, obligé, avant d'entrer en fonctions, de se présenter devant les personnes chargées
de procéder aux formalités de la *creatio.*

Ce sont ces formalités de la *creatio* du curateur qu'il nous reste à examiner rapidement ; mais
il convient de voir auparavant quelles personnes
devaient ou pouvaient provoquer la nomination
du curateur, et de dire un mot d'une formalité qui
devait précéder cette nomination.

Quant aux personnes qui devaient ou pouvaient demander la nomination du curateur, il
faut appliquer ici les règles générales déposées
dans le Digeste et dans le Code aux titres : « *Qui
petant tutores vel curatores* (1). » Il résulte de ces
règles que la mère et les affranchis sont obligés
de réclamer la nomination ; que les parents, les
alliés, les amis eux-mêmes ont la faculté de
la provoquer.

Cette faculté appartient donc aussi au fils d'après

(1) Dig., 26, 6, et C. 5, 31.

les principes généraux ; la constitution 3 au C.
De curat. furios, confirme expressément cette conséquence ; mais nulle part nous ne trouvons à
son égard la trace, — trace qu'on a en vain cherchée selon nous dans la novelle 115 (1), — d'une
obligation semblable à celle de la mère qui devait
demander un curateur pour son fils en démence,
sous peine d'être écartée de sa succession (2).

Arrivons à la formalité qui doit précéder la
creatio curatoris. « *Observare prætorem oportebit*,
dit Ulpien, *ne cui temere citra causæ cognitionem
plenissimam curatorem det : quoniam plerique vel
furorem vel dementiam fingunt, quo magis, cura-
tore accepto, onera civilia detrectent* (3). »

Il était donc du devoir du préteur de faire préa-
·lablement à la dation du curateur une enquête
destinée à éclairer sa religion sur la réalité de la
folie. Il ne fallait pas que, sous couleur de démence
ou de fureur, on pût trop facilement se faire nommer un curateur, et dès lors décliner plus aisé-
ment les fonctions publiques. Nous aurons l'occasion de revenir plus tard sur ce texte et sur le
motif, — en apparence singulier, — qu'Ulpien met
en avant pour faire ressortir l'utilité de l'enquête (4). Constatons seulement dès à présent que

(1) Const. 28 authent. , C. *De episc. audient.*, 1, 4 ; nov.
115, cap. III, § 12, et cap. IV, § 6.

(2) Ulp., l. II, § 31, *Ad S. C. Tertull.*, 38, 17.

(3) Ulp., l. VI, *De curat. fur.*, 27, 10.

(4) Voy. pages 36 et 130.

la dation du curateur devait être précédée d'une enquête.

Il nous reste à parler de la *creatio curatoris* elle-même ; et tout d'abord des magistrats devant lesquels elle se passait.

Le magistrat chargé de la nomination du curateur était jadis, à Rome, le préfet de la ville ou le préteur ; dans les provinces le président ou le proconsul (1). D'après les constitutions de Justinien, il était procédé à la *creatio curatoris* à Constantinople par le préfet assisté ou non du Sénat, suivant que le fou était ou n'était point noble ; dans les provinces par le président, qui devait s'adjoindre l'évêque et trois notables (2).

Cette *creatio curatoris* comprenait, en général au moins, une double opération :

1° Le choix de la personne à laquelle on voulait conférer la curatelle ;

2° L'accomplissement, préalable à l'entrée en fonctions de cette personne, de certaines formalités.

Il n'appartenait aux magistrats de choisir par eux-mêmes le curateur, — et c'est pour cela que nous faisions tout à l'heure une restriction, — qu'autant qu'il n'avait point été désigné par le père dans son testament ou par la loi des

(1) *Inst.*, 1, 23, § 3. — Ulp., l. I, *De tut. et curat. dat.*, 26, 5.

(2) Const. 27, Just., C. *De episc. audient.*, 1, 4. — Const. 7, §§ 5 et 6, Just., C. *De curat. fur.*, 5, 70.

XII Tables elle-même s'il s'agissait d'un furieux ; ce n'était qu'à défaut de cette désignation par la loi ou par le père de famille qu'il y avait lieu à l'*electio judicialis* du curateur.

Ce choix devait être précédé d'une enquête destinée à éclairer les magistrats sur la moralité du curateur : « *ex inquisitione curator optimæ atque integræ opinionis nominetur* (1) ».

Mais, soit qu'il ait été choisi par le père de famille, soit que sa qualité lui ait été conférée par la loi, soit enfin qu'il ait été nommé directement par les magistrats, celui qui allait être investi de la curatelle, une fois choisi, devait remplir devant ces mêmes magistrats les formalités qui constituaient, en tout ou en partie, selon les cas, la *creatio curatoris*. Il devait :

1° Donner caution, à moins qu'il n'eût été désigné par testament, auquel cas « *fidejussionem cessare necesse est, paterno testimonio pro ejus satisdatione sufficiente* » ; ou bien encore qu'il ne justifiât d'une fortune suffisante pour garantir son administration.

S'il ne se trouvait ni dans l'un ni dans l'autre de ces cas, le curateur devait donner caution dans la mesure de ce qu'il pouvait, « *fidejussio, in quantum possibile est, ab eo exploretur* » (2).

(1) Const. 7, C. Just., § 6, *De curat. furios.*, 5, 70. — *Inst.*, 1, 23, § 3.

() *Loc. cit.*

2° Prêter serment la main sur les saintes Écritures d'administrer les affaires du fou avec probité et de la manière la plus avantageuse pour ses intérêts, de ne rien omettre de ce qu'il croirait lui être utile, de ne rien faire de ce qu'il croirait lui être inutile (1).

Ce serment devait être constaté par des actes intervenus à cet effet; il était imposé à tous les curateurs sans exception, et ne les dispensait d'ailleurs en aucune façon de rendre compte (2).

Ces formalités accomplies, le curateur pouvait prendre en main l'administration des biens du fou, mais non point sans avoir au préalable fait publiquement un inventaire de ces biens.

Les biens personnels du curateur se trouvaient en même temps frappés au profit du fou d'une hypothèque analogue à celle qui grevait les biens des tuteurs ou des curateurs des mineurs de vingt-cinq ans.

Nous venons d'étudier l'établissement de la curatelle spéciale; voyons maintenant quelles personnes pouvaient en être chargées.

En droit commun, tout citoyen majeur de vingt-

______

(1) « Actis intervenientibus, tactis sacrosanctis Scripturis, depromat omnia se recte et cum utilitate furiosi gerere, neque prætermittere quæ utilia esse furioso putaverit, neque admittere ea quæ non utilia furioso esse existimaverit. » *Loc. cit.*

(2) *Loc. cit.*

cinq ans pouvait être appelé à la curatelle de l'aliéné,
sauf les causes d'excuse, d'exclusion ou de destitution qui sont énumérées par la loi (1). Cependant
quelques questions particulières à cette curatelle
avaient été soulevées. C'est ainsi que les jurisconsultes se demandèrent pendant longtemps si le fils
pouvait être curateur de son père. Un rescrit
d'Antonin le Pieux décida que le fils, qui présenterait
d'ailleurs les garanties de moralité suffisante, devait
être investi de la curatelle de son père de préférence à un étranger (2).

Le cas échéant, la curatelle de la mère pouvait
être également déférée au fils : « *pietas enim
parentibus, etsi inæqualis est eorum potestas,
æqua debebitur* » (3).

Le mari au contraire ne pouvait point être curateur de sa femme ; il en était de même du fiancé
vis-à-vis de sa future épouse (4).

Il ne nous reste plus, avant de terminer ce
chapitre, qu'à dire un mot sur l'absence presque
complète de formalités destinées à protéger les
citoyens contre les entreprises inopportunes d'un

(1) *Inst.*, 1, 25. — Modest., l. XIII pr. *De exc.* 27, 1.
(2) Ulp., l. XII, § 1, *De tutel. et curat. dat.*, 26, 5. — Ulp.,
l. I, § 1, *De curat. fur.*, 27, 10. — Paul, l. II, eod. tit.
(3) Ulp., l. IV, *De curat. fur.*, 27, 10.
(4) *Inst.*, 1, 25, § 19. — Pap., l. XIV, *De curat. fur.*, 27,
10. — Const. 2, C. *Qui dare tut. vel curat.*, 5, 34. — Modest.,
l. I, § 5, *De excusat.*, 27, 1.

curateur légitime ou la dation inconsidérée d'un curateur honoraire.

Si l'on compare ce que nous avons dit jusqu'ici des conditions d'organisation du pouvoir tutélaire du fou en droit romain avec la partie correspondante de notre travail sur le droit français, il est impossible de ne point éprouver au premier abord une vive surprise.

Tandis qu'en droit français des textes nombreux organisent avec un soin jaloux des formalités destinées à protéger les citoyens contre la prononciation inconsidérée ou seulement imprudente d'une interdiction, le droit romain, oublieux en apparence des intérêts du prétendu aliéné, ne se préoccupe en rien de le protéger contre les prétentions de ses agnats ou des curateurs que le préteur peut lui nommer. Un seul texte dans le droit romain semble se rapporter à cet ordre d'idées : c'est la loi 6 au Dig., *de cur. fur.*, dont nous avons déjà eu l'occasion de parler. Cette loi, ainsi que nous l'avons vu, recommande au préteur de ne donner un curateur qu'en connaissance de cause, par ce singulier motif que les citoyens pourraient être tentés de se faire nommer un curateur afin de se faire exonérer des services publics.

Comment s'explique cette différence entre le droit romain et le droit français ? Comment se justifie cette insouciance apparente du droit ro-

main ? Comment se fait-il que le seul texte où l'on
.trouve la trace d'une précaution ait été dicté non
point par le désir de protéger les citoyens, mais par
un sentiment de défiance contre eux, par la crainte
de les voir réclamer à tort la nomination d'un
curateur? C'est à ces différentes questions que
nous allons nous efforcer de répondre.

Il y a cette différence entre le droit romain et le
droit français, qu'en droit français la nomination
du tuteur accompagnant toujours l'interdiction,
cette nomination correspond à une altération
considérable de la capacité du prétendu fou;
qu'en droit romain, au contraire, l'existence de la
curatelle était sans aucune espèce d'influence sur
la capacité civile et politique de celui qui s'y
trouvait soumis. Expliquons-nous. En droit
français, à partir du jour de l'interdiction, à partir
du jour de la nomination du tuteur, la vie civile
de l'interdit est pour ainsi dire suspendue; inhabile à faire aucun acte, ceux qu'il pourrait passer
en fait sont nuls. Il en était tout autrement en
droit romain. Ce qui constitue le caractère original
du système romain, ce qui lui donne sur le
système du droit français une supériorité incontes-
table au moins au point de vue des principes et de
la logique, c'est que le fou, à Rome, n'était point
interdit; c'est que la constatation juridique elle-
même de la folie, — quand elle avait lieu, — n'em-
portait pour l'avenir aucune présomption légale

d'incapacité, pas même une présomption susceptible d'être détruite par la preuve contraire. L'incapacité de la personne tenait exclusivement à son
état mental, et non point à telle ou telle formalité,
à telle ou telle constatation ; si elle était incapable,
ce n'était pas parce qu'un jour le magistrat avait
reconnu qu'elle était folle et lui avait nommé un
curateur ; il ne suffisait point qu'elle eût à un certain moment donné des signes de fureur et que ses
agnats eussent pris la direction de sa personne et
l'administration de ses biens ; ce qui constituait son
incapacité, c'était l'inexistence établie, démontrée,
du libre arbitre au moment de l'acte. A l'égard du
furieux pourvu d'un curateur légitime, comme à
l'égard de l'aliéné dont la curatelle avait été organisée par le préteur, cette règle de droit commun
d'après laquelle on est présumé sain d'esprit jusqu'à preuve contraire conservait toute son autorité, toute sa force, toute son énergie. C'était
toujours à celui qui attaquait un acte sous prétexte
de folie à établir l'existence de la folie au moment
de la confection de cet acte (1), c'est-à-dire que

(1) Il ne faudrait pas que l'expression absolue dont nous
nous servons pût induire en erreur sur notre pensée. Sans
doute l'existence de la curatelle ne dispensait jamais la personne qui attaquait un acte d'établir l'existence de la folie au
moment de la naissance de cet acte, parce qu'elle ne constituait jamais par elle-même une présomption légale de nature à
détruire de plein droit la présomption de capacité qui est de
droit commun ; mais il était relativement facile à la personne

cet acte se trouvait exactement dans les mêmes
conditions que s'il fût émané d'une personne non
pourvue d'un curateur.

qui attaquait l'acte de faire cette preuve de la folie. En effet,
on n'exigeait point d'elle une preuve directe, immédiate ; on
lui demandait d'établir certains faits de nature à rendre extrêmement probable l'existence de la folie au moment de l'acte.
Ces faits établis, il se produisait une présomption destructive
de la présomption de droit commun, mais qui à son tour pouvait être combattue par la preuve contraire. C'est ainsi que, si
à l'existence de la curatelle, qui par elle seule ne suffisait point
à éteindre, à faire disparaître la présomption de capacité, ve-
naient s'ajouter certains indices de nature à faire penser que
la personne en curatelle n'avait point eu l'usage de sa volonté
au moment de l'acte, ces circonstances réunies donnaient lieu à
une présomption d'incapacité. (Voyez Voët, *Commentaria ad
Pandectas.*)

De même , il ne suffisait point d'établir simplement que la
folie avait existé à un moment donné pour qu'on en pût conclure à l'existence postérieure de la folie ; mais si, au contraire, on en établissait l'existence pendant un certain temps,
à une époque voisine de celle de la confection de l'acte, cette
preuve avait alors pour effet de donner naissance à une présomption destructive de la présomption de droit commun, à
une présomption d'incapacité. Dans tous les cas, cette présomption d'incapacité qui succédait à la présomption de droit
commun admettait la preuve contraire. (Voir Bartole, glose de
la loi 11 , *De bon. poss. fur.*, 37, 3.)

Ce n'est que sous le bénéfice de ces observations qu'on peut
donner à ce passage d'Alciat : « Furiosi actus præsumitur po-
« tius in furore quam in intervallo dilucido factus , » son sens
véritable. Alciat veut évidemment dire que, dès que la personne
qui invoque la folie l'a établie d'une façon ou d'une autre, —
mais alors seulement, — la présomption de capacité fait place
à une présomption d'incapacité, destinée à disparaître elle-
même devant la preuve de l'intervalle lucide.

Ceci posé, il devient facile de comprendre qu'il devait importer assez peu à un citoyen romain d'être pourvu d'un curateur, puisque cette circonstance n'altérait en rien sa capacité civile. Cette considération suffit aussi à justifier le droit romain de cette apparente insouciance que nous signalions plus haut; il n'avait pas besoin d'organiser des garanties au profit des citoyens alors que la curatelle ne menaçait en rien ni leurs droits ni leurs intérêts. Mais, si la nomination d'un curateur laissait ainsi aux citoyens toute capacité et toute latitude pour accomplir tous les actes de la vie civile, on comprend qu'elle devait imprimer en dehors du droit civil une sorte de probabilité à l'existence de la folie, et favoriser, dans une certaine mesure, le refus que les citoyens pourvus de curateurs auraient été tentés de faire des fonctions publiques; nous verrons plus tard en effet que la folie permettait de s'excuser de ces fonctions même pendant les intervalles lucides (1). C'est là, croyons-nous, l'explication toute simple et toute naturelle de la loi 6 au Dig. *de curat. furios.*

SECTION II.

De l'administration de la curatelle.

En exposant l'organisation du pouvoir tutélaire destiné à protéger la personne et les biens de l'a-

(1) Voyez pag. 130.

liéné, nous disions que ce pouvoir pouvait appartenir soit au père de famille, soit à un tuteur, soit
à un curateur ordinaire, soit enfin à un curateur
spécial. Mais, à quelque personne qu'il appartienne,
ce pouvoir, s'exerçant toujours auprès d'un fou, reçoit de cette circonstance un caractère d'unifor-
mité qui ne lui permet pas de varier avec la qualité des personnes qui en sont investies ; il ne peut
plus être question pour le tuteur d'interposer son
auctoritas, pour le curateur du mineur de vingt-
cinq ans de garantir par son assentiment la valeur
des actes consentis par ce mineur; le fou est au
point de vue juridique un absent ; le père, le tuteur, le curateur ordinaire ou spécial, sont en
quelque sorte ses *negotiorum gestores ;* c'est pourquoi ce que nous allons dire ici du curateur spécial peut s'appliquer, au moins d'une façon générale, au père, au tuteur et au curateur du fou,
fils de famille, impubère ou mineur de vingt-cinq
ans.

Le curateur du fou a un double devoir à remplir : il doit veiller sur sa personne et administrer
ses biens.

Nous retrouvons la trace du premier de ces devoirs jusque dans la loi des XII Tables : *in* eo *pecuniaque ejus potestas esto*, disait-elle, et plus tard
Julien s'exprimait ainsi : « *Consilio et opera curato-*

(1) L. XII Tab. — Jul., l. 7, in pr. *De cur. fur.*, 27, 10.

ris tueri debet non solum patrimonium, sed et corpus ac salus furiosi. » On peut induire de ces mots que le curateur doit s'occuper de tout ce qui est nécessaire à l'entretien, et de tout ce qui peut contribuer au bien-être ou à la guérison du fou. Il a mission de se pourvoir auprès du magistrat pour obliger le mari qui n'a pas pour sa femme aliénée les égards et les soins convenables, à fournir somme suffisante pour subvenir à tous ses besoins (1).

Mais l'obligation principale du curateur, c'est d'administrer les biens du fou et de prendre, quand l'occasion s'en présente, des mesures conservatoires. Parmi les actes d'administration qu'il a charge et pouvoir de faire, nous passerons rapidement en revue ceux dont il est plus particulièrement question au Digeste. Disons tout d'abord qu'au point de vue de ces actes il est *loco domini ;* cela est si vrai que la chose volée qui fait retour entre ses mains cesse d'être *res furtiva* (2).

Le curateur peut acquérir au fou soit la possession (3), soit même la propriété (4); il peut aliéner le mobilier dans les limites de son droit d'administration (5); il y a même certaines choses qu'il a

(1) Ulp., l. XXII, § 8, *Solut. matrim.*, 24, 3.
(2) Jul., l. LVI, § 4, *De furt.*, 47, 2.
(3) Paul, l. I, § 20, *De adq. vel amitt. poss.*, 41, 2.
(4) Nerat., l. XIII, *De adq. rer. dom.*, 41, 1.
(5) Marcell., l. XII, *De curat. fur.*, 27, 10. — Gaïus, c. II, § 64. — Jul., l. LVI, § 4, *De furt.*, 47, 2. — Paul, l. XVII, § 2, *De jurejur.*, 12, 2.

non-seulement le pouvoir, mais encore le devoir
d'aliéner (1); nous voulons parler des choses qui
sont susceptibles de se détériorer, *quæ tempore pe-*
reunt. Il peut obliger le fou en donnant au fils de
famille ou à l'esclave l'ordre de contracter (2); la
capacité qu'il a d'aliéner les choses mobilières lui
donne évidemment le pouvoir de faire un payement; lui-même recevrait valablement le rembour-
sement d'une créance (3), et sur ce dernier point
l'existence d'un second curateur qui n'aurait point
concouru à l'acte n'influerait en rien sur sa validité (4). Il peut encore nover une obligation (5) et,
sans conteste depuis Justinien, renoncer à la société
dont le fou aurait fait partie (6). Il pourrait même,
si les circonstances et l'intérêt du fou l'exigeaient,
constituer un gage sur sa chose (7); mais, si ce gage
porte sur un fonds, le contrat, pour être valable,
doit, depuis Gordien, être approuvé par le président de la province (8). Si le fou a été chargé d'un

(1) Ulp., l. VII, § 1, *De adm. et peric. tut.*, 26, 7. — Constant., const. 22 in fine, C. *De admin. tut. vel cur.*, 5, 37.

(2) L. 1, § 9. *Quod jussu*, 15, 4.

(3) Ulpien, l. XIV, § 5, *De solut.*, 46, 3.

(4) Julien, l. VII, § 3, *De curat. fur.*, 27; 10; mais le débiteur ne serait point libéré si le second curateur s'était opposé
au payement.

(5) Gaïus, l. XXXIV, § 1, *De novat. et deleg.*, 46, 2.

(6) Just., const. 7, C. *Pro socio*, 4, 37.

(7) Paul, l. XVI, in pr. *De pign. act.*, 13, 7, et l. XI, *De*
curat. fur., 27, 10.

(8) Gord., const. 2, C. *De curat. fur.*, 5, 70.

fidéicommis, le curateur doit faire passer les actions au fidéicommissaire (1); il peut enfin accorder ou refuser à l'esclave de celui dont il a la curatelle l'administration du pécule (2).

Il doit poursuivre en justice la révocation des actes passés par le fou avant sa nomination (3); il répète, s'il est curateur d'un père de famille, à la dissolution du mariage de sa fille, et avec le consentement de celle-ci, la dot qui lui a été constituée (4); il exerce la *condictio furtiva* (5); enfin, d'une manière générale, il représente le fou tant en demandant qu'en défendant (6). Il interjette appel des sentences rendues contre lui (7). Il peut déférer le serment (8), il peut enfin transiger (9).

Tant que le curateur restera en fonctions, il sera soumis à l'action *judicati* en vertu des condamnations prononcées contre lui au nom du fou. Après la mort du fou, au contraire, on ne donnera plus

(1) Ulp., l. XXXV, *Ad S. C. Trebell.*, 36, 1.

(2) Ulp., l. XXIV, *De pecul.*, 15, 1.

(3) Gord., const. 3, *C. De cur. fur.*, 5, 70.

(4) Ulp., l. XXII, § 10, *Solut. matrim.*, 24, 3.

(5) Jul., l. LVI, § 4, *De furt.*, 47, 2.

(6) Paul, l. XVII, § 2, *De jurejur.*, 12, 2. — Ulp., l. I, § 11, et Gaïus, l. II, *De postul.*, 3, 1.

(7) Ulp., l. I, § 13, *Quando appellant*, 49, 4. — Nov. 23, c. 1.

(8) Paul, l. XVII, § 2, *De jurejur.*, 12, 2.

9) Gaïus, l. LIV et Jul., l. LVI, § 4, *De furt.*, 47, 2.

l'action *judicati* contre le curateur, mais contre l'héritier du fou (1).

Le curateur, on le voit, avait tout pouvoir pour faire les actes de la plus large administration, mais les actes de disposition lui étaient en principe interdits. « *In tradendo ita res furiosi alienat, si id ad administrationem negotiorum pertineat* (2). » Il lui était donc impossible d'aliéner à titre gratuit; cependant on voit, par la fin de la loi que nous venons de citer, que le juge pouvait, en connaissance de cause, permettre au curateur de faire des libéralités quand le fou en devait retirer un avantage important. Justinien chargea le curateur de fournir aux enfants du fou, lorsqu'ils se mariaient, la dot et la donation *ante nuptias*. Le préfet de la ville à Constantinople, et dans les provinces le président et l'évêque, en fixaient le montant sur l'avis du curateur et des principaux membres de la famille (3). Le curateur ne pouvait point consacrer la chose du fou ou affranchir ses esclaves ; si un testateur avait légué son esclave au fou en chargeant celui-ci de l'affranchir, le curateur devait livrer l'esclave à un tiers qui se chargeât de la manumission (4).

(1) Papin., l. V, *Quando ex fact. tut.*, 26, 9. — Anton., const. 1, C. eod. tit., 5, 39.

(2) Gaïus, l. XVII, *De curat. fur.*, 27, 10. — V. Paul, l. XII, eod. loc.

(3) Just., const. 28, C. *De episc. audient.*, 1, 4.

(4) Marcell., l. XII et Gaïus, l. XVII, *De curat. furios.*, 27,

Mais ce n'étaient point seulement les aliénations à titre gratuit qui étaient interdites au curateur, les aliénations à titre onéreux dépassaient également les limites de ses pouvoirs. S'il était nécessaire de vendre des immeubles, *prædia rustica vel urbana,* soit pour acquitter les dettes, soit pour satisfaire aux dispositions testamentaires des parents, le curateur était tenu de demander l'autorisation du préteur, seul juge compétent pour décider de l'opportunité de l'aliénation (1). A défaut de cette formalité, l'acquéreur n'avait qu'une action personnelle contre l'aliéné, si le prix avait contribué à son enrichissement (2). La vente était également nulle si la religion du magistrat avait été surprise (3); en outre l'aliéné ou ses héritiers pouvaient exercer un recours contre le curateur coupable de dol (4). Nous rappelons que depuis Gordien l'engagement des immeubles était soumis aux mêmes formalités (5).

10. — Pomponius, l. XIII, *De manumiss.*, 40, 1.

(1) Ulp., l. VIII, § 1 et l. XI, *De reb. eor. qui,* etc., 27, 9.

(2) Il en serait de même si la vente avait été faite par un curateur qui aurait négligé de donner caution. Jul., l. VII, § 1, *De curat. fur.,* 27, 10.

(3) Ulp., l. V, § 15, eod. loc. — Valer. et Gallien, const. 5, C. *De præd. et al. reb. minor.,* 5, 71.

(4) Paul., *Sent.,* 2, 30.

(5) Gord., const. 2, C. *De cur. fur.,* 5, 70.

SECTION III.

De la fin de la curatelle.

La cause, la raison d'être de la curatelle, réside uniquement dans le fait de la folie; dès que celle-ci vient à disparaître, la curatelle devrait à la rigueur disparaître également pour renaître ensuite avec elle. Cette théorie, conséquence rigoureuse des principes, paraît, malgré les dissentiments qui s'étaient élevés sur ce point, avoir prévalu jusqu'à Justinien. « *Tamdiu*, dit Ulpien, *erunt ambo (furiosus et prodigus) in curatione quamdiu vel furiosus sanitatem, vel ille sanos mores receperit; quod si evenerit, ipso jure desinunt esse in potestate curatorum.* » On peut se demander au sujet de ces mots « *ipso jure* » si le retour à la santé mettait fin à la curatelle, indépendamment de toute constatation par le magistrat de ce retour à la santé. Peut-être le magistrat était-il appelé à se prononcer sur ce point, et on pourrait appuyer cette décision sur des arguments d'analogie tirés de la l. 8, § 16. *De inoff. test.* et de l Const. 5 C. *de Rescend. Vend.* Disons cependant que rien n'est moins certain, et pour notre part nous pencherions plutôt vers l'opinion contraire (1).

Justinien, préoccupé des inconvénients que pré-

______
(1) Voyez Gérard Noodt, ad tit. X, l. XXVII.

sentait la nomination d'un nouveau curateur à chaque nouvelle transition de la raison à la folie, décida « *ne crebra vel ludibriosa fiat curatoris creatio* » que la curatelle serait permanente et continuerait pendant toute la durée de la maladie, encore que les fonctions du curateur dussent cesser pendant les intervalles lucides (1). Sous Justinien la curatelle ne finit donc plus que par un retour sérieux et définitif à la raison (2). Elle cessait encore, bien entendu, par la mort du fou ou par celle du curateur.

La fin de la curatelle devait nécessairement entraîner une reddition de comptes (3), le fou maintenant guéri ou son héritier pouvait exercer contre l'ancien curateur une *actio utilis negotiorum gestorum directa*. Ce curateur lui-même disposait de l'action contraire pour se faire rembourser ses avances.

Le fou avait pour garantir les droits qu'il pouvait avoir à exercer contre son ancien curateur un privilége sur ses biens ; ce privilége ne disparaissait qu'à la mort de l'aliéné (4). Il disposait en outre de l'action *ex stipulatu* contre ceux qui s'étaient por-

(1) Just., const. 6, C. *De curat. fur.*, 5, 70.

(2) Ulp., l. I, *De curat. fur.*, 27, 10.

(3) Il ne suit pas de là qu'une reddition de comptes ne pouvait pas être demandée pendant la durée même de la curatelle ; le contraire résulte d'un texte exprès de Paul. (L. IV, § 3, *De tutel. et ration.*, 27, 3.)

(4) Paul, l. XV, § 1, *De curat. fur.*, 27, 10. — Ulp. et Gaïus, l. XIX et XXI, *De reb. auct. jud.*, 42, 5.

tés cautions du curateur, et d'une action sub-
sidiaire contre les magistrats qui auraient négligé
d'exiger caution ou auraient reçu une caution insuffisante (1).

CHAPITRE IV.

DES EFFETS DE LA FOLIE SUR LE DROIT PRIVÉ
ET SUR LE DROIT PUBLIC.

SECTION I.

Droit privé.

§ Ier. — DES EFFETS DE LA FOLIE SUR LES DROITS
DE FAMILLE.

Les effets de la folie quant aux droits de famille
sont relatifs soit à la faculté de contracter mariage,
soit à la puissance paternelle, soit à la puissance tutélaire (2).

I. MARIAGE. — La fureur, dit Gaïus, est un obsta-

---

(1) §§ 2 et 4, Inst., *De satisdat. tut. vel cur.*, 1, 24.

(2) Quant à la puissance dominicale, la folie ne produisait
aucun effet, si ce n'était d'empêcher que l'esclave mis aux fers
par un maître en démence ne devînt déditice à la suite de l'affranchissement. *Sent.* de Paul, 4, 12, 7. Notons encore que la
folie d'un esclave pouvait constituer un vice rédhibitoire ou
donner lieu à l'action *ex empto*, et qu'un esclave fou pouvait
néanmoins être affranchi. V. Ulp., l. I, § 9 et l. IV, § 3, *De
ædil. edict.*, 21, 1. — Javol., l. XXVI, *De manumiss.*, 40, 1.

cle aux fiançailles (1). C'est que les fiançailles exigeaient le consentement, consentement que le furieux était impuissant à donner : « *Nec furiosi ullum esse consensum manifestum est* (2). »

La même raison devait également empêcher que le furieux pût contracter mariage ; cette impossibilité pour le fou de se marier dérive comme une conséquence nécessaire de ce principe : « *Nuptiæ consistere non possunt, nisi consentiant omnes, id est qui coeunt, quorumque in potestate sunt* (3). Cette conséquence est d'ailleurs formulée expressément par le jurisconsulte Paul : « *Furor contrahi matrimonium non sinit quia consensu opus est* (4).»

Ainsi il est certain que la folie est un obstacle aux fiançailles et au mariage alors que les fiançailles et le mariage ne sont point encore contractés ; mais la folie postérieure à la célébration des fiançailles et du mariage produit-elle leur dissolution ?

A cette question Gaïus répond négativement quant aux fiançailles : « *Furor quin sponsalibus impedimento sit, plus quam manifestum est, sed postea interveniens sponsalia non infirmat* (5). »

Paul en dit autant du mariage : « *Furor contrahi*

(1) Gaïus, l. VIII, *De Sponsal.*, 23, 1.
(2) Ulp., l. IV, *De sponsal.*, 23, 1. — Diocl. et Max., const. 2, C. 4, 38.
(3) Paul, l. II, *De rit. nupt.*, 23, 2.
(4) Paul, l. XVI, § 2, *De rit. nupt.*, 23, 2.
(5) Gaïus, l. VIII, *De sponsal.*, 23, 1.

matrimonium non sinit, sed rectè contractum non impedit (1). »

Ulpien tient pour la même opinion, puisqu'il rapporte et approuve l'opinion de Julien sur le point de savoir qui pourra dans ce cas envoyer le répudium « *quod non tractaret de repudio nisi constaret retineri matrimonium* (2). »

Cependant, si la folie ne dissout point le mariage *ipso facto*, elle peut dans certaines circonstances devenir un juste motif de divorcer ; il y a à faire sur ce point une distinction que nous trouvons dans Ulpien lui-même (3).

Si la folie est intermittente, ou si tout en étant perpétuelle elle est supportable à ceux qui entourent l'aliéné, la folie dans ce cas ne constitue point une juste cause de divorce, et le conjoint qui enverrait le *repudium* dans ces circonstances serait considéré comme ayant rompu le mariage par sa faute et serait traité en conséquence. « *Quid enim*, ajoute Ulpien pour motiver cette disposition, *tam humanum est quam fut ortuitis casibus mulieris maritum, vel uxorem viri participem esse ?* »

Il en serait autrement si la folie présentait des caractères de nature à faire perdre tout espoir de guérison et à rendre toute cohabitation impossible : « *Sin autem tantus furor est, ita ferox, ita pernicio-*

(1) Paul, l. XVI, § 2, *De rit. nupt.*, 23, 2.
(2) Ulp., l. IV, *De divort.*, 24, 2.
(3) L. XXII, § 7, *De solut. matrim.*, 24, 3.

sus, ut sanitatis nulla spes supersit, circa ministros terribilis. » Dans ce cas le conjoint de l'aliéné peùt invoquer la violence de la folie, et, s'il n'a point d'enfants, le désir de se créer une famille, pour envoyer le *repudium*. Le mariage est alors dissous, mais sans la faute d'aucun des époux, et le conjoint de l'aliéné n'encourt point les peines portées contre ceux qui divorcent sans motif (1).

Pourquoi cette distinction si sage introduite par Ulpien fut-elle successivement repoussée au moins d'une manière implicite par les empereurs Théodose II et Valentinien III dans une constitution, où fixant les motifs pour lesquels le divorce pourrait légitimement avoir lieu, ils omirent de mentionner parmi ces motifs la folie de l'un des conjoints, et par Justinien qui, dans deux novelles extensives et confirmatives de la constitution de Théodose et Valentinien, laissa subsister la même lacune? Nous ne saurions le dire ; mais, en présence des termes restrictifs de la constitution et des deux

(1) Il s'agit de certaines peines pécuniaires dont Plutarque fait remonter l'institution jusqu'à Romulus. V. M. Demangeat, *Cours élém. de droit romain*, t. I, p. 276. — Les empereurs Théodose II et Valentinien III fixèrent limitativement un certain nombre de motifs pour lesquels il était permis de divorcer légitimement ; l'époux qui divorçait pour une cause non prévue par la constitution de ces empereurs était frappé de peines pécuniaires. V. Const. 8 Théod. et Val., *De repud. et jud. de mor. subl.*, C. 5, 17. — Nov. 22, cap. 15, 16. — Nov. 117, cap. 8, 9 et 10.

novelles 22 et 117 de Justinien, il nous faut arriver à cette conclusion que dans la législation justinienne la folie, quelle que fût d'ailleurs sa violence, ne constituait point une juste cause de divorce.

Cette législation fut modifiée dans l'empire d'Orient, à la fin du neuvième siècle, par deux constitutions de l'empereur Léon le Philosophe, rapportées au *Corpus juris* sous le titre de novelles 111 et 112.

Dans la première, l'empereur, après un long exposé de motifs, statue dans les termes suivants : « *Ut, si quando post initum matrimonium mulier in furorem incidat, ad tres annos infortunium maritus ferat, mœstitiamque toleret : et nisi interea temporis ab isto malo illa liberetur, neque ad mentem redeat, tunc matrimonium divellatur, maritusque ab intolerabili illa calamitate exoneretur.* »

Dans la seconde, l'empereur Léon prévoit la folie du mari, et pour ce cas il établit que pendant cinq ans les époux ne devront point être séparés, mais que, ce laps de temps écoulé sans que la guérison se soit produite, le mariage sera rompu, que cela soit ou ne soit pas avantageux à l'un des époux, « *Cum neutrius commodo aut incommodo.* »

De ces derniers mots, rapprochés de la teneur tout entière de la constitution, il semble résulter que la folie ne constituait plus seulement dans ce cas une cause légitime de divorce, mais était devenue une cause légale et nécessaire de dissolution du mariage opérant par l'expiration du délai cette dissolution, comme aurait pu le faire la mort elle-même, comme aurait pu le faire autrefois la captivité du mari.

Nous trouvons enfin au *Corpus Juris* l'indication d'une constitution de Nicéphore Botoniate, empereur d'Orient de 1078 à 1081, qui paraît avoir reproduit celle de l'empereur Léon le Philosophe.

Après avoir étudié les effets de la folie au point de vue du conjoint du fou, examinons les effets qu'elle produit sur la condition du fou lui-même considéré comme conjoint.

Le mariage du fou n'était point rompu, et sa condition sous ce rapport n'était point changée ; nous savons seulement que jusqu'à Théodose la folie pouvait, à certaines conditions, être pour son conjoint un juste motif de le répudier. Mais, en laissant subsister le mariage, la folie enlevait à l'aliéné une prérogative précieuse : la faculté de divorcer (1).

L'aliéné ne peut répudier lui-même son conjoint, *propter dementiam*, car il ne peut faire aucun acte qui suppose de sa part la volonté.

Le curateur de l'aliéné n'a point, de son côté, qualité pour exercer ce droit de répudiation dont l'époux doit rester personnellement maître d'user ou de ne pas user.

Cependant le droit d'envoyer le *repudium* appar-

(1) Ulp., l. IV, *De divort. et rep.*, 24, 2, et l. XXII, § 7, *Solut. matrim.*, 24, 3. — Diocl. et Max., const. 4, C. *De cur. fur.*, 5, 70.

tenait au père de famille, sous la puissance duquel se trouvait l'aliéné (1) ; mais à lui seul, car c'était là un des attributs de la puissance paternelle.

Ce droit accordé au père de famille avait, au point de vue de la dot, un intérêt considérable ; la faculté qu'il avait d'envoyer le *repudium* et de dissoudre le mariage lui permettait, en effet, de ressaisir la dot quand elle lui paraissait mise en péril par l'administration du mari.

Mais il devait arriver souvent que, la femme étant *sui juris*, le danger que courait sa dot ne pouvait pas être prévenu par l'intervention du père de famille ; d'un autre côté elle ne pouvait point elle-même divorcer, ni son curateur pour elle ; de là, la nécessité de laisser subsister le mariage et de laisser ainsi la dot exposée à tous les périls que pouvait lui faire courir le mari.

Cette situation avait appelé l'attention des jurisconsultes, et Ulpien s'exprime ainsi sur ce point :

(1) Ulp., l. IV, *De divort. et rep.*, 24, 2. — *Id.*, l. XXII, § 9, *Solut. matrim.*, 24, 3. — Paul, *Sent.*, 5, 6, § 15. — Diocl. et Max., const. 4 et 5, C. *De repud.*, 5, 17.

« Si les époux ou l'un d'eux étaient en puissance paternelle, la rigueur de cette puissance était poussée si loin dans le droit primitif que le droit d'envoyer le *repudium* était reconnu au chef de famille. Ce pouvoir fut restreint par Antonin le Pieux et par Marc-Aurèle, qui ne permirent plus de rompre ainsi, à moins de graves motifs, des unions bien concordantes. » M. Ortolan, *Expl. hist. des Inst.*, t. Ier, p. 99. — Il résulte des textes d'Ulpien que nous signalons plus haut que la folie constituait un de ces graves motifs.

....« *Sin autem, in sævissimo furore muliere consti-*
tuta, maritus dirimere quidem matrimonium callidi-
tate (1) *non vult, spernit autem infelicitatem uxoris,*
et non ad eam flectitur, nullamque ei competentem
curam inferre manifestissimum est; sed abutitur
dotem : tunc licentiam habeat vel curator furiosæ,
vel cognati adire judicem competentem : quatenus
necessitas imponatur marito, omnem talem mulieris
sustentationem sufferre, et alimenta præstare, et me-
dicinæ ejus succurrere, et nihil prætermitti, quæ
maritum uxori adferre decet, secundum dotis quanti-
tatem. Sin vero dotem ita dissipaturus (2) *ita mani-*
festus est, ut non hominem frugi oportet : tunc dotem
sequestrari, quatenus ex ea mulier competens habeat

(1) *Calliditate,* « par calcul. » — Le mari, en cas de dissolution du mariage par le divorce, devait restituer à sa femme
la dot, tant adventice que profectice; on comprend dès lors
qu'il pouvait arriver que l'importance de la dot fît passer le
mari par-dessus les désagréments de son union, et le détermi-
nât à ne point divorcer. A partir de Théodose, d'ailleurs, il n'y
eut plus à reprocher de calcul au mari qui ne répudiait pas sa
femme folle, puisqu'à ce moment la folie ne constituait plus
une juste cause de divorce.

(2) **A** l'époque d'Ulpien, la dot immobilière était régie par
la loi Julia, *De fundo dotali,* rendue sous Auguste, et en conséquence pouvait en principe être aliénée par le mari avec le
consentement de la femme. Il est probable qu'en cas de folie
de la femme, celle-ci ne pouvant exprimer son consentement,
le mari pouvait disposer à sa volonté du fonds dotal. Quand
plus tard le fonds dotal devint complétement inaliénable, ces
mesures conservatoires ne présentèrent plus d'utilité que
pour la dot mobilière.

solatium una cum sua familia: pactis videlicet do-
talibus quæ inter eos ab initio nuptiarum inita fue-
rint, in suo statu durantibus, et alterius exspectan-
tibus sanitatem, aut mortis eventum (1). »

Dans ce cas, on le voit, sans toucher en rien aux pactes dotaux, on autorisait contre le mari des mesures conservatoires très-énergiques, mais en rapport cependant avec l'abus plus ou moins considérable qu'il faisait de la dot.

II. PUISSANCE PATERNELLE ET PUISSANCE TUTÉLAIRE. — Nous avons étudié jusqu'ici l'influence de la folie sur le mariage ; il nous reste à étudier cette même influence sur l'institution fondamentale de la famille romaine, — la puissance paternelle, — et accessoirement sur la puissance tutélaire.

Comme touté puissance suppose nécessairement deux personnes, l'une pour exercer cette puissance et l'autre pour la subir, un sujet actif et un sujet passif, nous étudierons successivement les effets de la folie au point de vue : 1° du père de famille ; 2° du fils de famille ; 3° du tuteur et du curateur ; 4° de l'impubère et du mineur de vingt-cinq ans.

1° *De la folie du père de famille.* — Le fou, c'est la première question que nous ayons à résoudre, — pouvait-il, en droit romain, acquérir la puissance paternelle ? Sur ce point il faut distinguer. Le mode

____

(1) Ulp., l. XXII, § 8, *Solut. mat.*, 24, 3.

le plus fréquent d'acquisition de la puissance paternelle, c'est la paternité naturelle. Le fou pouvait acquérir la puissance paternelle par ce moyen. Naissaient en sa puissance et l'enfant conçu avant la folie et l'enfant conçu pendant la folie ; « *nam*, dit Ulpien, *furiosus, licet uxorem ducere non possit, retinere tamen matrimonium potest* (1). »

La même raison justifie la naissance de la puissance paternelle, quel que soit d'ailleurs celui des deux époux qui soit atteint de folie ; elle la justifie même en cas de folie des deux époux (2).

Le passage d'Ulpien, qui prévoit ce dernier cas, offre une particularité intéressante en présence des principes que nous avons établis au commencement de ce travail en parlant de la conception juridique de la folie en droit romain.

« *Sed si ambo in furore agant*, dit ce jurisconsulte, *et uxor et maritus, et tunc concipiat : partus in potestate patris nascetur, quasi voluntatis reliquiis in furiosis manentibus ; nam cum consistat matrimonium altero furente, consistat et utroque.* »

« *Quasi voluntatis reliquiis in furiosis manentibus.* » Qu'est-ce à dire ? et que veut cette explication ? Qu'est-il besoin de supposer cette persistance d'un reste de volonté chez les fous, alors que la persistance du mariage suffit pleinement à expliquer

_____

(1) Ulp., l. VIII, pr. *De his qui sui vel alieni juris sunt,* 1, 6.

(2) Ulp., *loc. cit.*

la naissance de la puissance paternelle ? Nous ne savons quelle a été la pensée du jurisconsulte ; mais il est à remarquer combien cette explication embarrassée vient à l'appui de ce que nous disions au commencement de cette étude, alors que nous présentions la disparition complète, absolue, de la volonté comme le caractère fondamental des dispositions du droit romain sur les aliénés. Nous trouvons ici la preuve évidente de la vérité de notre affirmation. Ulpien semble évidemment croire que la puissance paternelle ne peut naître en dehors de la volonté de l'un au moins des deux époux, et, comme il sent s'imposer malgré lui à son esprit ce principe que la volonté est complétement éteinte chez l'aliéné, il est réduit à supposer, avec une hésitation évidente, l'existence chez les époux de nous ne savons quel débris de volonté ! QUASI *manentibus in furiosis voluntatis reliquiis !*

En dehors de la paternité naturelle, la puissance paternelle peut encore s'acquérir par des moyens de droit civil : l'adoption d'un fils de famille, l'adrogation d'une personne *sui juris*, la légitimation d'un enfant naturel.

Il est à peine besoin de dire que ces modes·d'acquisition de la puissance paternelle, exigeant une manifestation de volonté, sont inaccessibles à l'aliéné.

On comprend facilement que, si la folie n'empêche point l'acquisition, au moins dans une certaine mesure, de la puissance paternelle, *à fortiori* doit-elle la laisser subsister quand elle existe déjà au moment de l'apparition de la folie.

C'est en effet ce que nous dit Ulpien : les enfants doivent rester en puissance « *nisi exierint quibus casibus solent* » (1), la puissance paternelle ne peut s'éteindre que par un des modes déterminés par la loi.

Ce principe que la folie laisse subsister la puissance paternelle s'applique avec toutes ses conséquences tant que l'exercice de la puissance paternelle n'exige point de la part du père une manifestation quelconque de volonté. C'est ainsi qu'à l'égard de l'acquisition des biens par son fils, le père de famille fou reste sur le pied d'égalité avec le père de famille sain d'esprit (2). Mais en revanche il est aussi des cas où, le droit de puissance subsistant, la folie en rend l'exercice impossible.

Les jurisconsultes nous signalent en particulier comme exemple de ce cas la circonstance où le fils en puissance d'un père fou veut se marier. Si on devait s'en tenir au principe d'après lequel le mariage n'est valable qu'autant qu'il est accompagné du consentement de toutes les parties, — « *id est qui coeunt quorumque in potestate sunt* », — si l'on s'en tenait, disons-nous à ce principe, il résulterait, de sa combinaison avec cet autre que le fou est inca-

---

(1) Ulp., l. VIII, pr. *De his qui sui vel alieni juris sunt,* 1, 6.

(2) Ulp., l. VIII, § 1, *De his qui sui vel,* etc., 1, 6.

pable de consentement, l'impossibilité pour le fils ou la fille de famille de jamais se marier.

On sentit bien vite la nécessité de relâcher dans ce cas les rigueurs de la loi : « *Si nepos,* dit Ulpien, *uxorem velit ducere, avo furente, omnimodo patris auctoritas erit necessaria : sed si pater furit, avus sapiat, sufficit avi voluntas* (1). »

Nous savons que, dans le cas prévu par le jurisconsulte, le fils de famille aurait dû, suivant les principes, obtenir à la fois le consentement de son aïeul par ce motif qu'il est sous sa puissance, et celui de son père, en vertu de la règle : « *Nemini invito heres suus adgnascitur.* »

Ici le consentement d'un seul ascendant suffit ; son intervention paraît dans l'espèce garantir dans une juste mesure les intérêts que la nécessité d'obtenir un double consentement était destinée à sauvegarder.

Mais, si nous supposons maintenant l'enfant en puissance vis-à-vis d'un seul ascendant et d'un ascendant aliéné, pourra-t-il se passer absolument du consentement du père de famille ? Sur ce point il faut distinguer entre le fils et la fille de famille.

A l'égard de cette dernière on avait écarté de bonne heure la nécessité du consentement : « *sufficere enim putaverunt si pater non contradicat* » (2). Cette raison donnée par Justinien n'en est véritable-

(1) Ulp., l. IX, pr. *De rit. nupt.,* 23, 2.
(2) Const. 25, Just., C. *De nuptiis,* V, 4.

ment pas une ; car il ne peut jamais y avoir consentement tacite que de la part d'une personne capable de consentir expressément, et le fou était tout aussi incapable d'un consentement tacite que d'un consentement exprès ; il faut, croyons-nous, chercher le motif de la facilité avec laquelle les jurisconsultes dispensaient la fille de famille de la nécessité d'obtenir le consentement, dans ce fait, que les enfants de la fille entraient dans la famille de leur père et non dans celle de leur aïeul maternel, et qu'ainsi ce mariage ne pouvait augmenter la famille dont la mère faisait elle-même partie.

A l'égard du fils, les avis des jurisconsultes étaient partagés (1), précisément par ce motif que le mariage du fils, à la différence du mariage de la fille, faisait entrer dans la famille tous les enfants qui en naissaient.

Il paraît certain que dès l'origine le fils du père de famille aliéné ne put se marier qu'avec l'autorisation de l'empereur, « *adito Principe.* »

Plus tard, Marc-Aurèle, dans une constitution rapportée par Ulpien, dispensa de cette formalité les fils des *mente capti.*

D'après ce que nous avons dit au commencement de cette étude, de l'habitude qu'avaient les jurisconsultes et les empereurs de se servir indistincte-

____

(1) *Inst.,* 1, 10 pr. — Just., const. 25, C. *De nupt.,* V, 4. — *Id.,* Const. 28, C. *De episcop. audient.,* 1, 4.

ment des différentes dénominations particulières à chaque espèce de fou pour désigner les fous en général, il semblerait résulter que cette constitution dût s'appliquer à tous les aliénés sans exception.

Cette solution admise par un certain nombre de jurisconsultes fut repoussée par d'autres ; et voici sur quels fondements :

La médecine mentale était assez avancée à Rome pour avoir reconnu que la fureur constitue un état temporaire; que la démence et l'idiotisme, au contraire, étaient en général permanents et présentaient peu d'intervalles lucides. En vertu de cette remarque, certains jurisconsultes admettaient que Marc-Aurèle, en parlant des *mente capti*, n'avait entendu parler que des idiots et des déments chez lesquels on ne pouvait guère espérer d'intervalles lucides ; suivant eux , la constitution ne devait point s'appliquer aux *furiosi* proprement dits, chez lesquels les intervalles lucides étaient assez fréquents pour qu'on pût en attendre la manifestation, et, au moyen de cette attente, respecter le droit du père de famille (1).

Longtemps la question fut pendante entre les jurisconsultes qui voulaient étendre la constitution de Marc-Aurèle à tous les aliénés, et ceux qui voulaient en restreindre l'application aux déments et aux idiots. Justinien vint enfin trancher la difficulté

(1) *Loc. cit.*

en étendant expressément au fils du *furiosus* les termes de la constitution de Marc-Aurèle ; à partir de ce moment, il n'y eut plus entre les fils et les filles de famille aucune distinction.

Avant d'abandonner ce qui touche le mariage des fils et des filles de l'aliéné, disons un mot de la manière dont une dot pouvait leur être constituée et de leurs conventions matrimoniales.

Le père de famille étant dans l'impuissance de faire cette constitution de dot, elle émanait du curateur, sans que la dot perdît, bien entendu, pour cela, son caractère de profectice : « *Si curator furiosi… dotem dederit*, dit Ulpien, *dicemus dotem profectitiam esse* (1). »

Les enfants pouvaient faire au sujet de cette dot tels pactes qu'ils jugeaient convenables (2), et ces pactes pouvaient être faits avec eux seuls, par une dérogation nécessaire au principe général : « *Pacta quæ de reddenda dote fiunt, inter omnes fieri oportet qui repetere dotem possunt et a quibus repeti potest* (3). »

Justinien, à la fin de la constitution 28 au C. *de episcopali audientia* dont nous parlons plus haut, établit des mesures de nature à sauvegarder les intérêts du père de famille dans la fixation de la dot et de la donation *ante nuptias*.

(1) Ulp., l. V, § 3; *De jure dotium*, 23, 3.
(2) Paul, l. VIII, *De pact. dotal.*, 23, 4.
(3) Javol., l. I, § 1, *De pact. dotal.*, 23, 4.

La dot ou la donation *ante nuptias* doit être fixée à Constantinople, d'après l'estimation du préfet de la ville, et dans les provinces d'après celle des présidents ou des évêques des lieux. Pour la fixation de la dot ou de la donation *ante nuptias*, on doit avoir égard tant à la qualité de la personne qu'à ce qu'exige la nature de la dot ou de la donation. A cette opération doivent être présents et le curateur de l'aliéné et les principaux membres de sa famille.

On doit faire en sorte de ne causer aucun dommage à l'aliéné, et l'opération tout entière doit se faire gratuitement.

Nous avons dit dans quelles limites l'aliéné peut acquérir la puissance paternelle ; il nous reste à examiner rapidement s'il peut s'en dépouiller soit par l'émancipation, soit, — jusqu'à Justinien au moins, — par la dation en adoption.

Ce seul fait que ce sont là des actes qui exigent de la part du père de famille une volonté intelligente, — combiné avec ce principe que le libre arbitre est complétement aboli chez le fou, — conduit à cette conclusion forcée que le fou était incapable d'accomplir ces actes.

Ainsi, quoique sur ce point nous ne connaissions aucun texte, nous croyons pouvoir affirmer que le fils de famille d'un père fou ne pouvait être ni émancipé, ni donné en adoption.

2. *De la folie du fils de famille.* — Dans le cas

où la folie s'empare d'un fils de famille, ses relations avec son père en sont-elles modifiées ?

En principe, non ; le père conserve son droit de puissance ; et non-seulement la folie laisse subsister ce droit, mais elle est pour le père de famille la source d'un droit nouveau : le droit de prendre l'administration des biens du fils de famille (1).

Cependant il est des cas où la folie du fils pourra entraîner à l'égard du père certaines conséquences.

C'est ainsi que le fils de famille, incapable désormais de contracter, ne pourra plus faire acquérir à son père que les biens qui lui arriveront indépendamment de toute manifestation de volonté.

Si la folie laisse le fils de famille dans son premier état, ne produit-elle pas au moins cette conséquence de l'immobiliser dans cet état ? n'ôte-t-elle pas à son père la faculté de le faire passer dans une autre famille au moyen de la dation en adoption, ou de le rendre *sui juris* en l'émancipant ?

Sur ce point les textes nous font complétement défaut ; mais nous croyons qu'on peut néanmoins arriver à une juste solution de ces questions par l'application seule des principes que nous avons posés.

Quelles étaient les conditions de l'adoption ? Quelles étaient les conditions de l'émancipation ? Le

(1) Voyez p. 21, et Just., const. 7, pr. C. *De cur. fur.*, 5, 70.

fou était-il susceptible de devenir l'objet de l'une ou de l'autre de ces opérations?

L'adoption s'effectuait par une suite de mancipations successives suivies d'une *in jure cessio*.

Le fils de famille semble donc jouer dans l'adoption un rôle tout passif; il est la chose, — pour ainsi parler, — sur laquelle intervient le contrat, il n'est pas partie lui-même dans ce contrat. Et ce qui le prouve, c'est la possibilité qu'on avait en droit romain de donner un *infans* en adoption : « *Etiam infantem*, dit Modestin, *in adoptionem dare possumus* (1). » De ces considérations, et de l'assimilation ordinaire que fait le droit romain entre la condition du fou et celle de l'*infans*, ne nous est-il point permis de conclure avec juste raison que le fils de famille fou pouvait être donné en adoption?

A la vérité, une objection est possible.

Il résulte de la constitution 10, au Code *De adoptionibus* (2), que déjà dans l'ancien droit, *ex veteri jure*, le fils de famille qu'on voulait donner en adoption pouvait ne pas y consentir. Cette constitution ne fait d'ailleurs que confirmer ce que dit Celse, que dans une adoption il faut le consentement exprès ou tacite de chacune des parties :

---

(1) L. XLII, Dig., *De adoption.*, 1, 7. — De même on pouvait affranchir un esclave fou *omni genere manumissionis.* Javol., l. XXVI, *De manum.*, 40, 1.

(2) Const. 10, C. *De adopt.*, l. VIII, 48.

« *In his (adoptionibus) utriusque arbitrium spectandum est vel consentiendo vel non contradicendo* (1). »
— « *Arbitrium spectandum est,* » l'adoption semble
donc exiger de l'adopté une manifestation de volonté, d'où il faudrait tirer cette conséquence
opposée à celle que nous admettions tout à l'heure :
l'adoption du fou est impossible.

Cependant, et malgré ces textes, nous croyons
devoir maintenir la première solution que nous
avons donnée. Ce que ces textes en effet établis-
sent, c'est que la loi accordait au futur adopté une
sorte de droit de *veto* qu'il pouvait exercer, si
d'ailleurs il en était capable, mais sans faire de
cette capacité un des éléments essentiels, nécessaires, du contrat d'adoption ; la preuve en est
dans le texte de Modestin que nous citions plus
plus haut : « *Etiam infantem in adoptionem dare
possumus* (2). »

(1) Celse, l. V, *De adopt.*, l. I, 7.

(2) Nous ne parlons pas de la législation de Justinien, puisqu'à cette époque la dation en adoption ne faisait plus, en général du moins, passer l'adopté dans une autre famille. On
pourrait tirer de cette nouvelle législation un argument contre
la possibilité de l'adoption du fou sous Justinien. En effet, la loi
XI, C. *De adopt.*, exige la présence de l'adopté, et on peut dire
que le fou était considéré en droit romain comme absent : *loco
absentis.* Cette objection tombe devant ce fait que Justinien ne
paraît pas avoir aboli l'adoption de l'*infans* qui, lui aussi, était
loco absentis. D'ailleurs, la présence exigée par Justinien dans sa
Novelle paraît être un souvenir maladroit de l'ancien droit.
Dans l'ancien droit, en effet, la présence matérielle de l'adopté

Arrivons à l'émancipation. L'émancipation du fils de famille aliéné était-elle possible en droit romain? Nous savons que l'émancipation offrait avec l'adoption, — dans les formes du moins, — une grande analogie. Comme elle, elle s'opérait par des mancipations successives qui, au lieu de se terminer par une *cessio in jure*, se terminaient par un affranchissement.

Un second point de ressemblance entre la dation en adoption et l'émancipation, c'était la nécessité de la présence et de la non-protestation de l'enfant qu'on voulait émanciper (1).

Enfin, il résulte d'une constitution d'Anastase, qui introduit pour les absents un mode d'émancipation, que l'infans pouvait être émancipé en droit romain, soit d'après les règles ordinaires, soit d'après le mode nouveau introduit *ex lege Anastasiana* (2).

était nécessaire aux formes solennelles de la mancipation qui ne pouvait s'accomplir hors de la vue de l'objet mancipé, mais cette présence n'avait aucune espèce de rapport avec un consentement tacite; et à ce point de vue le fou présent de sa personne ne pouvait être considéré comme un absent. Avec les formes solennelles de la mancipation, cette nécessité de la présence effective aurait dû disparaître, et du moment que l'adoption se faisait *imperio magistratus*, il eût été plus logique de décider, comme le fit Anastase à propos de l'émancipation, qu'il suffirait d'un consentement donné par l'absent. Anastase, const. 5, C. *De emanc.*, 8, 49.

(1) Paul, *Sent.*, II, XXV, § 5 : « Filiusfamilias emancipari invitus non cogitur. » Nov. 89, c. 11, pr.

(2) Anast., const. 5 in fine, C. *De emancip. liber.*, 8, 49.

Il résulte de tout cela que la question se pose dans des termes identiques quant à la dation en adoption et quant à l'émancipation du fils de famille aliéné; qu'il faut donc admettre sur les deux points la même solution, et qu'il faut dire en conséquence que le fils de famille aliéné pouvait être émancipé comme il pouvait être adopté.

Ajoutons, avant de terminer ce qui a rapport au fils de famille aliéné, qu'un fils naturel pouvait, croyons-nous, malgré sa folie être légitimé, passer ainsi sous la puissance paternelle et devenir lui-même fils de famille. Sur ce point encore nous ne pouvons invoquer aucun texte, et le principe général : « *Inviti filii naturales non rediguntur in patriam potestatem* (1), » semblerait plutôt combattre que servir notre solution. Mais il n'était pas douteux que l'*infans* pût être légitimé (2), et nous croyons pouvoir étendre la même décision d'un cas à l'autre en vertu de cette assimilation si fréquente en droit romain de l'*infans* et du *furiosus*.

3. *De la folie du tuteur et du curateur.* — Le tuteur peut être désigné par testament, par la loi ou par le magistrat; ces deux derniers modes de nomination sont communs au curateur.

« Nisi infantes sint, qui et sine consensu etiam hoc modo sui juris efficiuntur. »

(1) L. XI, Dig., *De his qui sui vel alien. juris sunt.* — Just., nov. 89, c. 11.

(2) Voyez M. Demangeat, *Cours élém. de droit romain*, t. Ier, p. 286 in fine et 287.

Si le tuteur ou curateur désigné se trouve en
état de folie, c'est-à-dire dans une position telle
que la loi ne lui permette pas de gérer lui-même
ses propres affaires, il est bien évident qu'il ne
pourra point gérer celles d'autrui.

Mais cette circonstance produira-t-elle d'ailleurs
contre le fou une cause d'incapacité complète, irré-
vocable, de nature à faire nommer immmédiate-
ment un autre tuteur ou un autre curateur?

Nous croyons nécessaire, pour répondre à cette
question, de suivre l'ordre historique des dispositions légales sur ce point.

De très-bonne heure la folie en général fut considérée comme constituant, au point de vue de la tutelle, une cause d'incapacité, et d'incapacité absolue; ces principes furent consacrés dans plusieurs
sénatus-consultes :

« *Complura senatus-consulta facta sunt*, dit Paul,
*ut in locum furiosi et muti et surdi tutoris, alii tu-
tores dentur* (1). »

Et Gaïus de son côté : « *Senatus censuit, ut, si
tutor pupilli pupillæve..... ex justa causa fuerit
excusatus, in locum ejus alius tutor detur ; quo dato
prior tutor amittit tutelam* (2).

D'après cela tous les fous sans exception, *furiosi*,
tuteurs testamentaires, légitimes ou honoraires, de-

____

(1) Paul, l. XVII, *De tutel.*, 26, 1.
(2) Gaïus, *Inst.*, c. 1, § 182.

vaient être remplacés par le magistrat d'une façon absolue et définitive.

Quelque précis, quelque impératifs que fussent les termes des sénatus-consultes, ils ne pouvaient point cependant empêcher un père de famille d'appeler par son testament un fou à la tutelle de son fils impubère, du moment qu'il mettait à la nomination cette condition : *cum furere desierit.* C'était là une condition régulière et qui devait produire son effet au jour de sa réalisation.

Mais si une pareille institution était faite sans condition, le tuteur désigné étant incapable, il y avait lieu à l'application des sénatus-consultes et à la nomination d'un autre tuteur par le magistrat. Cette décision, conforme aux termes des sénatus-consultes, était quelque peu rigoureuse, et, — si elle fut adoptée par Proculus, — Pomponius, désireux de donner effet aux dernières volontés du père de famille, la combattit en disant qu'en pareil cas la condition « *cum furere desierit* » devait être considérée comme sous-entendue (1).

A partir de ce moment tout individu fou nommé tuteur par testament dut être considéré comme nommé sous une condition suspensive ; jusqu'à l'événement de la condition il n'y avait point de tuteur testamentaire, et il y avait lieu à la nomination par le magistrat d'un tuteur intérimaire (2) ;

(1) Ulpien, l. X, § 3, *De testam. tut.*, 26, 2.
(2) *Inst., De Atil. tut.*, l. I, 20, § 1. — Gaïus, I, § 186.

la condition se réalisant, il devenait tuteur testamentaire. Si la folie s'emparait à nouveau de lui,
dans ces circonstances, il y avait lieu à son remplacement définitif en vertu des sénatus-consultes.
La règle posée par Pomponius fut reproduite par
Paul et Ulpien (1). Cette règle laissait, comme on
le voit, subsister pleinement le système des sénatus-
consultes d'après lesquels la folie constituait toujours en matière de tutelle une cause d'incapacité
absolue, *excusatio necessaria*, comme disent les
commentateurs (2).

A l'époque d'Ulpien, et sans doute à une époque
postérieure à la publication du *lib.* 36 *ad Sabinum*
de ce jurisconsulte, parut un rescrit d'Alexandre
Sévère rapporté par Ulpien, et qu'un texte de Modestin nous fait connaître (3), aux termes duquel
la folie ne constituait plus une cause d'excuse perpétuelle, mais seulement une cause d'incapacité
temporaire, à laquelle il devait être remédié par
l'adjonction au tuteur d'un curateur intérimaire.
Ce rescrit d'Alexandre Sévère se place entre les années 222, date de l'avénement d'Alexandre Sévère,

(1) Paul, l. XI, *De tutel.*, 26, 1. — Ulp., l. X, § 3, *De test.
tut.*, 26, 2.

(2) C'était bien une incapacité, quoique Paul semble, dans
la loi 40, *De excusat.*, attribuer à la folie le caractère d'une véritable excuse, en disant que *post susceptam tutelam furiosus de-
ponere tutelam* potest. La preuve en est dans le texte de Paul
que nous citons sous la note (1).

(3) Modest., l. X, § 8, et l. XII, in pr. *De excusat.*, 27, 1.

et 23o, date de la mort d'Ulpien. En 247, Philippe
l'Arabe rend une constitution que nous trouvons
au Code (1), et qui est ainsi conçue : « *Luminibus
captus, aut surdus, aut mutus, aut furiosus, aut per-
petua valetudine tentus, tutelæ seu curæ excusa-
tionem habet.* » Cette assimilation du *furiosus* au
sourd et au muet, dont l'incapacité était absolue,
nous semble indiquer clairement la volonté d'a-
broger l'innovation introduite par le rescrit d'A-
lexandre Sévère et d'en revenir purement et simplement au système des sénatus - consultes, modifié
dans son application par la règle de Pomponius.
C'est d'ailleurs ce système que Justinien paraît consacrer expressément aux *Institutes* (2). L'explication que nous venons de donner ne découvre pas
à la vérité le motif pour lequel les rédacteurs du
Digeste y auraient laissé subsister un texte de
Modestin contenant une doctrine expressément
abrogée par une constitution postérieure. On serait
peut-être tenté d'expliquer cette circonstance en
disant que le rescrit d'Alexandre Sévère n'avait
abrogé le principe des sénatus-consultes qu'en ce
qui touchait les fous atteints d'une maladie temporaire, et l'avait laissé subsister pour les fous atteints
d'une maladie mentale perpétuelle; mais, outre que
cette explication se heurterait à des difficultés de
texte, elle ne rendrait pas compte du motif qui au-

(1) Const. Phil., C. *Qui morbo se excusant*, 5, 67.
(2) Inst. *Qui testam. tut. dari poss.*, 1, 14, § 2.

rait fait édicter la constitution de Philippe l'Arabe.
Nous préférons nous en tenir à notre premier système et mettre l'existence au Digeste des textes de
Modestin sur le compte d'une négligence dont on
retrouve d'ailleurs bien d'autres exemples.

4. *De la folie de l'impubère et du mineur de
vingt-cinq ans.* — En principe la folie ne change
en rien, au point de vue de la tutelle ou de la curatelle, la condition de l'impubère ou du mineur
de vingt-cinq ans. « *Qui habet tutorem (pupillus vel
pupilla), si furere cœperint, in ea causa sunt, ut in
tutela nihilominus durent : quæ sententia Quinti
quoque Mucii fuit, et a Juliano probatur, eoque jure
utimur, ut cesset cura, si tutelæ ætas indigeat. Quare
si tutores habent, per furorem in curam non rediguntur ; sive non habent, et furor eis accesserit,
nihilominus tutores accipere poterunt : quia Lex XII
Tabularum ita accepta est, ut ad pupillos vel pupillas non pertineat* (1). »

Il en était de même du mineur de vingt-cinq
ans soumis à la curatelle : « *Quia autem in pupil-
lorum persona adgnatos curatores non admittimus,
idcirco putavi, etsi minor viginti quinque annis
furiosus sit, curatorem ei, non ut furioso, sed adolescenti dari, quasi ætatis esset impedimentum : et
ita definiemus, ei, quem ætas curæ, vel tutelæ subjicit, non esse necesse quasi dementi quæri cura-*

____

(1) Ulp., l. III, in pr. *De tutel.*, 26, 1.

torem : et ita Imperator Antoninus Augustus re-
scripsit : cum magis ætati quam dementiæ tantis-
per sit consulendum (1).

Ainsi la condition du pupille ou du mineur
de vingt-cinq ans n'est point modifiée au moins en
apparence par la folie ; s'il n'est point en tutelle
ou en curatelle, il y entre ; s'il y est déjà, il y reste ;
il n'y a là aucun effet particulier à la folie ; mais il
est à peine besoin de dire que cette condition ne
reste la même qu'à la surface, et pour ainsi parler
qu'extérieurement, et qu'à l'égard du fou impubère, à l'égard du fou mineur de vingt-cinq ans,
comme à l'égard du majeur aliéné, la folie produit
au point de vue de la capacité civile tous ses effets
ordinaires.

§ II. — DES EFFETS DE LA FOLIE SUR LE DROIT RELATIF AUX BIENS.

I. — DE LA CONSERVATION DU PATRIMOINE.

Cicéron, parlant du *furiosus*, dit de lui : « *Eum
dominum esse rerum suarum vetant XII Ta-
bulæ* (2). » Évidemment Cicéron fait allusion au
droit d'administration que la loi des Douze Tables
conférait aux agnats sur les biens du furieux, et

(1) Eod. loc., § 1. — Anton., const. 1, C. *De cur. fur.*,
5, 70.
(2) Tuscul., III, 5.

n'entend contester en rien la persistance chez le fou du droit de propriété.

Le fou conservait en effet à Rome le domaine de sa chose : « *Rei suæ dominium retinet* (1) ; » il faut entendre par là l'ensemble de ce que nous appellerions aujourd'hui ses droits réels et personnels.

Ce n'est là d'ailleurs que l'application de ce principe général que la capacité du fou est la même que celle des autres citoyens, sauf en ce qui touche les actes qui exigent une expression de volonté ; la conservation des droits réels ou personnels ne met point en effet la volonté en jeu, si ce n'est pourtant dans un cas.

Il est un droit, — la possession, — qui exige non-seulement pour son acquisition, mais même pour sa conservation, un élément intentionnel. La possession s'acquiert *corpore et animo ;* elle doit se conserver également *animo et corpore ;* dès qu'il n'y a plus détention matérielle de la chose ou dès qu'une intention contraire à l'*animus possidendi* vient remplacer l'intention première de posséder, la possession disparaît.

Chez les personnes saines d'esprit, l'*animus possidendi* et l'*animus non possidendi* sont solidaires. Dès qu'une personne a commencé à avoir l'intention de posséder, cette intention ne peut disparaî-

____

(1) Ulp., l. **XX**, *De statu hominum*, l. I, 5.

tre que par la naissance même de l'*animus non possidendi ;* et réciproquement, tant que l'*animus non possidendi* ne s'est pas fait jour, c'est que l'*animus possidendi* persiste.

Cette solidarité entre l'*animus possidendi* et l'*animus non possidendi* a entraîné cette conséquence qu'on peut dire indifféremment : qu'il faut, pour continuer de posséder, l'intention de posséder, et qu'il faut, pour cesser de posséder, avoir l'*animus non possidendi* ; en d'autres termes et plus simplement, on a pu regarder comme la condition d'existence de la possession, tantôt la persistance de la volonté de posséder, tantôt l'inexistence de l'*animus non possidendi.*

Cette manière de voir ne présente d'ordinaire aucun inconvénient ; mais en notre matière précisément elle devient la source d'une difficulté.

Si une personne devient folle après avoir commencé à posséder, on ne peut pas dire que chez elle l'*animus possidendi* persiste ; d'un autre côté l'*animus non possidendi* ne peut point apparaître ; la solidarité qui rattachait ces deux sentiments a disparu.

Or de deux choses l'une : ou bien c'est la persistance de la volonté de posséder qui, seule, fait durer la possession, et la possession doit disparaître en même temps que cette volonté, sans qu'on ait à rechercher si elle a ou n'a pas été remplacée par l'*animus non possidendi* ; ou bien, au contraire, c'est l'*animus non possidendi* qui en survenant peut seul faire disparaître la possession, sans qu'on ait d'ailleurs à considérer si l'*animus possidendi* nécessaire au commencement de la possession a continué d'exister ou non depuis ce moment.

Si l'on adopte le premier de ces deux systèmes, il faudra conclure que, d'après les principes, la possession doit disparaître devant la folie ; le second, au contraire, nous amène à dire que la folie non-seulement n'empêche point la possession de continuer, mais vient mettre obstacle à ce qu'elle soit jamais perdue *animo tantum*.

Chacun de ces systèmes paraît avoir eu ses partisans ; le dernier était sans aucun doute professé par Proculus, qui s'exprime en ces termes :

« *Si is, qui animo possessionem saltus retineret, furere cœpisset, non potest, dum fureret, ejus saltus possessionem amittere :* quia furiosus non potest desinere animo possidere (1). »

Mais la première au contraire de ces deux opinions paraît avoir eu la préférence de Papinien : car, si au fond il donne la même solution que Proculus ; si, comme lui, il admet que le fou peut continuer à posséder, il présente cette solution non plus comme la conséquence des principes généraux sur la possession, mais au contraire comme une exception aux conséquences rigoureuses de ces mêmes prin-

____

(1) Procul., l. XXVII, *De adquir. vel amitt. poss.*, 41, 2.

cipes, comme une exception introduite par des motifs d'utilité : « *Eum*, dit-il, *qui posteaquam usucapere cœpit in furorem incidit*, utilitate suadente, *relictum est, ne languor animi damnum etiam in bonis adferat, ex omni causa implere usucapionem* (1). »

Quoi qu'il en soit d'ailleurs, qu'il y ait là une conséquence des principes ou au contraire une exception, il ne résulte pas moins des textes que nous venons de citer que le fou, en droit romain, continuait à posséder ; il conservait son patrimoine entier, y compris le droit de possession (2).

II. — DES MODIFICATIONS DU PATRIMOINE.

Nous laisserons ici de côté celles de ces modifications qui peuvent résulter de l'action du curateur, action que nous avons déjà étudiée. Nous voulons rechercher en ce moment si le patrimoine du fou peut être modifié en plus ou en moins du chef du fou lui-même, soit en vertu de ses actes personnels, soit en vertu d'actes émanés de personnes en sa puissance, soit enfin par suite de circonstances extérieures ; en d'autres termes, nous voulons examiner jusqu'à quel point et dans quelle mesure le fou est capable d'acquérir ou d'aliéner des droits

____

(1) Papin., l. XLIV, § 6, *De usurp. et usucap.*, 41, 3.

(2) V. Paul, l. XXXI, § 4, *De usurp. et usucap.*, 41, 3. — Venuleius, l. XV, § 4, *De div. temp. præsc.*, 44, 3.

réels, d'acquérir des créances ou de contracter des obligations.

Avant d'entrer en matière, rappelons d'abord rapidement les principes qui nous donneront la solution des questions que nous aurons successivement à résoudre :

L'acte duquel résulte l'acquisition ou l'aliénation d'un droit réel ; l'acte duquel résulte l'acquisition ou l'extinction d'une créance ; l'acte créateur ou extinctif d'une obligation, exigent-ils une manifestation de volonté, le fou est incapable d'y figurer.

Au contraire, ces actes translatifs de droits réels ou créateurs de rapports personnels produisent-ils leur effet en dehors de la volonté de la personne qui acquiert ou qui perd ces droits réels, qui devient sujet actif ou sujet passif de ces droits personnels ; dans ce cas le fou conserve la capacité de droit commun.

Ces principes posés, abordons l'étude des différents modes d'acquisition ou d'aliénation des droits réels, puis nous passerons aux modes de création ou d'extinction des obligations, aux modes d'acquisition ou d'extinction des créances ; et, à mesure que nous les passerons rapidement en revue, nous verrons quel rôle y était réservé à l'aliéné.

I. — DE L'ACQUISITION ET DE L'ALIÉNATION A TITRE
PARTICULIER DES DROITS RÉELS.

La possession s'acquiert, nous avons déjà eu
l'occasion de le dire, *corpore et animo*. La détention matérielle de l'objet ou tout au moins la possibilité de faire sur elle acte de maître, et l'intention de posséder, sont deux éléments nécessaires
à l'acquisition de la possession (1). Il résulte de
l'exposition seule de ces principes que le fou est
incapable de commencer à posséder, car, s'il peut
bien avoir la détention matérielle d'une chose, il
lui est complétement impossible d'avoir le second
élément nécessaire à l'existence de la possession :
l'intention de posséder; cette décision est confirmée par Paul :

« *Furiosus et pupillus sine tutoris auctoritate, non
potest incipere possidere quia affectum tenendi non
habent, licet maxime corpore suo rem contingant :
sicuti si quis dormienti aliquid in manu ponat* (2). »

(1) Voy. Paul, *Sent.*, V, II, § 1.
(2) Paul, l. I, § 3, *De adq. vel amitt. poss.*, 41, 2.
Il est à remarquer ici que l'*infans*, ordinairement placé sur
la même ligne que l'aliéné (les conditions intellectuelles de l'*infans* et du *furiosus* présentent en effet, au point de vue juridique,
la plus grande analogie), était, sous le rapport de la possession,
plus favorisé que lui. « Infans possidere recte potest, dit Paul,
si tutore auctore cepit, nam judicium infantis suppletur auctoritate tutoris. Utilitatis enim causa hoc receptum est : nam
alioquin nullus sensus sit infantis accipiendi possessionem. »
(L. XXXII, § 2, D., *De adq. vel amitt. poss.*, 41, 2.) Ainsi l'*in-*

Parlons maintenant de la propriété. Quels sont les modes d'acquisition de la propriété? ce sont : 1° l'occupation, 2° l'accession, 3° la tradition, 4° la mancipation, 5° l'usucapion, 6° la *cessio in jure*, 7° l'adjudication, 8° la loi.

Parmi ces modes d'acquérir, on en distingue à première vue trois qui sont basés sur la possession; ce sont : 1° l'occupation, 2° la tradition, 3° l'usucapion. L'acquisition de la propriété par occupation consiste dans la possession d'une *res nullius*; c'est encore par la remise de la possession que, dans la tradition, la propriété de la chose livrée passe du *tradens* à l'*accipiens*; enfin c'est encore sur la possession, pourvue de certaines qualités, et prolongée pendant un temps déterminé, que repose l'acquisition par usucapion. — Or nous venons de dire que le fou est incapable d'acquérir la possession ; donc, par une conséquence forcée, ces trois modes d'acquisition lui sont invinciblement fermés : le fou ne pourra ni devenir propriétaire par occupation, ni recevoir une tradition utile (1), ni enfin commencer à usucaper.

Nous disons « commencer à usucaper » ; c'est qu'en effet, si le fou avait commencé à posséder avant sa folie, nous avons vu qu'on lui permettait de continuer à posséder et par suite d'usucaper,

fans pouvait commencer à posséder par lui-même, le *furiosus* ne pouvait commencer à posséder que par autrui.

(1) Cels., l. XVIII, § 1, *De adq. vel am. poss.*, 41, 2.

si d'ailleurs sa possession réunissait les qualités nécessaires à l'usucapion (1).

Ainsi, des trois modes d'acquisition que nous
avons examinés jusqu'ici, un seul peut dans une
certaine mesure être accessible à l'aliéné.

Il est hors d'état de figurer dans la mancipation
et dans la *cessio in jure ;* car ce sont évidemment
là des actes où la volonté des parties est appelée à
jouer un rôle considérable ; de même encore, incapable de figurer dans une action en justice ,
l'aliéné ne peut acquérir par adjudication. — De
tous les modes d'acquisition que nous avons énumérés, deux seulement nous restent à examiner : l'accession et la loi. Nous savons que le mot accession
désigne ce mode particulier d'acquisition, qui résulte de la réunion à une chose principale d'une
chose accessoire. L'accession est une conséquence
du droit de propriété ; on y voit, si on veut s'en
rendre un compte exact, « une sorte d'occupation

______

(1) Paul, l. IV, § 3, *De usurp. et usucap.*, 41 , 3. — Paul,
l. XXXI, § 4, eod. loc. — Papin., l. XL, § 6, eod. loc. — Si
le fou n'avait point de curateur, il n'était pas possible au propriétaire de le poursuivre et de l'empêcher d'arriver à l'usucapion. Dans ce cas, le préteur restituait *in integrum* le propriétaire, en lui donnant une action *in rem* rescisoire. Paul, l. XXII,
§ 2, *Ex quib. caus.*, 4, 6. Cette *restitutio* n'avait plus de raison
d'être dans le droit de Justinien , où le propriétaire pouvait
obtenir *plenissimam interruptionem* en présentant une requéte
au président de la province. Const. 2 , C. *De annal. except.*,
7, 40.

de prise de possession ; occupation d'une nature toute particulière, car elle s'opère non par la volonté des personnes, mais à leur insu, même contre leur gré, par la chose même (1). » Ainsi l'accession est un mode d'acquisition où la volonté de l'acquéreur n'a point à intervenir ; donc, par application de nos principes généraux, il doit être accessible à l'aliéné lui-même. Arrivons à la dernière cause d'acquisition de la propriété : la loi.

C'est Ulpien qui cite la loi comme un moyen d'acquérir, et il donne pour exemple le legs *per vindicationem*. Plus tard, tous les legs, sans distinction des anciennes formules *per vindicationem* et *per damnationem*, transférèrent par eux-mêmes la propriété (2).

Il paraît même qu'au temps de Justinien, et après une constitution spéciale que l'on trouve au Code, les donations à cause de mort faites sans tradition dans les termes de cette constitution transféraient par elles-mêmes la propriété.

Le fou peut-il acquérir la propriété par legs ou fidéicommis et par donation à cause de mort?

Les legs et les fidéicommis constituaient un mode d'acquisition accessible à l'aliéné : l'acquisition se passait, en effet, en dehors de toute manifestation de volonté de sa part, par la seule puissance de la loi ; et ce sont là des conditions dans

(1) M. Ortolan, *Expl. hist. des Inst.*, t. II, n° 367.
(2) M. Ortolan, *Expl. hist. des Inst.*, t. II, n° 563.

lesquelles la capacité de l'aliéné est la même que celle du citoyen sain d'esprit (1).

Pour les donations à cause de mort au temps de Justinien, une distinction est nécessaire. Le fou ne pouvait évidemment point figurer dans une donation ; c'est là, en effet, un contrat nécessitant un concours de volontés et nous savons que pour sa part l'aliéné n'a pas de volonté ; mais, si une personne avait figuré étant saine d'esprit dans une donation à cause de mort, et était devenue folle postérieurement à la donation, elle deviendrait propriétaire de la chose donnée au jour de la mort du donateur par la seule force de la loi.

En résumé, parmi les modes d'acquisition de la propriété que nous avons signalés, sont absolument inaccessibles au fou : 1° la mancipation ; 2° la *cessio in jure ;* 3° l'adjudication ; 4° l'occupation ; 5° la tradition. Lui sont accessibles ou non, suivant distinction : 1° l'usucapion ; 2° la donation à cause de mort, quand elle est devenue sous Justinien translative de propriété. Enfin lui sont ouverts absolument : 1° l'accession ; 2° le legs ou le fidéicommis.

(1) Justinien, dans la const. 7 , au C. *De cur. fur.*, 5, 70, §§ 7 et 8, ordonne que tout ce qui arrivera au fou par legs ou fidéicommis sera remis aux mains du curateur. Si, après être revenu à la raison, le fou lui-même, ou, après la mort du fou, son héritier, ne voulait pas accepter les biens légués, ces biens devaient faire retour à qui de droit.

Tous les modes d'acquisition de la propriété ne s'étendent point à l'acquisition de ses démembrements, mais tous ou presque tous les modes d'acquisition des démembrements sont communs à l'acquisition de la propriété, si bien que dès à présent nous pouvons dire d'une façon générale que la donation à cause de mort, dans un certain cas seulement, le legs et le fidéicommis seront pour le fou les seuls modes d'acquisition des démembrements de la propriété.

Nous venons de voir dans quelles limites étroites la condition intellectuelle du fou restreint pour lui la faculté d'acquérir ; mais la folie n'empêche point celui qui en est frappé de pouvoir acquérir par autrui.

Le fou, nous l'avons déjà dit, conserve la puissance paternelle ; il conserve aussi la puissance dominicale et avec elles leurs attributs, de manière qu'il peut acquérir la propriété, et par le fils de famille qu'il a sous sa puissance, et par ses esclaves, et par ceux dont il a l'usufruit et l'usage, et par les esclaves d'autrui ou les personnes libres qu'il possède de bonne foi.

Il est de principe que par ces personnes le père de famille acquiert la propriété même à son insu. De là, pour le fou, la faculté d'acquérir ainsi tant la propriété que les autres droits réels (1).

______

(1) V. Ulpien, l. VIII, § 1, *De his qui sui*, etc., 1, 6.

Quant à la possession, on ne l'acquiert pas par ces différentes personnes, à son insu et malgré soi ; il faut que l'élément intentionnel, nécessaire à l'existence de la possession, émane du possesseur lui-même ; il en résulte qu'en principe, la possession ne peut pas plus être acquise au fou par le fils de famille, ou par l'esclave, que par lui-même.

Cependant ce n'est pas là un principe absolu. Il existait une exception pour tout ce que l'esclave possédait ou recevait en possession comme entrant dans son pécule, *pro peculio*. Le maître acquérait alors la possession, même à son insu, parce qu'en accordant à l'esclave la permission d'avoir un pécule, il était censé avoir eu la volonté de posséder en général tout ce pécule, et en particulier toutes les choses dont il se composait : « *Adquirimus possessionem*, dit Paul, *per servum aut filium qui in potestate est, et quidem earum rerum quas peculiariter tenent, etiam ignorantes, sicut Sabino et Cassio et Juliano placuit, quia nostra voluntate intelligantur possidere qui eis habere peculium permiserimus. Igitur ex causa peculiari et infans et furiosus adquirunt possessionem et usucapiunt* (1). »

Nous venons de voir comment, en dehors de l'action du curateur, le fou peut acquérir des droits réels ; voyons maintenant comment il peut,

(1) Paul, l. 1, § 5, *De adq poss.*, 41, 2, et Ulp., l. IV, eod. tit.

dans les mêmes conditions, perdre ceux qui lui appartiennent.

Et d'abord, peut-il perdre la possession? Les principes que nous avons exposés et les textes que nous avons cités plus haut nous permettent de répondre que le fou ne peut perdre la possession *animo tantum ;* mais que rien ne s'oppose à ce qu'il perde la possession par l'abandon de la détention matérielle, *corpore,* du moins la possession des meubles, quand la possession des immeubles ne se perdit plus *corpore tantum*.

Peut-il perdre la propriété? Sans aucun doute il ne peut la perdre ni par mancipation, ni par *cessio in jure*, ni par adjudication; nous verrons plus tard, en étudiant la question de savoir si le fou peut ou non faire un testament, pourquoi il ne le peut point; disons seulement, dès à présent, qu'il est hors d'état de léguer sa chose; enfin il est bien certain qu'il ne peut point disposer par donation à cause de mort, puisqu'il faut là une manifestation de volonté dont le fou est incapable.

Reste à savoir si le fou peut perdre sa propriété par tradition, par usucapion, et enfin par accession. Le fou peut-il transférer, par la tradition, la possession et, par suite, la propriété de sa chose? Non, car s'il peut perdre, en même temps que la détention corporelle de la chose, la possession, la perte de la possession par le fou et son acquisition par un tiers ne produisent point dans ce cas le transport de la propriété. — La tradition ne transporte, en effet, la propriété du *tradens* à l'*accipiens*, qu'autant qu'elle est faite par une personne capable d'aliéner à une personne capable d'acquérir, qu'autant qu'elle est accompagnée chez le *tradens* de la volonté d'aliéner, et chez l'*accipiens* de la volonté d'acquérir ; or ce sont là des conditions que le fou ne peut remplir.

Quid de l'usucapion ? La chose du fou peut-elle être usucapée ? Nous savons que le fou peut perdre la possession, — sinon *animo*, — au moins *corpore tantum*. Une personne pourra donc acquérir la possession de la chose du fou ; si d'ailleurs à sa possession viennent s'ajouter les conditions nécessaires de juste titre et de bonne foi, rien ne l'empêchera d'usucaper (1).

Ajoutons, en terminant, que la volonté des propriétaires n'ayant point à intervenir dans les acquisitions ou dans les pertes par accession, le fou sera susceptible de perdre par ce moyen son droit de propriété.

Un mode de perte de la propriété, dont nous n'avons point parlé jusqu'ici, c'est le mode corrélatif au mode d'acquisition par occupation. Cette manière de perdre la propriété, c'est l'abandon de

---

(1) Ulp., l. VII, § 2, *De public. in rem.*, 6, 2. — Paul, l. XIII, § 1, *De usurp. et usucap.*, 41, 3. — Paul, l. II, § 16, *Pro emptore*, 41, 4. Le fou d'ailleurs ne figurait point parmi les personnes à qui le préteur accordait l'*in integrum restitutio*.

la chose *pro derelicto*, la transformation de sa chose en *res nullius*. Il suffit de faire remarquer qu'il faut pour cette transformation un acte de volonté de la part du propriétaire pour démontrer que le fou ne peut point abandonner ainsi sa propriété.

Quant à l'usufruit, il le perdra par sa mort, par ses diminutions de tête, par le non-usage, par le changement de la substance des choses, comme aussi par la consolidation arrivant par quelqu'une des causes qui peuvent lui faire acquérir la propriété ; mais il ne pourra, bien entendu, l'éteindre par une cession au nu propriétaire.

Quant aux servitudes, il sera évidemment incapable d'en faire remise au fonds servant ; mais il pourra les perdre, soit par la disparition de l'un des héritages, soit par le non-usage ou la confusion.

Le fils de famille ou l'esclave ne pourrait faire perdre au père ou au maître les droits réels qui lui appartiennent, si ce n'est pour les choses comprises dans le pécule ; cependant, quand un usufruit avait été légué *per vindicationem* au fils de famille ou à l'esclave, certains jurisconsultes admettaient que l'usufruit devait s'éteindre par la mort du fils ou de l'esclave ; dans ce sytème, le fou aurait pu perdre ainsi l'usufruit légué à l'une ou à l'autre de ces deux personnes.

11 — DE L'ACQUISITION ET DE L'EXTINCTION DES CRÉANCES ;
DE LA CRÉATION ET DE L'EXTINCTION DES OBLIGATIONS.

Le fou peut-il devenir le sujet actif ou passif d'une obligation, peut-il cesser de l'être? en d'autres termes, peut-il commencer à être créancier ou débiteur? peut-il cesser d'être créancier ou débiteur? Telles sont les deux questions que nous avons maintenant à examiner.

Première question. Le fou peut-il devenir sujet actif ou sujet passif d'une obligation?

Pour résoudre cette question, il nous faut examiner quelles sont les sources des obligations et chercher s'il en est quelques-unes parmi elles qui n'exigent point, de la part de celui qui devient créancier ou débiteur, une manifestation de volonté. Celles-là seules pourront rendre le fou débiteur ou créancier.

Les sources d'obligations sont : 1° les contrats qui se forment *re, verbis, litteris* ou *consensu,* et les pactes, 2° les délits, 3° les quasi-contrats et 4° les quasi-délits.

Quel est le rôle de la volonté dans ces différentes sources d'obligations? Dans les contrats et dans les pactes, c'est évidemment la volonté qui joue le rôle principal; c'est l'accord des volontés qui est la source de l'obligation, que cet accord des volontés doive ou non d'ailleurs être accompagné de formalités spéciales.

Il résulte de là qu'il est impossible au fou d'acquérir une créance ou de contracter une obligation par contrat ou par pacte.

Passons au délit, et supposons d'abord que le fou en soit le sujet passif. « *Omnes (obligationes ex delicto) ex re nascuntur,* » dit Justinien. Le délit donne lieu au profit de l'agent passif à une créance qui naît *ex re*, c'est-à-dire du délit, du méfait lui-même, *ex maleficio;* c'est là une créance qui, s'acquérant sans aucune intervention de la volonté, peut compéter *etiam ignoranti,* et nous savons que : « *Ex quibus causis ignorantibus nobis actiones adquiruntur, ex iisdem furioso adquiri;* donc le fou acquerra les actions résultant des délits commis à son préjudice (1). »

Si nous supposons maintenant qu'au lieu d'être le sujet passif du *maleficium*, le fou en soit au contraire le sujet actif, ce *maleficium* fera-t-il acquérir

(1) Remarquez que le fou est susceptible d'acquérir l'action d'injures, bien qu'il soit incapable de ressentir les injures ; il suffit pour cela qu'il les ait subies. « *Pati quis injuriam, etiamsi non sentiat, potest.* » (L. III , §§ 1 et 2, Dig. , 47, 10.) Il est même à cet égard un fait assez remarquable : le droit romain mettait au nombre des faits constitutifs de l'injure celui d'avoir par quelque médicament, quelque drogue ou tout autre moyen, troublé la raison d'une personne « *mentem alicujus alienaverit* » (l. XV, pr. Dig., 47, 10) ; de manière que le fou dans ce cas trouvait dans sa folie même la source d'une action.

au tiers qui en aura été victime une action contre
le fou ; en d'autres termes, le fou se trouvera-t-il
obligé *ex delicto ?*

A cette question il faut faire une réponse négative ; en effet, si le délit ne consiste pas seulement
dans un fait nuisible et illicite commis avec une
intention mauvaise ; s'il peut y avoir délit, sans que
cette intention mauvaise se joigne au fait dommageable, au moins faut-il pour qu'il y ait délit qu'il
y ait eu une faute commise par l'auteur de ce fait.
Or le fou est aussi incapable de commettre une
faute que d'avoir une intention mauvaise ; donc
jamais aucun fait dommageable émané d'un fou ne
sera susceptible de constituer un délit et de donner naissance contre lui à une obligation *ex delicto* (1).

Il nous reste à parler des quasi-contrats et des
quasi-délits, et à nous demander s'il y a là pour

---

(1) « Quærimus, si furiosus damnum dederit, an legis Aqui-
liæ actio sit ? Et Pegasus negavit : quæ enim in eo culpa sit,
cum suæ mentis non sit ? Et hoc est verissimum. Cessabit igitur Aquilia actio ; quemadmodum si quadrupes damnum de-
derit, Aquilia cessat, aut si tegula ceciderit. » Ulp., l. **V**, § 2, *ad
leg. Aq.*, 9, 2. D'ailleurs les tiers ne supporteront point sans
réparation le dommage que le fou aura pu leur causer ; la
loi XIV au Dig., *De offic. præsidis*, 1, 18, paraît leur accorder
un recours contre les personnes chargées de sa surveillance :
« Custodes furiosis non ad hoc solum adhibentur, ne quid per-
niciosius ipsi in se moliantur, sed ne aliis quoque exitio sint :
quod si committantur, non immerito culpa eorum adscriben-
dum est qui negligentiores in officio suo fuerunt. »

le fou des causes d'acquisition de créances ou de création d'obligations.

Justinien, aux Institutes, parlant des quasi-contrats, en cite cinq principaux : 1° la gestion d'affaires, 2° la tutelle et la curatelle, 3° l'indivision, 4° l'acceptation d'une hérédité, 5° le payement de l'indû.

Le fou acquerra contre son gérant d'affaires, contre son tuteur ou son curateur, contre ses copropriétaires, contre l'héritier qui accepte une hérédité pour les legs qui lui ont été faits, enfin contre la personne indûment payée, les actions résultant de ces quasi-contrats. Elles s'acquièrent en effet sans que la volonté de celui à qui elles compètent ait en rien à intervenir.

Réciproquement, le fou pourra se trouver obligé indirectement en vertu des quasi-contrats : c'est ainsi que son gérant d'affaires acquerra contre lui l'action contraire de gestion d'affaires (1) ; son tuteur ou son curateur, l'action *tutelæ* ou *negotiorum gestorum contraria* (2).

Mais ne pourra-t-il se trouver ainsi obligé qu'indirectement en vertu des quasi contrats ; ne pourrait-il point être obligé directement ? Supposons qu'un fou gère les affaires d'autrui soit en qualité de simple gérant d'affaires, soit en qualité de tuteur, soit en qualité de curateur ; qu'il devienne propriétaire par indivis ou héritier sien et néces-

(1) Ulp., l. III, § 5, *De negot. gest.*, 3, 5.
(2) *Idem.*

saire ; qu'il reçoive d'autrui un payement ; que va-t-il arriver dans chacun de ces cas ?

En droit romain, la personne qui se trouve obligée directement en vertu d'un quasi-contrat est tenue ou bien par la force même de la loi, ou bien en vertu d'un fait volontaire de sa part (1) ; c'est le fait volontaire de gérer les affaires d'autrui, d'accepter le payement de l'indû, de faire l'adition d'hérédité qui oblige le gérant d'affaires, celui qui reçoit le payement et l'héritier. Au contraire, si les propriétaires par indivis sont tenus entre eux de l'action *communi dividundo* ou *familiæ erciscundæ*, si l'héritier sien et nécessaire est tenu envers les légataires, si enfin le tuteur et le curateur sont tenus d'administrer et de rendre compte de leur administration, ce n'est plus en vertu d'un fait volontaire, mais en vertu des dispositions mêmes de la loi.

Ces explications nous fournissent la base d'une distinction qui nous permettra de répondre à la question posée plus haut. Si le quasi-contrat résulte d'un fait volontaire de l'obligé direct, le fait du fou ne peut lui donner naissance parce que le fait du fou n'est jamais volontaire. Si au contraire le quasi-contrat dérive non d'un fait volontaire, mais de la loi, le fou est soumis comme toute autre personne à l'obligation qui en dérive. Il ré-

(1) M. Demangeat, t. II, p. 355.

sulte de là que le fait du fou ne pourra jamais donner lieu contre lui à l'*actio negotiorum gestorum directa*, ou à la *condictio indebiti* ; ce même fait d'ailleurs, et par les mêmes raisons, ne pourrait donner lieu à son profit, à l'*actio negotiorum gestorum contraria*. Mais au contraire, si le fou devient propriétaire par indivis, il se trouve soumis de plein droit soit à l'*actio familiæ erciscundæ*, soit à l'*actio communi dividundo* (1); de même, s'il est appelé à une succession en qualité d'héritier sien et nécessaire, il se trouve tenu de plein droit envers les légataires.

Quant à l'obligation d'administrer les affaires du pupille ou du mineur de vingt-cinq ans, et de rendre compte de l'administration, — obligation qui donne lieu contre le tuteur à l'*actio directa tutelæ* et contre le curateur à l'*actio negotiorum gestorum directa*, — cette obligation dérivant de la loi devrait, d'après les principes que nous avons posés plus haut, s'imposer au fou comme à toute autre personne. C'est sans aucun doute ce qui aurait lieu si le fou pouvait en tant que fou être tuteur ou curateur; mais nous avons dit, et nous avons à peine besoin de le répéter, que ce sont là des fonctions qui par leur nature même lui sont inaccessibles; concluons-en que le fou ne pourra jamais être tenu des actions *tutelæ* ou *negotiorum*

---

(1) Paul, l. XLVI, *De oblig. et act.*, 44, 7.

gestorum directæ, pas plus qu'il ne pourra acquérir à son profit les actions *tutelæ* ou *negotiorum gestorum contrariæ*.

Arrivons à la quatrième et dernière source des obligations : le quasi délit. Les Instituts citent comme exemples de quasi-délits : le cas où le juge « *litem suam fecerit* »; le cas où une chose répandue ou jetée d'un appartement a causé un dommage; le fait de suspendre une chose d'une façon dangereuse dans un lieu public; le cas enfin où une chose a été volée dans un navire ou un auberge. Dans tous ces cas on aperçoit comme raison d'être, comme fondement de l'action *in factum* qui est donnée contre l'auteur du quasi-délit, une véritable faute; cette faute est expressément signalée par Justinien comme justifiant l'action donnée contre le maître du navire et de l'auberge où s'est commis un vol : « *aliquatenus culpæ reus est quod opera malorum hominum uteretur* (1). » Cette considération, que la faute est dans tous les cas de l'essence du quasi-délit, nous permet d'affirmer que le fou ne peut point s'obliger par son quasi-délit, ou plutôt ne peut pas commettre de quasi-délit.

Mais, bien entendu, tous les quasi-délits commis à son préjudice engendreraient une action à son profit; cette action lui serait en effet acquise en dehors de toute manifestation de volonté.

(1) **J**ust., *Inst.*, lib. **IV**, tit. v, *De oblig. quæ quasi ex delicto nasc.*, § 3.

En résumé, le quasi-délit est pour le fou une cause d'acquisition de créances, il n'est jamais une cause d'obligation.

Disons, en terminant, que si, pour un motif ou pour un autre, le fou vient à livrer sa chose à un tiers, ou, d'une façon plus générale, si un tiers vient à s'enrichir aux dépens du fou, ce fait donne naissance au profit du fou soit à une action en revendication, soit à une action *ad exhibendum*, soit enfin simplement à une *condictio* (1).

Réciproquement, si le fou s'était enrichi aux dépens d'autrui, ce fait donnerait naissance au profit du tiers injustement dépouillé, soit à une action en revendication, soit à une *condictio* (2).

Dans ces deux cas, le fou devient créancier ou débiteur, parce que la créance ou l'obligation prend naissance *ex re* sans aucune intervention de la volonté.

Nous avons vu dans quels cas le fou pouvait

(1) Voyez Just., *Inst.*, liv. II, tit. VIII, *Quib. alien. lic. vel non*, § 2.

(2) « La jurisprudence avait fini par admettre que dans tous les cas où une personne se trouvait avoir acquis sans juste cause le bien d'autrui, ou en avoir profité, par un fait soit volontaire, soit involontaire, venant d'elle ou même d'autrui, il y avait lieu contre elle à une *condictio* pour la répétition de ce dont elle avait profité : « Quia pecunia mea, quæ ad te pervenit, eam mihi a te reddi bonum et æquum est, » dit Celse. « Quasi ex re tua locupletior factus sim, » dit Africain. « Quia ex aliena jactura lucrum quæram, » dit Paul. » (M. Ortolan, *Expl. hist. des Inst.*, t. III, p. 688.)

acquérir par lui-même les qualités de débiteur ou de créancier; il nous reste à examiner si ces mêmes qualités peuvent lui être imprimées par le fait de l'esclave ou du fils de famille.

Le fils de famille et l'esclave ont qualité pour obliger les tiers envers le père ou le maître; le fou pourra donc devenir créancier par leur intermédiaire (1).

Il est au contraire de principe que le père de famille ne pouvait être obligé directement par son fils ou par son esclave.

Cependant, d'après le droit civil lui-même, ce principe souffrait déjà une exception; l'action du délit commis par le fils de famille ou par l'esclave était donnée contre le père de famille, mais avec la faculté pour celui-ci de se libérer par l'abandon noxal de l'auteur du délit.

Plus tard le droit prétorien, « mû par des considérations d'équité, a distingué plusieurs cas et certaines limites dans lesquelles il a considéré le père de famille comme obligé par les opérations du fils ou de l'esclave, et donné, en conséquence, aux créanciers contre le père de famille des actions résultant de ces opérations, mais investies d'une qualité particulière (2). » C'est ainsi que le fou qui, avant sa folie, aurait commis son esclave à la direction d'un navire ou à l'administration d'une

(1) Just., *Inst.*, in pr. *Per quas personas*, 3, 28.
(2) M. Ortolan, *Expl. hist. des Inst.*, t. III, n° 1283.

boutique pourra se trouver soumis à l'action *exerci-toria* ou à l'action *institoria;* c'est ainsi encore que, dans tous les cas, il pourra se trouver soumis à l'action *de peculio et de in rem verso.*

Deuxième question. Il nous reste à examiner la seconde question que nous nous sommes proposé d'étudier : le fou peut-il, — toujours en dehors de l'action de son curateur, — cesser d'être créancier ou débiteur?

Parlons en premier lieu du mode le plus ordinaire d'extinction des obligations : le payement.

Le fou peut cesser d'être débiteur par suite de l'intervention d'un tiers qui payera pour lui ; en effet « *liberatur et alio solvente, sive sciente, sive ignorante debitore, vel invito solutio fiat* (1). »

Mais le fou pourrait-il payer par lui-même et éteindre ainsi son obligation? Non, car il lui faudrait pour cela une capacité qu'il n'a pas, la capacité d'aliéner la chose payée. Il faut appliquer ici ce que dit Justinien du payement fait par un pupille : « *Pupilli vel pupillæ solvere non possunt, quia id quod solvunt, non fit accipientis* (2). »

Enfin le payement reçu par le fou ne pourrait, précisément par la même raison, éteindre une créance qu'il est dans l'impossibilité d'aliéner.

Un second mode d'extinction des obligations, c'est la novation. Il n'est qu'un cas où une obliga-

(1) *Inst.,* liv. III, tit. xxix pr.
(2) *Inst.,* liv. II, tit. viii, *Quib. alien. li.,* § 2 in fine.

tion peut se trouver éteinte par novation sans l'intervention du débiteur ; c'est le cas d'expromission. Le fou pourra donc par expromission, mais seulement par expromission, se trouver libéré de sa dette; il y a là quelque chose d'analogue au cas de payement fait par un tiers au profit du débiteur. Quant à la créance du fou, elle ne pourra jamais être éteinte par novation ; cela tient à ce que la novation, excepté dans le cas que nous venons de signaler, met en jeu la volonté de toutes les parties (1).

A côté du payement et de la novation se plaçaient certains modes de dissolution des obligations qui prenaient leur source dans la volonté réciproque des parties et qui pouvaient dissoudre le lien de droit sans que ce qui était dû ait été payé; nous voulons parler des modes d'extinction analogues aux modes d'établissement des obligations : «*Nihil tam naturale est,* disait Ulpien, *quam eo genere quidquid dissolvere quo colligatum est.* » Cette similitude entre les modes d'extinction et les modes de création des obligations, la nécessité de l'intervention de la volonté des parties dans les deux cas, font assez comprendre que ces modes ne pour-

(1) C'est cette raison qui fait que le fou ne pourra jamais figurer lui-même dans une novation, quoique cela fût possible au pupille non autorisé; dans ce dernier cas, il se formait une obligation naturelle suffisante pour éteindre la première obligation ; la promesse du fou, au contraire, ne produisait pas même, comme nous le verrons plus bas , une obligation naturelle.

ront jamais devenir pour le fou des causes d'extinction d'une créance ou d'une obligation.

Parlons, en terminant, de quelques moyens qui pouvaient éteindre une dette ou une créance sans l'intervention du débiteur ou du créancier, et qui à ce titre pouvaient éteindre la dette ou la créance du fou lui-même.

Le fou qui avait pour débiteur une personne *sui juris* qui se donnait en adrogation perdait sa créance (1); mais, ne pouvant se donner lui-même en adrogation, il ne pouvait trouver là une cause d'extinction de ses propres obligations.

Lorsqu'un héritier après avoir fait adition cédait *in jure* l'hérédité à un tiers, par l'effet de cette *cessio in jure*, les débiteurs de l'hérédité se trouvaient libérés; si parmi ces créanciers se trouvait un fou, il devait sans aucun doute être libéré au même titre que les autres (2). Il n'était plus du reste question au temps de Justinien de ce mode d'extinction des obligations.

Ajoutons enfin que la folie elle-même pourra, selon les circonstances, constituer pour le fou une cause d'extinction des obligations en vertu de ce

(1) Gaïus, III, § 84, et IV, § 38. « Per capitis deminutionem liberantur; — desinit jure civili debere nobis. » — Nous savons d'ailleurs que cette extinction, conséquence des principes du droit civil, se trouvait en pratique détruite au moyen d'actions fictices.

(2) Gaïus, II, § 35, et III, § 85.

principe général « que le débiteur est libéré toutes les fois que sans sa faute, sans son fait, sans qu'il fût en demeure, il survient une cause qui rend impossible l'exécution de l'obligation » (1).

Le fou peut-il, par son fils de famille ou par son esclave, cesser d'être créancier ou cesser d'être débiteur ?

Nous ne croyons pas qu'il fût possible au fils de famille ou à l'esclave de disposer des créances du père de famille, si ce n'est de celles comprises dans le pécule ; aliéner une créance, en effet, c'est faire la condition du créancier pire, et c'est ce que ni le fils de famille ni l'esclave ne pouvaient faire : « *Melior conditio nostra per servos fieri potest, deterior non potest.* » En conséquence le fou ne pourra point de ce chef cesser d'être créancier. Pourra-t-il cesser d'être débiteur ? En principe toute personne a qualité pour éteindre par payement ou par expromission la dette d'autrui ; cette faculté doit évidemment s'étendre au fils de famille ou à l'esclave : « *Melior conditio nostra per servos fieri potest.* »

Nous venons d'étudier les effets de la folie en matière de droits personnels, nous ne pouvons

(1) M. Demangeat, t. II, p. 439. — Nous n'avons point parlé ici du legs de libération, parce qu'un pareil legs n'éteint pas la dette *ipso jure*, mais sans aucun doute il en naîtrait au profit du fou comme au profit de toute autre personne une exception.

abandonner ce sujet sans aborder une question importante qui se rattache à cet ordre d'idées : ceux des actes d'un fou qui, s'ils étaient émanés d'une personne saine d'esprit, engendreraient des obligations civiles, ne donnent-ils pas au moins naissance à des obligations naturelles ?

Il peut sembler étrange qu'après avoir admis les principes que nous avons exposés dans notre second chapitre, nous puissions même soulever cette question. De deux choses l'une, en effet, ou bien le contrat aura été fait pendant la folie, ou bien il aura été fait pendant un intervalle lucide. Dans le premier cas il n'y aura ni obligation civile ni obligation naturelle, car on ne comprend pas qu'une obligation même naturelle puisse prendre naissance en dehors, en l'absence de la volonté de la partie obligée. Si au contraire le fou a contracté pendant un intervalle lucide, il a su ce qu'il faisait, il s'est obligé sciemment et dans la plénitude de sa capacité, et dès lors son obligation n'a pas seulement le caractère d'obligation naturelle, elle constitue une obligation civile ; donc, et à ne consulter que les principes que nous avons mis en avant, il semble de toute impossibilité que le fou puisse en droit romain être obligé naturellement.

Cependant, tout invraisemblable que soit cette hypothèse, elle semble s'appuyer sur un texte de Marcellus rapporté par Ulpien : « *Marcellus scribit : Si quis pro pupillo, sine tutoris auctoritate obli-*

gato, prodigove vel furioso fidejusserit, magis esse ut ei non subveniatur : quoniam his mandati actio non competit (1). »

Ce texte qui suppose une fidéjussion valable accessoire à l'obligation d'un fou devait, en présence des principes du droit romain sur la matière, en présence d'ailleurs de deux textes formels, l'un d'Ulpien, l'autre de Gaïus, qui déclarent nulle la fidéjussion destinée à garantir l'obligation du fou (2), éveiller l'attention des commentateurs et exercer leur ingénieuse sagacité.

Diverses explications ont été présentées. Suivant Cujas, Marcellus suppose que le pupille, l'interdit ou le *furiosus* est valablement obligé, soit *ex delicto*, soit *quasi ex delicto* (le *furiosus* pourrait être encore obligé, en vertu d'un contrat formé antérieurement à la folie); il décide que le fidéjusseur qui l'a cautionné ne pourra pas se faire restituer *in integrum*, bien que ce fidéjusseur n'ait point de recours à exercer par l'action *mandati contraria*. Cu-

____

(1) Ulp., l. XXV, *De fidejuss. et mandat.*, 46, 1.

(2) « Is cui bonis interdictum est, stipulando sibi acquirit, tradere vero non potest, vel promittendo obligari : et ideo nec fidejussor pro eo intervenire poterit, *sicut nec pro furioso.* » Ulp., l. VI, *De verb. oblig.*, 45, 1. — « Si a furioso stipulatus fueris, non posse te fidejussorem accipere certum est, quia non solum ipsa stipulatio nulla intercessisset, sed ne negotium quidem ullum gestum intelligitur. Quod si pro furioso, jure obligato, fidejussorem accepero, tenetur fidejussor. » Gaïus, l. LXX, § 4, D., *De fidejuss. et mandat.*, 46, 1.

jas, appuyant cette interprétation sur le texte de Gaïus
dont nous parlions plus haut, prétend que la première partie de ce texte servirait à expliquer la loi 6
De verb. oblig., et la deuxième, la loi 25 *De fidej.*(1).

On objecte à cette explication, qui a été reproduite par Pothier, que, dans les termes où se pla-
cent les jurisconsultes, le fidéjusseur n'aurait point,
à la vérité, l'action de mandat, mais qu'on ne saurait lui refuser l'action *negotiorum gestorum*, que dès
lors on n'aperçoit pas l'intérêt que peut avoir ce
fidéjusseur à se faire relever de son obligation, on
ne voit pas davantage quelle utilité il y a à faire
observer que le prodigue ou l'insensé sont à l'abri
de l'action de mandat, puisqu'ils restent soumis à
l'action *negotiorum gestorum* (2).

D'ailleurs, suivant la judicieuse remarque de
M. Demangeat, il serait étrange que Marcellus eût
ainsi sous-entendu, dans la l. 25 *De fidej.*, cette circonstance essentielle, que le pupille, le prodigue
interdit et le *furiosus* étaient valablement obligés.

D'autres explications ont été cherchées ; dès lors
qu'on n'admettait pas qu'il s'agît d'une obligation
civile, dès lors aussi qu'on tenait à conserver à la
fidéjussion ce caractère essentiel de contrat accessoire à une obligation principale nécessairement
existante, il fallait arriver à cette conclusion forcée,

(1) **M.** Demangeat, t. II, p. 276.
(2) **M.** Machelard, *Oblig. nat.*, p. 275.

que, pendant la folie, le fou était capable de contracter une obligation naturelle.

C'est à cette solution que sont arrivés et M. Ortolan et M. Machelard.

D'après M. Ortolan, les textes de Gaïus et d'Ulpien sont inconciliables, et le second de ces jurisconsultes voit évidemment une obligation naturelle
dans un cas où Gaïus n'en admet point l'existence.
« Ce qui prouve, dit-il, que la jurisprudence romaine n'était pas fixée sur ce point, qu'elle tendait
plutôt à ne pas même reconnaître une obligation
naturelle dans les engagements du fou et du prodigue interdit (1). »

Cette explication ne nous paraît point, quant à
nous, satisfaisante. Nous nous contenterons de faire
remarquer combien il est invraisemblable que deux
textes du même jurisconsulte (2) soient à ce point
en désaccord sur la même question, et peignent
ainsi, de la façon la plus vive, l'incertitude de la
jurisprudence.

M. Machelard n'admet point cette incertitude de
la jurisprudence; pour lui, les lois 6 *De verb. oblig.*
et 25 *De fidej.* prévoient deux cas différents.

Avec Noodt, Vinnius et Glück, il distingue si le
fidéjusseur a cautionné sciemment ou non un prodigue ou un insensé, s'il a connu ou non l'interdiction

(1) M. Ortolan, t. III, *Expl. hist. des Inst.*, n° 1805.
(2) Compar. Ulp., l. VI, *De verb. ob.* et l. XXV, *De fidej. et
mandat.*

ou la situation d'esprit du *reus*. Les textes qui annulent la fidéjussion doivent s'entendre du cas où le fidéjusseur aurait cautionné par ignorance ; la loi 25 *De fidej.* fait au contraire allusion au cas où le fidéjusseur aurait cautionné sciemment.

Il y a, il faut bien le dire, dans cette distinction qui fait dépendre l'existence ou l'inexistence de l'obligation principale de la *scientia* ou de l'*ignorantia* du fidéjusseur, quelque chose d'étrange ; mais si cherchée, si invraisemblable qu'elle soit, cette distinction ne tend à prouver qu'une chose : à savoir qu'il n'y a pas contradiction entre les différents textes que nous avons cités ; elle n'explique en rien comment une fidéjussion peut se produire accessoirement à l'obligation d'un fou.

Vinnius et Glück, arrivant à se poser cette question, et voyant se dresser devant eux cette objection, que toute obligation principale fait défaut par suite de l'impossibilité de consentir où se trouve le *reus*, sont obligés de convenir qu'il n'y a d'autre obligation que celle du fidéjusseur qui devient ainsi une espèce de porte-fort.

Ils ne s'aperçoivent point qu'ils arrivent ainsi à nier l'existence même de la fidéjussion, qu'ils la détruisent en lui enlevant le caractère accessoire qui est de son essence.

M. Machelard a parfaitement senti l'objection et il a cherché à résoudre la question par une distinction que pour notre part nous ne saurions admettre ; par une distinction entre le *furiosus* et le *mente captus*.

« Remarquons, dit-il, que les jurisconsultes ne parlent que d'un *furiosus*, c'est-à-dire d'un individu chez lequel il y a possibilité de comprendre un engagement pendant une période de lucidité. S'il s'agissait d'un *mente captus* la fidéjussion devrait être écartée, parce qu'on n'aurait pas ici un sujet pour l'obligation principale. Chez le *furiosus* il suffit qu'il y ait doute sur le point de savoir s'il a pu donner un consentement. Quand même, en fait, l'existence d'une obligation à sa charge ne serait pas établie, on la conçoit comme une possibilité qui sert de base à l'obligation du fidéjusseur alors qu'il a entendu prendre pour son compte les conséquences de l'incertitude qui plane sur la situation d'esprit où se se trouvait le *reus* au moment du contrat. »

Ainsi, en résumé, d'après M. Machelard le fidéjusseur qui a cautionné l'obligation d'un fou ne connaissait-il point la folie ? il n'y a ni obligation principale, ni fidéjussion ; la connaissait–il, au contraire ? la fidéjussion sera valable ou non suivant une sous-distinction ; nulle si le fou cautionné est un *mente captus*, elle produira tous ses effets contre le fidéjusseur si le fou est un *furiosus*.

Nous ne croyons pas qu'il y ait dans les textes que nous avons cités rien qui justifie le système exposé par M. Machelard, et qui appuie en particulier sa distinction entre le *mente captus* et le *furiosus* ;

l'argument de texte qu'il paraît vouloir tirer du mot *furiosus* disparaît devant cette considération que les Romains désignaient ainsi tous les fous sans distinction ; c'est une remarque que nous avons eu l'occasion de faire déjà dès le début de cette étude, et nous disions en même temps qu'il n'y avait lieu d'interpréter restrictivement les termes dont se servent les jurisconsultes romains que dans les cas, d'ailleurs fort rares, où la nécessité de cette restriction se trouve formellement indiquée. Nous trouvons-nous dans l'un de ces cas? est-il vrai de dire qu'au point de vue de l'obligation naturelle la condition du *furiosus* proprement dit doit être différente de celle du *mente captus ?* Nous ne le croyons pas.

« Chez le *furiosus*, dit le savant professeur, il suffit qu'il y ait doute sur le point de savoir s'il a pu donner un consentement. »

Or précisément nous ne pensons pas que ce doute ait jamais pu s'élever en droit romain. Chez le *furiosus* comme chez le *mente captus* l'existence de la folie doit être établie, non pas d'une façon générale, mais pour chaque affaire en particulier ; toute personne qui attaque un acte pour cause de folie doit prouver qu'au moment où cet acte a été passé l'agent se trouvait sous l'empire de la maladie mentale : si cette preuve n'est pas faite, la présomption de droit commun, la présomption de capacité reste entière, et l'obligation résultant de l'acte attaqué conserve son caractère d'obligation civile.

Ceci posé, ou l'acte aura été passé pendant la folie et il est impossible qu'il en résulte même une obligation naturelle à la charge du *furiosus*, ou il aura été passé pendant un intervalle lucide et il y aura obligation civile. Quant au doute sur la valeur de l'acte, il ne peut point légalement exister; entre la présomption légale de droit commun et la preuve effective de la folie, il n'y a point de place pour le doute.

Que résulte-t-il de tout ce que nous avons dit jusqu'ici, sinon qu'il est impossible d'expliquer la loi 25 *De fidej.*, soit par l'existence d'une obligation civile, soit par l'existence d'une obligation naturelle à la charge de l'aliéné? Et cependant, pour expliquer la fidéjussion, il est nécessaire de supposer l'existence d'une obligation principale. Comment sortir de ce cercle vicieux? M. Demangeat a trouvé, selon nous, la solution du problème, et l'a fort clairement exposée dans ce passage de son *Cours élémentaire de droit romain :*

« Je soupçonne que ce sont les commissaires de Justinien, dit-il, qui ont maladroitement corrigé le texte de Marcellus. Sans doute, Marcellus avait écrit: « *Si quis pro pupillo sine tutoris auctoritate obligato prodigove vel furioso spoponderit aut fidepromiserit,* » et alors la décision était parfaitement conforme à ce que nous savons du *sponsor* et du *fidepromissor*. « Le sponsor et le fidepromissor, dit en effet Gaïus,

peuvent accéder à un contrat verbal, *quamvis interdum ipse qui promiserit non fuerit obligatus, velut si femina aut pupillus sine tutoris auctoritate aut quilibet post mortem suam dari promiserit* (1). »
Voici donc, à mon sens, ce qu'exprimait Marcellus :
« Celui qui se porte *sponsor* ou *fidepromissor* pour un pupille qui contracte sans l'*auctoritas tutoris,* pour un prodigue ou pour un *furiosus,* doit plutôt être exclu du bénéfice de la restitution prétorienne, attendu qu'il n'a point de recours à exercer comme mandataire (2). »

Concluons de tout ceci que la loi 25 *De fidej.* peut parfaitement bien s'expliquer sans qu'on soit forcé de supposer, contrairement à tous les principes généraux, que le fou peut être obligé naturellement.

III. — DES ACQUISITIONS D'UNIVERSALITÉS.

Nous allons enfin aborder l'étude de la troisième source des modifications qui peuvent affecter le patrimoine de l'aliéné : les acquisitions d'universalités.

Les universalités s'acquièrent, 1° *mortis causa,* par succession testamentaire, ou *ab intestat;* et 2° *inter vivos,* par adrogation, *conventio in manum, addictio bonorum libertatis causa...* etc.

(1) Gaïus, 3, 119.
(2) M. Demangeat, p.276.

I. — *De l'acquisition des hérédités testamentaires et* ab intestat.

Le fou peut être institué héritier : « *furiosus quoque testamenti factionem habet* (1). »

Si le fou est héritier sien et nécessaire, l'acquisition de l'hérédité aura lieu de plein droit et forcément ; il en serait de même si le fou était esclave et se trouvait héritier nécessaire de son maître. En dehors de ces deux cas, c'est-à-dire quand le fou se trouve être héritier externe, le fou peut bien être institué, mais il ne peut recueillir l'hérédité, car il est incapable de faire adition, et son curateur ne peut faire adition pour lui. « *Libro singulari regularum Pomponii Marcellus notat : Furiosus adquirere sibi commodum hereditatis ex testamento non potest, nisi si necessarius patri aut domino heres existat* (2). »

Non-seulement en effet cette sorte d'adition d'hérédité qui exigeait la prononciation d'une formule sacramentelle, et qu'on nommait la crétion, mais encore l'adition, en général, ne souffrait point la représentation de l'héritier par une autre personne (3).

(1) Pomponius, l. XVI, § 1, *Qui testam. fac. poss.*, 28, 1. Remarquez que, tant que la loi des XII Tables fut en usage, les fous ne purent pas être institués, car ceux-là seulement pouvaient être institués qui pouvaient figurer dans les comices.

(2) Marcellus, l. LXIII, *De adq. vel omitt. hered.*, 29, 2.

(3) Modest., l. XVII, § 1, *De appellation. et relat.*, 49, 1. — Paul, l. XC, in pr. *De adq. vel omitt. hered.*, 29, 2.

En matière de succession *ab intestat*, nous retrouvons les mêmes principes et les mêmes conséquences; l'hérédité ne sera dévolue au fou qu'autant qu'elle lui sera acquise indépendamment de tout acte de volonté, c'est-à-dire dans le seul cas où le fou sera héritier sien : « *In suis heredibus aditio non est necessaria, quia statim ipso jure heredes existunt* (1). »

Cette règle est expressément reproduite par Justinien aux *Institutes*, liv. III, tit. I, § 3 : « *Sui autem heredes ignorantes fiunt, et licet furiosi sint heredes possunt existere.....* »

Mais il est impossible au fou d'acquérir une hérédité *ab intestat* comme une hérédité testamentaire, du moment qu'il ne présente point cette qualité de *suus,* et qu'il lui est nécessaire de recourir à l'adition d'hérédité.

Et non-seulement il est impossible au fou héritier externe d'acquérir une succession testamentaire ou *ab intestat*, mais, jusqu'à son retour à la raison, cette succession est considérée comme ne lui étant même pas déférée. *Delata hereditas intelligitur, quam quis possit adeundo consequi* (2).

On comprend combien cette impossibilité de faire adition restreignait, au point de vue des successions, les droits de l'aliéné, puisqu'en dehors

<hr>

(1) Gaïus, l. XIV, *De suis et leg. hered.*, 38, 16.
(2) Terentius Clemens, 151, *De verb. signif.*, 50, 16

de la succession du père ou de l'aïeul, sous la puissance immédiate duquel il se trouvait au moment de la mort, il ne pouvait, en vertu du droit civil, arriver par lui-même à aucune succession.

Le droit prétorien, tout en laissant subsister ces principes, n'en adoucit-il pas au moins les conséquences ? En d'autres termes, le fou héritier externe, institué dans un testament valable selon le droit civil ou le droit prétorien, ne put-il pas au moins obtenir le bénéfice de la *bonorum possessio secundum tabulas?* Le fou qui, de par le droit civil, se trouvait héritier *ab intestat*, en qualité d'agnat ou de gentil, celui qui était rangé, par le droit prétorien, parmi les héritiers *ab intestat* au rang des héritiers siens ou des cognats, ne put-il pas venir à la succession en vertu des possessions de biens *unde legitimi, unde liberi* et *unde cognati?*

Nous trouvons la réponse à cette question dans la l. I, § 3, *De succes. edict* : « *Furiosi curator,* —dit Ulpien en parlant de la *bonorum possessio edictalis, — nequaquam bonorum possessionem poterit repudiare : quia necdum delata est.* » Ainsi, la possession de biens *edictalis* n'est point déférée au *furiosus* (1);

***

(1) Il ne faut point croire que la constitution d'Alexandre Sévère rapportée au Code (l. I, *De succ. edict.*, 6, 16) contredise cette décision. Cette constitution fait en effet allusion au cas où la possession de biens était déjà déférée, mais non encore acceptée, quand la folie est venue frapper le *bonorum possessor* qui « non accepit propter supervenientem dementiam

et cela tient à ce que cette délation lui aurait été complétement inutile. Pour obtenir la *bonorum possessio edictalis* en effet, il faut un acte de volonté émané de la personne qui la réclame. Et si cette *bonorum possessio* est demandée par un tiers, l'effet de la demande est soumis à la ratification du *bonorum possessor*. Le fou étant incapable de la demander directement, étant incapable de fournir la ratification nécessaire pour qu'une demande indirecte produise son effet, se trouve, en droit romain, privé du bénéfice de la *bonorum possessio edictalis* (1).

Ce bénéfice ne lui est point, bien entendu, enlevé d'une façon absolue et définitive; la *bono-*

..... Delata fuit (B. P.) matri ante furorem, alioquin sequens non admitteretur ad bonorum possessionem **ex successorio edicto.** » Cujas, t. VIII, col. 21 et 22.

C'est également à une *bon. poss.* déférée *ante furorem* que Gaïus fait allusion dans la loi XI au Dig., *De auctor. et cons. tut.*, 26, 8.

(1) Voy. Cujas, t. VIII, col. 15, 21 et 22.

Alors même que la possession de biens aurait été déférée au fou *ante furorem*, et qu'à ce moment il aurait chargé un mandataire de demander pour lui la *B. P. edictalis*, si la folie survenait avant que le tiers n'eût rempli son mandat, le mandat cessait, et la demande faite par cette personne, qui n'avait plus désormais que le caractère d'un *negotiorum gestor*, ne produisait son effet qu'après ratification. — La folie du mandataire survenant après la demande n'empêchait pas au contraire l'acquisition de la possession de biens. (Paul, l. XLVIII, *De adq. vel omitt. hered.*, 29, 2.)

8

rum possessio edictalis lui serait déférée le jour où il reviendrait à la raison (1).

S'il en était ainsi de la *bonorum possessio edictalis*, il n'en était plus de même de la *bonorum possessio decretalis*. Cette dernière pouvait être réclamée par le curateur du fou (2); elle lui permettait de prendre la jouissance des biens héréditaires, et de satisfaire aux demandes des légataires moyennant bonne caution. Cet état de choses permettait d'attendre patiemment le jour où le *furiosus* revenu à la raison se verrait déférer la *bonorum possessio edictalis*, et pourrait, par une acceptation directe ou indirecte, acquérir, d'une façon définitive, des biens dont il n'avait jusque-là qu'une jouissance précaire et provisoire (3).

Elle présentait encore un autre avantage. Si,—le curateur n'ayant point demandé la *bonorum posses-*

---

(1) Remarquez cependant que toutes les fois que le fou acquérait *jure civili* une hérédité, soit en qualité d'héritier sien ou d'héritier nécessaire, la possession de biens lui était déférée et pouvait être demandée ou répudiée par son curateur. (Voy. Gaïus, l. II, *De auct. tut.*, 26, 8, et Cujas, t. VIII, col. 201.)

(2) Ulp., l. II, § 11, *Ad S. C. Tertull.*, 38, 17. — Procul., l. XLVIII, § 1, *De legat.*, II, 31.

(3) Remarquez que pendant la folie les délais pour demander la *bonorum possessio edictalis* ne peuvent point courir contre le fou, puisqu'elle ne lui est point encore déférée; ils ne courent pas non plus contre le snbstitué, parce qu'il n'est pas encore appelé. (Papin., l. I, *De bon. poss. fur.*, 37, 3. — Voy. Cujas, t. VIII, col. 21 et 22.)

sio decretalis, — le fou venait à recouvrer la raison, mais mourait sans avoir demandé la *bonorum possessio* à laquelle il avait droit *ex edicto,* il ne transmettait rien à ses héritiers. Si le curateur au contraire avait eu soin de demander cette *bonorum possessio decretalis,* le fou qui venait à mourir après être revenu à la raison, mais sans avoir réclamé la *bonorum possessio edictalis,* transmettait à ses héritiers la possession de biens *decretalis.*

Mais, alors même que la *bonorum possessio decretalis* a été demandée par le curateur, si le fou vient à mourir sans avoir recouvré la raison, son héritier, — *infirmato decreto,* — devra rendre au substitué ou aux héritiers qui suivaient le fou, nonseulement la succession que le fou a possédée, mais aussi les fruits qui ont tourné à son profit. Aussi le curateur du furieux en demandant la possession de biens donnait-il caution de restituer l'hérédité, et exigeait-il la même garantie des personnes à qui il délivrait les legs. On tenait compte, bien entendu, à l'héritier du furieux des dépenses utiles faites par son auteur pour la conservation des biens héréditaires; on n'exigeait même point la restitution des fruits qui avaient été employés aux besoins de l'aliéné (1).

(1) Papinien, l. LI, *De hered. petit.,* 5, 3. — Just., const. 7, 8; C. *De cur. fur.,* 5, 70. — Procul.; l. XLVIII, § 1, *De*

Si après avoir recouvré la raison le fou répudiait la possession de biens, le résultat était le même.

La théorie que nous venons d'exposer est celle qui résulte de l'étude des Pandectes. Mais il paraît, c'est Justinien qui nous l'apprend dans une longue constitution que nous trouvons au Code, — que ce système n'avait point rallié tous les suffrages, et que de graves dissentiments s'étaient élevés entre les jurisconsultes sur les droits du fou en matière de succession. L'aliéné pouvait-il ou ne pouvait-il pas soit faire adition, soit demander la possession de biens ? Son curateur avait-il ou non qualité pour former cette demande ? telles étaient, paraît-il, les questions débattues.

« *Magna et inextricabilis vetustissimo juri dubitatio exorta est : sive adire hereditatem, vel bonorum possessionem petere furiosus possit, sive non, et si curator ejus ad bonorum possessionem peten-*

---

leg. et fideic., II, 31. — Il est un cas cependant où on avait tempéré à l'égard du fou les conséquences rigoureuses de ces principes. Les lois caducaires voulaient que le fisc fût admis à la possession de biens dès qu'il n'y avait personne à qui la possession pût échoir *ex edicto*. Si on avait appliqué ces principes dans toute leur rigueur, l'héritier d'un fou, mort après avoir obtenu la *bonorum possessio decretalis*, mais sans avoir recouvré la raison, eût été obligé de restituer au fisc la succession. Dans ce cas,—*decreto non infirmato*,—la *bonorum possessio decretalis* passait à l'héritier et écartait le fisc. (Ulp., l. XII, *De bon. poss.*, 37, 1. — Voyez Cujas, t. VIII, col. 15.)

dam admitti debeat, et juris auctores ex utroque latere magnum habuere certamen (1). »

C'est à ces incertitudes que Justinien a voulu mettre fin : « *Nos itaque utramque auctorum aciem certo fœdere compescentes sancimus : furiosum quidem nullo modo posse vel hereditatem adire, vel bonorum possessionem agnoscere : curatori autem ejus licentiam damus (immo magis necessitatem imponimus) si utilem ei successionem existimaverit, eam bonorum possessionem agnoscere, quæ antea ex decreto dabatur, et ad similitudinem bonorum possessionis habere : cum petitio bonorum possessionis Constantiana lege sublata sit, et ab eo introducta observatio quæ pro antiqua sufficit petitione* (2). »

Les biens qui arriveront ainsi au fou par succession (comme d'ailleurs ceux qu'il acquerrait par legs ou fidéicommis) devront être remis entre les mains du curateur qui devra en faire faire l'inventaire.

Dans ces conditions, ou le fou mourra sans recouvrer la raison, ou au contraire il reviendra à la santé.

Dans le premier cas les biens composant la succession devront faire retour ou au substitué, ou aux héritiers ab intestat de celui qui a laissé sa

(1) Just., const. 7, § 3, C. *De curat. fur.*, 5, 70.
(2) *Loc. cit.* — Voy. Constant., const. 9, C. *Qui admitti ad bon.*, 9, 9.

succession au fou, ou, s'il n'en existe point, au fisc impérial.

Dans le second cas, c'est-à-dire si le fou recouvre la raison, ou bien il approuvera l'acquisition de la succession qui entrera ainsi dans son patrimoine d'une façon définitive; ou bien il la répudiera, et cette répudiation produira les effets que nous avons signalés dans le cas où il serait mort sans avoir recouvré la raison (1).

Justinien supprima enfin la satisdation et les cautions que le curateur du furieux était obligé de fournir auparavant pour assurer la restitution des hérédités déférées au furieux héritier externe.

Nous avons toujours supposé jusqu'à présent que le fou était appelé directement à l'hérédité; voyons maintenant ce qui se passait quand il s'agissait d'une hérédité fidéicommissaire ou d'une succession déférée au fils de famille ou à l'esclave.

Le premier cas a été spécialement prévu par Justinien dans la Constit. 7 au C. *ad S. C. Trebell.* 6, 49. « *Sancimus, licentiam esse etiam soli tutori recte fieri fideicommissi restitutionem..... idemque juris esse oportet et si furioso fideicommissaria debeatur hereditas, ut restitutio curatori ejus soli, nomine scilicet furiosi, celebretur* (2). »

(1) Loc. cit.

(2) *Quid* si c'était au contraire le furieux qui était chargé de restituer une hérédité fidéicommissaire? Le cas a été prévu par un rescrit d'Antonin le Pieux : « Cum heres instituta furiosa

Le fou acquiert encore la succession lorsque l'institué est un fils en puissance ou un esclave (1).

Mais l'esclave ne peut faire adition sans l'ordre de son maître; le maître eût-il déjà donné cet ordre lorsqu'il est tombé en démence, l'esclave ne peut plus faire adition, « *quoniam nonnisi voluntate domini adquiri hereditas potest. — Furiosi autem nulla voluntas est* (2). » Mais on admettait que l'esclave pouvait faire adition sur l'ordre du curateur.

Au contraire, la démence du père de famille n'empêchait pas le fils de faire adition, du moins depuis le rescrit d'Antonin le Pieux; le fils de famille a pour cet acte la capacité d'un homme *sui juris* (3).

Nous venons d'étudier les circonstances dans lesquelles un fou peut acquérir une hérédité; voyons rapidement si ce même fou pourrait perdre sa qualité d'héritier.

Si le fou est héritier nécessaire, ce titre, même indépendamment de sa condition particulière, l'empêche de jamais pouvoir cesser d'être héritier; mais la demande du bénéfice de séparation de biens

hereditatem esset rogata restituere, curatorem ejus, secundum tabulas bonorum possessione accepta, posse transferre actiones Divus Pius decrevit. » (Ulp., l. XXXV, *Ad S. C. Treb.*, 36, 1.)

(1) Marcell., l. LXIII, *De adquir. herea.*, 29, 2.

(2) Africain, l. XLVII, *De adq. vel omitt. hered.*, 29, 2.

(3) Marcell., l. LII, pr. *De adq. vel omitt. hered.*, 29, 2.

constitue d'ailleurs un acte de bonne administration, et son curateur pourra sans doute l'obtenir pour lui du préteur.

L'héritier sien et nécessaire se trouve de plein droit investi de l'hérédité, et *jure civili* il ne peut pas plus que l'héritier nécessaire se dépouiller de son titre. Mais au moyen du bénéfice d'abstention il peut donner ouverture *jure prætorio* soit à la succession ab intestat, soit à la substitution vulgaire. Le fou héritier sien et nécessaire ne pourra point évidemment faire par lui-même la déclaration nécessaire pour produire ce résultat : « *dicere retinere hereditatem nolle* » ; mais il est probable que son curateur avait qualité pour faire à ses risques et périls cette déclaration au nom du fou ; et ce qui nous porte à le croire, c'est la faculté que ce curateur avait, comme nous le verrons tout à l'heure, de répudier aux mêmes conditions les possessions de biens qui pouvaient se trouver déférées au fou.

Nous savons qu'en dehors des cas où le fou se trouvait héritier nécessaire ou héritier sien, l'hérédité ne lui était même point déférée ; il ne pouvait donc jamais être question pour le fou, héritier externe, de répudier une hérédité.

Il en était de même, au moins d'une façon générale, de la *bonorum possessio*. Le fou n'ayant pas la *bonorum possessio edictalis*, il n'y avait point lieu à répudiation. Cependant la loi 11, au Dig.

De auct. et cons. tut., autorise le curateur à répudier les *bonorum possessiones* qui peuvent être déférées au fou. Comment expliquer cette loi ? Nous avons déjà dit ci-dessus dans la note de la page 112 qu'il s'agissait là, d'après Cujas, d'une possession de biens « *delata ante furorem* » (1). Une seconde explication a été présentée par Cujas lui-même dans le même volume (col. 201) :

« *Et quod ait de furioso est obscurius ad quem pertineat bonorum possessio, licet videtur falsum esse, tamen referri id debet ad certos casus, quibus quandoque defertur bonorum possessio furiosis, ut jure sui, jure necessario, et per alium, puta per filium familias vel per servum in qua bonorum possessione agnoscenda vel repudianda eis casibus spectatur maxime voluntas et auctoritas curatoris.* »

Ce sont là des exceptions qui ne font que confirmer la règle générale que nous posions plus haut.

Quant à la *bonorum possessio decretalis* qui peut compéter au fou, il est de sa nature de ne pouvoir être répudiée : « *Repudiari eam non posse verius est*, dit Ulpien, *quia nondum delata est nisi cum fuerit decreto : rursum posteaquam decreta est sera repudiatio est, quia quod adquisitum est repudiari non potest.* »

(1) Voy. Cujas, t. VIII, col. 21 et 22.

II. *De l'acquisition* inter vivos *d'universalités.*

Ces acquisitions pouvaient s'opérer par suite soit de l'adrogation, soit de la *conventio in manum*. Nous savons que c'étaient là deux opérations, deux actes où le fou ne pouvait figurer ; donc ces deux modes d'acquisition ou d'aliénation d'universalités lui étaient complétement fermés. — L'*addictio bonorum libertatis causa*, exigeant encore un acte de volonté, ne pouvait point être demandée par le fou ; enfin, et toujours pour la même raison, le fou ne pouvait point se porter *bonorum emptor*. Il résulte de là que les seuls modes d'acquisition *per universitatem*, qui fussent accessibles au fou, étaient les modes d'acquisition *mortis causa*.

III. — DE LA DÉVOLUTION DU PATRIMOINE.

Tous les modes d'acquisition d'universalités que nous venons successivement de parcourir produisent, si on les considère non plus au point de vue de l'acquéreur, mais au point de vue de celui dont le patrimoine est acquis, une dévolution de ce patrimoine. Ce sont les effets de la folie sur la dévolution du patrimoine du fou qu'il nous reste maintenant à exposer, en parlant d'abord de la dévolution qui peut s'opérer *mortis causa*, et, en second lieu, de celle qui peut s'opérer *inter vivos*.

I. *De la dévolution du patrimoine* mortis causa.

Elle pouvait s'opérer soit par succession testamentaire, soit par succession ab intestat.

1° Le fou peut-il transmettre son patrimoine par testament? Non, le fou n'a pas la faction active de testament, il ne peut pas tester (1), et son incapacité est de telle nature qu'à toute époque elle dut être évidente. En effet, de la définition même du mot testament (2), il résulte que l'essence de cet acte est une déclaration de volonté, déclaration dont le fou dut, à toute époque et quelles que fussent les formes extérieures de l'acte, être considéré comme incapable.

A cette incapacité de droit correspondait d'ailleurs dans l'ancien droit une incapacité de fait, l'incapacité de figurer dans les comices ou d'intervenir dans la mancipation.

De ce qui précède il résulte que le fou devait mourir la plupart du temps intestat ; mais dans un certain cas cependant un aliéné pouvait laisser une succession testamentaire ; nous voulons parler du cas où le fou aurait fait son testament *ante furo-*

(1) Labeon., l. II, *Qui testam. fac.*, 28, 1. — Pomp., l. XVI, § 1, eod. loc. — Ulp., l. I, pr. *De suis et leg. hered.*, 38, 16. — *Id.*, l. I, § 8, *De bon. pos. sec. tab.*, 37, 11.

(2) Ulpien : « Testamentum est mentis nostræ justa contestatio. » Frag. XX, § 1. — « Testamentum est voluntatis nostræ justa sententia. » Modestin., l. I, D., *Qui test. fac. poss.*, 28, 1.

rem (1). C'est là l'application de ce principe, que celui qui jouit du droit et de l'exercice du droit au moment de la confection du testament dispose utilement, pourvu que ce droit lui appartienne encore au moment de sa mort, bien qu'il en ait perdu l'exercice (2).

Bien entendu, le fou qui a des intervalles lucides, recouvrant pendant ce temps sa capacité complète, peut valablement tester.

Mais le testament fait par un fou est et reste nul quand même le testateur viendrait à mourir sain d'esprit, parce que le testament antérieurement fait ne peut acquérir par aucun laps de temps la validité qui lui manque.

En principe donc le fou qui n'avait pas fait un testament valable *ante furorem* ou·au moins pendant un intervalle lucide mourait intestat. Cependant la défaveur qui frappait aux yeux des Romains la succession ab intestat fit introduire une dérogation à ce principe, et il put arriver qu'en dehors des conditions que nous venons d'exposer un fou laissât une hérédité testamentaire. A une certaine époque, en effet, on appliqua aux aliénés une dis-

______

(1) Ulp., l. XX, § 4, *Qui testam. fac. poss.*, 28, 1 , et l. I, § 9, *De bon. poss. sec. tab.*, 37, 11.

(2) *Inst.*, § 1, *Quib. non est permiss. fac. test.*, 2, 12. — *Id.*, pr. *De inoff. test.*, 2 , 18. — Ulp., reg. XX, § 13. — Just., const. 9, C. *Qui test. fac. poss.*, 6, 22. — Paul, *Sent.*, 3, 4, § 5.

position, précédemment spéciale aux impubères, en vertu de laquelle le père de famille pouvait faire à la fois et son propre testament et celui de son fils impubère ; à l'exemple de la substitution pupillaire, on introduisit ainsi la substitution quasi pupillaire ou exemplaire.

Son but était de prévenir pour le fils pubère le malheur auquel l'exposait son état de démence, de mourir intestat. La faculté de substituer exemplairement, qui dans le principe devait être individuellement sollicitée par le chef de famille et s'accordait chaque fois par un rescrit du prince (1), fut pour le cas de folie accordée par Justinien, d'une façon générale, et sans qu'il fût dorénavant besoin d'une autorisation spéciale, à tous les ascendants (2).

Quoique la substitution exemplaire présente, comme son nom l'indique, la plus grande analogie avec la substitution pupillaire, elle en diffère cependant d'une manière considérable à deux points de vue.

Lorsque le père de famille fait une substitution pupillaire, il peut substituer qui bon lui semble ; la même règle ne s'applique, à la substitution exemplaire qu'autant que l'ascendant qui fait cette substitution n'a pas lui-même d'autres descendants ;

(1) Paul, l. XLIII, pr. *De vulg. et pup. subst.*, 28, 6.
(2) *Inst.*, *De pup. subst.*, § 1. — Const. 9, C., *De impub. et aliis subst.*, 6, 26.

dans le cas contraire, le substituant est obligé de porter son choix sur certaines personnes déterminées. Si le fou a des enfants, l'ascendant doit lui substituer un ou quelques-uns de ces enfants ôu tous ces enfants ; si le fou, n'ayant point de postérité, a des frères ou des sœurs qui descendent également du testateur, celui-ci doit substituer ces frères ou sœurs ou tout au moins quelqu'un d'entre eux.

Une seconde différence entre la substitution pupillaire et la substitution exemplaire réside dans ce fait, que la première ne peut émaner que du père de famille, tandis que la seconde peut être faite par tout ascendant, abstraction faite de la puissance paternelle.

De ce principe, qu'il suffit d'être ascendant pour substituer à un furieux, peut surgir une difficulté. Si le fou a plusieurs ascendants, chacun de ces ascendants pouvant lui donner un substitué, on se demande quel sera le droit des différents substitués. M. de Vangerow (1) et après lui M. Demangeat pensent qu'il faut arriver à reconnaître que dans ce cas chacun des substitués n'a droit qu'aux biens provenus de l'ascendant qui l'a nommé.

La substitution exemplaire s'évanouit au cas où l'insensé recouvre la raison ; elle est encore rompue dès qu'il lui arrive un enfant, « *quia*, dit Paul,

____

(1) Lehrbuch, t. II, § 456. — Voy. aussi M. Demangeat, t. I, p. 678.

nihil interest, alium heredem institueret ipse filius postea, an jure habere cœpit suum heredem (1). » Il faut, bien entendu, supposer que la substitution avait été faite à un moment où le fou n'avait pas encore d'enfant.

2° En dehors des cas que nous venons d'examiner, où le fou peut avoir une succession testamentaire, son patrimoine est dévolu suivant les règles des successions ab intestat.

II. *De la dévolution du patrimoine* inter vivos.

Nous savons que le fou ne pouvait figurer ni dans l'adrogation ni dans la *conventio in manum ;* son patrimoine échappait donc forcément à cette double cause de dévolution ; mais il était sans aucun doute soumis à la *venditio bonorum.* Toutefois la *missio in possessionem* qui devait précéder la *venditio bonorum* ne devait être autorisée que lorsqu'il était bien certain que le fou serait *indefensus.* Aussi le préteur devait-il faire appeler le curateur, à son défaut les parents et amis, ceux qui étaient attachés au fou par des liens d'amitié ou de reconnaissance, tels que des affranchis, et c'est seulement en cas de refus ou de silence de toutes ces personnes que l'envoi en possession était prononcé; encore cet envoi devait-il cesser dès que le fou serait suffisamment défendu : « *Si recte defendetur,*

(1) Paul, l. XLIII, *De vulg. et pup. subst.,* 28, 6.

*eos qui bona possident de possessione decedere ju-
bebo* (1). »

SECTION II.

Droit public.

Nous avons vu comment la folie modifiait la situation de l'aliéné dans ces rapports d'individu à
individu qui constituent le droit privé ; il nous
reste à examiner rapidement quels sont les effets
de la folie sur les rapports de l'individu avec le
corps social, rapports dont l'ensemble constitue le
droit public.

Sur ce point Ulpien pose en ces termes un principe général : « *Qui furere cœpit et statum et di-
gnitatem et magistratum et potestatem videtur retinere, sicut rei suæ dominium retinet* (2). »

Et non-seulement le fou conserve les fonctions
qu'il possède déjà au moment où la maladie le frappe,
mais il peut en acquérir de nouvelles ; ainsi le
furieux nommé juge par le magistrat est bien et valablement nommé (3) ; la tutelle constitue un *munus*

____

(1) Ulp., l. V, §§ 1 et 2, *Quib. ex caus. in poss.*, 42, 4.
(2) Ulp., l. XX, *De stat. homin.*, 1, 5.
(3) Papinian., l. XXXIX, *De judic.*, 5, 1.
Il ne faut pas pourtant entendre ceci d'une manière absolue ;
il faut au contraire distinguer entre le fou qui a des intervalles
lucides et celui qui est frappé d'une folie perpétuelle. Le premier seul peut valablement être donné pour juge, le second ne
le peut pas. Voyez Cujas, t. IV, col. 70 et 71 ; v. *Contra Donell.*,
IV, 1368, 3.

publicum dont un fou, nous l'avons déjà vu, peut se trouver chargé (1).

Mais on comprend que si la folie n'apporte ainsi aucun changement dans l'état du fou, si elle lui permet de conserver sans modification sa situation dans la société, et de recueillir de cette situation tous les avantages qui n'exigent point l'action de la volonté, le fou ne peut pas du moins exercer, tant qu'il est fou, les droits attachés aux fonctions qui lui sont conservées ou conférées.

Ainsi, bien que le juge ou le magistrat qui devient fou reste néanmoins juge ou magistrat et ne perde point *ipso facto* sa qualité, les décisions qu'il rendrait pendant la folie perdraient, sans aucun doute, toute leur valeur ; c'est ce qui résulte de la généralisation de la décision donnée par Ulpien dans la L. 8, § 1. *De tutor. vel curat. dat.*, 26,5, et aussi de ce fait que le juge fou, bien qu'il conserve son pouvoir, doit nécessairement être changé (2).

Mais un juge ne doit être ainsi changé qu'autant que sa folie est perpétuelle ou se prolonge par trop ; il en serait autrement s'il s'agissait de la fureur proprement dite qui procède par accès de courte durée, le jugement serait dans ce cas ajourné au prochain intervalle lucide (3).

Dans ce dernier cas cependant, la folie constitue

(1) Paul, l. XI, *De tutel.*, 26, 1.
(2) Paul, l. XLVI, *De jud.*, 5, 1.
(3) Voy. Cujas, t. IV, col. 70 et 71, et t. V, col. 894.

une cause d'excuse que le fou peut invoquer pendant ses intervalles lucides pour être dispensé de juger (1).

Bien que le Digeste ne s'occupe expressément parmi les charges publiques que de la *necessitas judicandi* (2), nous croyons que la décision que nous venons d'exposer doit être généralisée et étendue à tous les *munera publica.*

Le droit pénal constitue une partie importante du droit public; voyons quelle influence la folie exerçait sur lui. Les jurisconsultes romains avaient compris que la pénalité n'est justifiée que par l'imputabilité; ils avaient bien senti en même temps qu'aucune faute n'était imputable au fou. Ils le dispensaient donc des peines que ses crimes lui auraient fait encourir s'ils eussent été commis en état de sanité d'esprit. Les poursuites étaient elles-mêmes suspendues pendant la folie lorsqu'elles avaient pour objet des crimes commis avant la folie ou pendant des intervalles lucides. Ainsi, le fou n'est point puni d'un parricide, il n'est pas tenu de

---

(1) Paul, l. XLVI, *De jud.*, 5, 1. — Ulp., l. II, §§ 3 et 5 , *Si quis caut. in jud.*, 2, 11. — Javol., l. LIII, *De ædil. edict.*, 21, 1. — Ulp., l. XVIII, *De jud.*, 5, 1. — Cujas, vol. v, col. 894. — C'est à cette faculté qu'on avait de s'exonérer des charges publiques, même pendant ses intervalles lucides, du moment que la folie avait été constatée, qu'il faut rapporter la loi 6, *De curat. fur.*, 27, 10.

(2) Arcad. Charis., l. XVIII, § 14, *De mun. et hon.*, 50, 4.

l'action de la loi *Cornelia, de sicarriis,* etc. (1).

En proclamant ainsi l'irresponsabilité et l'impunité du fou en droit pénal comme en droit civil (2), la loi devait prendre des mesures propres à garantir les citoyens contre les entreprises du fou, et à protéger le fou contre lui-même.

Quelles étaient ces mesures? Sur ce point, trois textes seulement nous fournissent quelques renseignements : ce sont les lois 13 et 14, *de Offic. præsidis,* et la loi 9, *de parricid.* De ces lois il semble résulter ceci : En principe, le fou est soumis à la surveillance de ses agnats les plus proches (*necessarii*). Si son état exige qu'il soit gardé à vue, il doit l'être, toujours par ses parents, dans sa propre maison. Si ceux-ci sont impuissants à le contenir, c'est-à-dire du moment qu'il y a danger pour la sécurité publique, le président de la province doit intervenir et le faire enfermer *in carcere;* ainsi le décident Antonin le Pieux, Marc-Aurèle et Lucius Vérus, dans leurs rescrits.

Dans un autre rescrit de Marc-Aurèle et Commode, rapporté par Macer et Modestin, et adressé à Scapula Tertyllus, au sujet d'un fou qui avait

---

(1) Macer., l. XIV, *De offic. præsid.,* 1, 18. — Ulp., l. III, § 1, *De injur. et fam. lib.,* 47, 10. — Modest., l. XII, *Ad leg. Cornel.,* 48, 8. — Id., l. IX, § 2 ; *De leg. Pomp. de parr.,* 48, 9.

(2) Voy. page 94.

tué sa mère, il est dit : que le fou aurait dû, à raison de son état, être soumis à la garde de ses
proches dans sa propre maison; que désormais il
devra être gardé avec plus de soin; qu'il pourra
même, — si d'ailleurs le président le trouve à propos, — être attaché, non point pour le punir, mais
pour sa propre conservation et la sûreté de ses
proches.

De ces derniers mots il résulte que le fou devait
être gardé par ses parents dans sa maison, et que
ceux-ci pouvaient seulement, à raison des circonstances, obtenir du président la permission d'attacher le fou; mais il n'est plus du tout question de
prison.

De la comparaison de ces textes on peut tirer
l'une ou l'autre de ces conséquences : ou bien
qu'après avoir ordonné l'incarcération des fous
qui avaient sérieusement compromis la sécurité
publique, Marc-Aurèle revint sur ce système et per-
mit seulement au président de les faire attacher,
ou bien que chacun des deux systèmes pouvait
l'emporter suivant les circonstances.

On voit, d'après cet exposé, comment les lois
romaines avaient cherché à allier le respect de la
personne avec la juste protection due aux tiers et
au fou lui-même; l'autorité publique n'intervenait
qu'autant que la nécessité s'en faisait impérieuse-
ment sentir par suite de la résistance que le fou
opposait à ses gardiens ; jusqu'à ce moment l'ordre

public, la sécurité des citoyens et le respect de la propriété étaient garantis par la responsabilité des proches parents à qui incombait le soin de surveiller le fou (1).

Ajoutons, en terminant, que l'autorité publique laissait aux soins des parents ou du curateur le traitement médical du fou (2). Il n'y eut jamais, parmi les établissements élevés par l'empire, et surtout par l'empire chrétien (3), d'établissements spécialement destinés aux aliénés. Il ne faudrait point croire cependant que la loi n'ait montré pour le fou aucune sollicitude, et ne se soit pas préoccupée d'améliorer son sort autant qu'il était en son pouvoir ; nous trouvons, au contraire, dans le Digeste, des traces évidentes de cette préoccupation. Déjà la loi des Douze Tables confiait le soin de la personne du fou à ses agnats : « *In eo pecuniaque*

---

(1) Voy. Macer., l. XIV in fine, *De off. præs.*, 1, 18.

(2) On sait que l'ellébore formait dans l'antiquité la base du traitement de la folie (Horace, *Sat.*, II, 3, 83, 166 ; — *Ép.*, II, 3, 300) ; certaines cérémonies religieuses étaient employées également à la guérison de l'aliéné, entre autres la *piatio*. (Voy. Festus, *De verb. signif.*, v^is *Piatrix et Piari*. — Plaute, *Menechmi*, act. II, sc. 11. v. 14, 18.) Il y eut des temples auxquels des guérisons nombreuses firent une grande réputation.

(3) On trouve dans la const. 23, au C. *De sacrosanct. Eccl.*, 1, 2, l'énumération de ces différents établissements ; il y avait des *xenones* (hôpitaux), des *ptochotrophia* (asiles pour les pauvres), des *orphanotrophia* (établissements pour les orphelins), des *brephotrophia* (espèces de crèches pour les nouveau-nés) et des *gerontocomia* (asiles des vieillards).

ejus potestas esto, » disait-elle. Plus tard, le curateur du fou, quel qu'il fût, dut veiller à sa sécurité et à sa santé : « *Consilio et opera curatoris tueri debet non solum patrimonium, sed et corpus ac salus furiosi* (1). » Enfin, Justinien prit, dans la Novelle 115, des mesures très-énergiques pour obliger les parents du fou, et ceux qu'il avait institués héritiers, à prendre soin de lui ; il résulte, en effet, de cette novelle que le père ou la mère, les enfants ou les cognats du fou qui ne lui avaient pas donné les soins et n'avaient point eu pour lui les égards que son état réclamait, pouvaient être exhérédés ; en outre, toute personne qui voyait un fou négligé par les siens avait qualité pour sommer les héritiers présomptifs, soit testamentaires, soit *ab intestat*, du fou, de prendre soin de lui. S'il n'était pas tenu compte de cette injonction, et que le tiers reçût chez lui le fou et le soignât à ses frais jusqu'à sa mort, les héritiers étaient déclarés indignes, et le tiers, *qui obsequium ac diligentiam furioso præbuit,* succédait à leur place (2).

(1) Julien, l. VII, in pr. *De cur. fur.*, 27, 10. — Le mari avait aussi le devoir de prendre soin de sa femme aliénée, et de lui fournir tout ce que son état réclamait ; il pouvait y être contraint par le magistrat. (Ulp., l. XXII, § 8, *Solut. matrim.*, 24, 3.)

(2) Voy. nov. 115, cap. III, § 12, et cap. IV, § 6, const. 28 authent., C. *De episc. audient.*, 1, 4.

ANCIEN DROIT FRANÇAIS

CHAPITRE PREMIER.

Nous avons vu que les jurisconsultes romains, adoptant la théorie stoïcienne sur la nature de la volonté, n'avaient point compris qu'il pût y avoir des degrés différents dans la folie ; nous avons dit que pour eux le libre arbitre disparaissait, et cessait d'exister par cela seul qu'il cessait d'être entier ; et que par conséquent ils durent traiter et traitèrent de la même façon tous les fous sans distinction.

La même théorie ne passa point dans notre ancien droit. Assurément nos vieux jurisconsultes considérèrent l'abolition du libre arbitre comme l'effet de la folie, mais ils n'en firent pas un effet nécessaire. Pour eux la folie put exister sans amener à sa suite la destruction complète, entière et fatale de la volonté. Ils pensèrent que la folie pouvait sans doute, en atteignant son *summum* d'intensité, en arrivant à la période extrême de son développement, produire cet anéantissement absolu de la volonté et du libre arbitre ; mais ils ne virent là qu'un effet maximum au-dessous duquel pouvaient se placer des altérations plus ou moins considérables des facultés mentales.

Partant de cette idée que la folie peut produire soit un simple désordre, soit l'abolition complète de la volonté, ils conçurent, sans d'ailleurs se préoccuper autrement des classifications de la médecine mentale, deux types de fous : l'un absolument dépourvu de volonté ; l'autre au contraire conservant sa volonté, mais une volonté susceptible d'être opprimée, subjuguée, égarée dans une certaine mesure par la maladie à laquelle il était en proie.

Quelle que fût au point de vue physiologique l'espèce de folie de l'aliéné, il n'importait ; la distinction juridique reposait sur le plus ou moins de violence avec laquelle la maladie agissait sur les facultés mentales de l'aliéné.

Pour éviter les périphrases, nous désignerons simplement l'état de chacun de ces deux groupes de fous par les mots de folie et de demi-folie.

La folie et la demi-folie devaient, on le comprend du reste, produire des effets différents ; ce sont ces effets que nous allons rapidement esquisser dans les chapitres suivants.

CHAPITRE II.

PRINCIPES GÉNÉRAUX SUR LES EFFETS DE LA FOLIE ET DE
LA DEMI-FOLIE.

§ Ier. — DES EFFETS DE LA FOLIE.

Les conséquences que le droit romain tirait de la
perte du libre arbitre étaient, comme nous l'avons
déjà vu, les suivantes :

1° A l'égard des actes de la vie civile ou de la
vie publique qui exigeaient la possession du libre
arbitre, le fou était incapable de les accomplir ;
ceux qu'il pouvait lui arriver de faire étaient
nuls absolument, ils n'avaient point d'existence
civile.

2° En dehors de ces actes sa capacité restait
pleine et entière.

3° Enfin il suffisait que le fou recouvrât sa libre
volonté pendant un temps quelconque pour qu'immédiatement sa capacité reparût pleine et entière.

Ces conséquences rigoureuses déduites par les
jurisconsultes romains du principe que l'incapacité
du fou réside entièrement et uniquement dans la
perte du libre arbitre furent en principe admises
dans notre ancien droit ; nous verrons par la suite
comment des considérations d'utilité amenèrent
dans les pays de coutumes des conséquences profondément différentes de celles qui auraient dû
résulter des principes seuls du droit romain.

§ II. — DES EFFETS DE LA DEMI-FOLIE.

La demi-folie laisse subsister la volonté, avons-nous dit ; cela suffit pour que tout acte passé par une personne qui en est atteinte existe civilement. Cet acte ne pourra-t-il pas au moins être annulé ? Assurément, s'il renferme quelque vice du consentement ; non, dans le cas contraire. Vis-à-vis de la personne atteinte de demi-folie, le droit commun conserve tout son empire ; la demi-folie n'est point par elle-même et par elle seule un vice du consentement: voilà le principe. Nous n'en aurions donc rien à dire, si la jurisprudence n'avait point organisé en faveur de la personne qui en est atteinte une mesure de protection , d'où dérivent certaines dérogations au droit commun que nous examinerons par la suite.

———

CHAPITRE III.

SECTION I.

De la nécessité d'un pouvoir tutélaire auprès de l'aliéné et de l'organisation de ce pouvoir.

A l'égard de la personne frappée de folie complète, les mêmes motifs qui avaient fait introduire la curatelle dans le droit romain se retrouvaient encore dans notre ancien droit. Notre ancienne

jurisprudence organisa donc, elle aussi, la curatelle des aliénés (1).

A l'égard de la personne frappée simplement de
demi-folie, on ne pouvait invoquer, pour justifier
la nécessité d'un pouvoir tutélaire, la nécessité de
pourvoir à l'administration de ses biens ou de faire
tous les actes civils qui peuvent devenir nécessaires
dans la vie journalière, puisqu'en principe cette
personne jouissait de la capacité de droit commun.
D'autres motifs se rencontrèrent pour établir l'utilité de l'organisation auprès de cette personne
d'un pouvoir tutélaire.

Si la demi-folie laisse subsister la volonté, cette
volonté peut être à chaque instant égarée ou en-
traînée par cette aberration de la sensibilité ou de
l'intelligence sans laquelle la folie n'existerait à aucun degré. La demi-folie constitue ainsi pour celui
qui y est en proie une cause permanente d'erreur;
elle peut aussi favoriser singulièrement la violence,
le dol et la lésion. Elle doit donc très-facilement et
très-fréquemment donner naissance à des vices du
consentement ; cet état de choses expose la personne atteinte de demi-folie à des pertes importantes et à des procès très-fréquents ; ses biens
courent un danger très-appréciable. Notre ancienne
jurisprudence s'émut de cette situation, et chercha

(1) « Celui qui est hors de son sens doit avoir administrateur. » (Art. 490, Anc. Cout. de Bretagne, 518, Nouv. Cout.)

à rendre aussi rare que possible l'existence des vices du consentement dans les actes passés par une personne atteinte de demi-folie.

Pour cela, constatation faite de la demi-folie, on obligeait la personne qui en était atteinte à s'éclairer, pour faire certains actes déterminés, les plus importants de la vie civile, des lumières d'un conseil nommé par justice.

Lorsqu'une personne était convaincue de folie ou demi-folie, et qu'un jugement lui nommait un curateur ou un conseil, défense lui était faite par le même jugement de procéder par elle-même dans le premier cas, de procéder seule et sans son conseil dans le second cas. Cette défense constituait, suivant la même distinction, l'interdiction ou la demi-interdiction. Nous n'en étudierons les effets que plus tard, mais il était nécessaire de la signaler elle-même dès à présent pour expliquer le nom de procédure en interdiction (1) donné à la procédure qui servait à constater l'état mental de celui à qui on se proposait de faire nommer un curateur ou un conseil, et de faire faire la défense dont nous venons de parler.

De la procédure en interdiction. —Tout parent,

(1) Il n'y avait pas pour la demi-interdiction de procédure spéciale; dans tous les cas la procédure était la même, qu'elle dût être suivie d'interdiction ou de demi-interdiction; et cela se comprend, puisque dans les deux cas elle avait un même objet : la constatation de l'état mental.

même collatéral (1), est admis à provoquer l'interdiction de son parent aliéné (2) ; mais en général
on écoute plus favorablement ceux qui par l'ordre
naturel des choses ne sont pas héritiers présomptifs
de celui dont on demande l'interdiction ; aussi cette
action est mieux reçue de la part d'un père ou d'un
oncle que d'un fils, d'un neveu ou d'un frère.

Il ne paraît pas qu'un fou pût pendant un intervalle lucide provoquer sa propre interdiction, mais
une personne frappée seulement de demi-folie
pouvait certainement provoquer sa demi-interdiction en demandant pour elle-même la nomination
d'un conseil.

On présente une requête au juge du domicile de
celui qu'on veut faire interdire, expositive des faits
qui donnent lieu à l'interdiction, et on assigne les
parents à l'effet de délibérer entre eux sur les causes de l'interdiction. On dresse procès-verbal de
leur avis, le juge fait d'office une information des

(1) « L'interdiction est prononcée sur instance et à la requête
de la femme, des enfants ou autres prochains héritiers présomptifs.» (Art. 491, anc. Cout.; 519, nouv. Cout. de Bretagne.)
Quelques Coutumes autorisaient les créanciers à provoquer la
nomination d'un curateur quand l'état de folie du débiteur
était évident.

(2) Non pas de tous parents : on n'interdisait pas les mineurs ; on suivait en cela le droit romain. On les laissait en
tutelle ou en curatelle, s'ils avaient un tuteur ou un curateur
ordinaire. A la fin de la minorité, il était d'usage de conférer
les fonctions de curateur à l'interdiction à l'ancien tuteur.

vie et mœurs de celui contre lequel on procède et lui fait d'ordinaire subir un ou plusieurs interrogatoires.

L'article 135 des Arrêtés de M. le premier président de Lamoignon sur les tutelles ordonne ces interrogatoires disant : « qu'il ne sera donné des curateurs aux furieux et insensés qu'ils n'aient été préalablement ouïs par leur bouche, par le juge devant lequel la curatelle est poursuivie. »

« Pour mieux assurer qu'il n'y a pas de fiction, dit Meslé, le juge pourra ordonner qu'il sera informé de la démence tant par témoins que par visites de médecins et de chirurgiens. Cette information pourra servir non-seulement à prononcer que la maladie est sérieuse, mais aussi à faire connaître le temps où elle a commencé, pour juger de la validité ou invalidité des actes de celui de l'interdiction duquel il s'agit. »

Enfin, après l'assemblées de parents, les interrogatoires de la partie intéressée, les enquêtes et les visites des médecins, le magistrat auquel la connaissance de ces affaires appartient, doit, « attendu qu'il n'est pas raisonnable ni d'usage, dit Denizart, qu'un seul homme décide de l'état d'un autre, en faire rapport en la Chambre du conseil. »

Des lettres patentes du roi données à Versailles le 25 novembre 1769, enregistrées en Parlement le 19 janvier 1770, fixèrent la forme dans laquelle il devait désormais être statué sur les demandes en interdiction. Les juges ne devaient se prononcer que sur les conclusions de la partie publique des siéges où lesdites demandes seraient pendantes. Il était défendu à tous juges de statuer seuls et en leurs maisons, à peine de nullité et de tous dommages intérêts, même de prise à partie. Seuls, ils ne pouvaient que recueillir les avis des parents, procéder aux interrogatoires, et faire « autres procédures pour parvenir auxdites interdictions ».

Ces procédures avaient pour objet de faire connaître aux magistrats la situation mentale de l'individu dont l'interdiction était poursuivie ; la décision des magistrats devait être différente suivant que cet état mental était lui-même différent.

L'imbécillité, la démence, la fureur, — et sous ces dénominations il faut entendre tous les genres de folie, — devaient, s'il en résultait une privation complète de la liberté et de la volonté, entraîner l'interdiction.

Il paraît toutefois qu'il était dans l'usage de ne prononcer l'interdiction qu'autant que la folie présentait un caractère habituel. Denizart, rapportant un arrêt de la Grand'Chambre du Parlement du 22 décembre 1762, qui interdit un homme dont la folie procédait par accès assez éloignés, dit que « cela souffrit beaucoup de difficulté ».

Mais la folie ne devait point amener l'interdiction si elle n'offrait pas une intensité assez considérable pour faire disparaître absolument la liberté.

C'est ainsi qu'il a été jugé qu'une personne « dont la simplicité approchait de l'imbécillité, mais qui n'était pourtant pas simple au point de pouvoir être mise au rang des insensés ou des furieux, et qui ne souffrait qu'une diminution qui ne lui ôtait pas absolument cette lumière requise pour le discernement du bien et du mal, n'était pas dans le cas d'être interdite ». Châtelet, 9 mars 1731. — Dans ces circonstances les juges, au lieu de prononcer l'interdiction, se contentaient de donner à la personne atteinte de demi-folie un conseil, c'est-à-dire se contentaient de prononcer la demi-interdiction.

La sentence qui reconnaissait la folie ou la demi-folie, qui ordonnait la mise en curatelle de l'aliéné ou lui nommait un conseil, qui enfin interdisait à la personne pourvue d'un curateur d'agir par elle-même et à celle qui était pourvue d'un conseil d'agir sans son assistance, cette sentence, disons-nous, devait, aux termes des lettres patentes dont nous parlons plus haut, être prononcée dans la Chambre du Conseil. L'ancien usage du Châtelet était de faire crier et publier dans Paris les sentences d'interdiction. Plus tard il ordonna seulement leur signification aux notaires de Paris et leur mention dans un tableau.

Le conseil nommé par justice était, comme nous venons de le voir, et son nom seul le dit assez, nommé par le jugement même qui prononçait la

demi-interdiction. Il n'en était pas de même pour
le curateur. Le curateur était nommé suivant les
règles en usage pour la tutelle; en général la charge
de la curatelle incombait à la personne la plus
intéressée à la conservation des biens.

L'exclusion du mari quant à la curatelle de sa
femme, si positive en droit romain, ne paraît pas
approuvée par les coutumes. L'opinion de Domat,
conforme sur ce point au droit romain, est en effet
contredite par Louet, par Loysel, par l'ancien
Denizart et la coutume de Bretagne qui déclarent
expressément le mari curateur de sa femme interdite.

Réciproquement, en cas d'interdiction du mari,
la même coutume donnait à la femme la capacité
d'être appelée au rôle de curatrice si elle était apte
à ces fonctions (art. 495 anc. cout.; 523, nouv.
cout.). « Le mari est bail de sa femme, » dit Loysel (1),
et l'ancien Denizart, v° *interdiction*, n° 51 : « Je ne
conçois pas comment Bourjon a pu dire que
l'usage du Châtelet ne permettait pas de nommer
la femme curatrice à l'interdiction de son mari. Cet
usage est précisément contraire, surtout quand
l'interdiction a pour cause la démence du mari, et
il est conforme aux dispositions de la coutume de
Bretagne. »

Les sentences qui donnent des curateurs aux

(1) *Inst.*, *Cout.*, liv. II, tit. IV, n° 3.

interdits nomment quelquefois une ou plusieurs personnes pour les éclairer de leurs conseils. Ces personnes sont presque toujours ou des magistrats, ou des avocats, ou des procureurs. Lorsque plusieurs personnes sont nommées pour diriger le curateur, c'est l'assemblée de ces personnes qui forme le conseil, de manière que chacune d'elles ne peut rien décider seule. Ce sont les parents de l'interdit qui indiquent les personnes dont le conseil doit être composé ; en cas de désaccord, le juge prononce. La nomination de ce conseil se fait ordinairement par la sentence d'interdiction. Il ne faut pas, bien entendu, confondre ce conseil, chargé d'éclairer le curateur de l'interdit, avec le conseil chargé d'assister la personne demi-interdite.

SECTION II.

De l'administration du curateur et des fonctions du conseil nommé par justice.

Nous n'entrerons pas dans l'exposé de l'administration du curateur ; nous dirons simplement qu'il devait agir pour l'interdit à peu près comme le tuteur devait agir pour le mineur. Lorsqu'un conseil avait été nommé pour l'assister, le curateur ne pouvait engager l'interdit sans l'approbation de ce conseil ; il ne pouvait faire seul que les actes de simple administration. Il devait surtout se garder d'intenter un procès au nom de l'interdit sans l'autorisation de son conseil (art. 514, C. de Bretagne).

Le conseil nommé à un demi-interdit n'avait aucune espèce d'administration ; il devait simplement autoriser, lorsqu'il le jugeait à propos, ceux des actes que le demi-interdit ne pouvait faire sans son autorisation.

SECTION III.

De la fin des fonctions du curateur et du conseil nommé par justice.

Le curateur et le conseil nommé par usnce voyaient leurs fonctions prendre fin en même temps et par les mêmes causes que l'interdiction ou la demi-interdiction qui avaient donné lieu à leur nomination. Comme nous allons étudier la fin de l'interdiction et de la demi-interdiction dans la section suivante, nous n'insisterons pas davantage dès à présent.

La fin des fonctions du curateur donnait lieu à une reddition de comptes ; quand un conseil lu avait été nommé, c'était devant ce conseil que les comptes du curateur devaient être rendus et réglés.

SECTION IV.

Des effets de l'interdiction et de la demi-interdiction sur la capacité des personnes qui y sont soumises, et de la manière dont elles prennent fin.

Nous avons vu qu'en droit romain, l'examen auquel pouvait se livrer le magistrat avant la nomination du curateur, que l'existence elle-même de la curatelle n'exerçaient par eux-mêmes aucune influence sur la capacité du *furiosus*. Son incapacité était toute naturelle : agissait-il sous l'empire de la folie, l'acte qu'il faisait était nul ; agissait-il pendant un intervalle lucide, l'acte était pleinement valable ; pendant ces mêmes intervalles lucides la curatelle elle-même,—au moins jusqu'à Justinien,— disparaissait. L'existence de la curatelle non-seulement ne produisait point d'incapacité, mais elle ne faisait même point naître par elle seule une présomption d'existence de la folie ; il fallait qu'elle fût corroborée par quelque autre circonstance pour faire naître cette présomption.

Ces principes furent-ils abandonnés par notre ancien droit, et lorsque, la folie étant constatée, un jugement défendit à l'aliéné de faire des actes civils, cette défense n'imprima-t-elle pas un nouveau caractère à la dation du curateur, ne créa-t-elle point une incapacité civile indépendante de l'incapacité naturelle?

A cette question nous croyons qu'en principe il faut répondre : Non. Même après que le jugement eut pris soin d'interdire au fou de faire des actes civils, la capacité du fou resta en droit français ce qu'elle était en droit romain. Les jurisconsultes romains avaient compris qu'il était inutile de défendre à une personne de faire des actes qu'elle était, par la force même des choses, hors d'état d'accomplir; ils ne crurent pas utile d'ajouter à l'interdiction naturelle, que produisait par elle-même la maladie, l'interdiction civile. Il n'en fut pas de même en droit français, et, lorsque le magistrat avait reconnu l'existence de la folie, il défendait au fou de procéder par lui-même. Mais cette défense, cette interdiction civile, ajoutait-elle quelque force à l'incapacité naturelle, différait-elle en quelque chose de l'interdiction qui résultait de la nature même des choses? Non, il n'y avait là, pour ainsi dire, que l'expression et comme le vêtement civil de l'interdiction naturelle, rien de plus ; et l'interdiction civile, et l'incapacité qui en résultait, disparaissaient en droit français comme en droit romain *ipso jure* par le retour temporaire ou définitif de la raison. Seule, l'incapacité naturelle devait être prise en considération.

Voici ce que dit sur ce point Ricard (1re partie, ch. 3, section 3, n° 147) : « L'insensé, du moment que son esprit commence à être troublé, est rendu de plein droit incapable de disposer, sans aucune

interdiction précise, ni prononciation du juge,
parce que.... il manque au point essentiel, n'étant
pas capable de faire un acte d'une volonté libre,
ni même de prêter son consentement, puisqu'il
manque de raison, qui est le principe de l'un et
de l'autre. Et quoique les parents ne se soient pas
mis en devoir de faire créer un curateur à l'imbécile, ils sont reçus à vérifier le défaut de jugement.

« La question de savoir de quelle façon se lève
l'interdiction, et comment celui qui a été incapable
de disposer, à cause de sa démence ou de sa prodigalité, peut être rendu habile dans la suite du
temps, n'est point susceptible de difficulté pour ce
qui regarde l'insensé ; d'autant que de la même
façon qu'il est demeuré interdit de plein droit, et
sans le secours des magistrats, dès l'heure que sa
raison s'est éclipsée, aussi, dès le même instant
qu'il a recouvré son bon sens, il purge l'incapacité
qu'il avait contractée, sans qu'il ait besoin du décret du juge, quoiqu'il eût interposé son autorité
lors de la démence, en lui donnant un curateur;
d'autant que ce n'est pas l'établissement de la curatelle qui forme, en ce cas, l'interdiction; ce n'est
qu'un secours qui est donné à l'insensé pour l'as-
siter durant le temps de sa faiblesse, et qui doit
conséquemment demeurer sans effet aussitôt que
la cause a cessé. Et même bien davantage : les lois
ont voulu que, si la démence n'est point continue,

les testaments et les autres actes qui se trouvent
faits pendant les bons intervalles soient exécu-
tés, et que l'autorité du curateur qui avait été
nommé demeure en suspens pour reprendre sa
force durant les intervalles moins heureux....»

Chose bizarre! les jurisconsultes romains n'ont
jamais prononcé le mot d'interdiction à propos
du fou; l'interdiction du fou est une création
française. Mais l'effet de l'interdiction, de la défense prononcée par le magistrat, est tellement
solidaire de l'incapacité, il est tellement lié à
l'existence de cette incapacité, que, par une
inexactitude de langage remarquable, Ricard appelle de ce nom d'interdiction l'incapacité elle-
même, ce que nous désignions nous-mêmes tout à
l'heure par le mot d'interdiction naturelle, sans
se préoccuper de l'interdiction civile, celle qui résulte du jugement d'interdiction.

Ce système, c'est la reproduction pure et simple
du système romain; il en résultait que l'acte fait
par une personne même interdite, même pourvue
d'un curateur, était présumé valable jusqu'à preuve
contraire; que l'existence de la curatelle, jointe à
quelque autre circonstance, pouvait d'ailleurs entraîner la présomption de folie, laquelle présomption pouvait elle-même être détruite par la preuve
directe de l'existence de la raison au moment de
l'acte.

Ce système dut être, à l'origine, celui des pays

de droit écrit, et aussi de la plus grande partie de nos pays coutumiers. Nous verrons tout à l'heure comment il fut, dans ces derniers pays, complétement abandonné. Disons, dès à présent, que dans les pays de droit écrit il se conserva jusqu'à la Révolution.

Il ne s'y conserva cependant pas sans altération: c'est ainsi qu'on en vint à admettre que l'interdiction seule suffisait à faire naître une présomption *juris tantum* d'existence de la folie; c'est ainsi encore qu'on réglementa plus ou moins sévèrement les conditions de preuve des intervalles lucides. — Bourjon voulait que la preuve de l'existence de l'intervalle lucide ne fût admise qu'autant que la raison se serait manifestée dans plusieurs actes antérieurs ou subséquents à celui dont on provoquerait la nullité. L'auteur du *Droit commun de la France* ajoute que l'usage du Châtelet est que, pour admettre en tel cas la preuve testimoniale, il faut qu'il y ait un commencement de preuve par écrit. — Dans les provinces de droit écrit, autres que celles du Parlement de Paris, on n'alla pas plus loin dans les modifications au droit romain. Il en fut autrement dans les pays coutumiers et dans les provinces de droit écrit du ressort du Parlement de Paris. Les difficultés qu'on accumulait autour de la preuve de l'intervalle lucide montrent assez quel était le but de la jurisprudence, et font assez voir qu'elle s'efforçait de rendre l'admissibilité de la preuve et par suite les procès eux-mêmes aussi rares que possible. On en vint bientôt à supprimer tout à fait, à rejeter complétement la preuve de l'intervalle lucide. Comment arriva-t-on à ce résultat? On ne pouvait nier qu'en fait, conformément au principe du droit romain, l'interdit ne recouvrât sa capacité pendant l'intervalle lucide ; d'où vint qu'on refusa d'admettre la preuve de l'existence de l'intervalle lucide, c'est-à-dire la preuve de la capacité de l'interdit ? Cela vint de ce que l'interdiction, après avoir été longtemps regardée seulement comme le vêtement de l'incapacité naturelle, fut, pour servir l'esprit de la jurisprudence, considérée à son tour comme une incapacité purement civile, parfaitement distincte de l'incapacité naturelle. On se dit que l'incapacité naturelle pouvait bien disparaître par l'arrivée d'un intervalle lucide, mais que cet intervalle lucide devait être impuissant à faire disparaître la défense, l'interdiction prononcée par le juge ; que cette interdiction, tant qu'elle n'avait pas été levée avec les mêmes formalités qui avaient présidé à sa naissance, devait subsister (1), et que sa seule violation devait constituer une cause de nullité des actes passés par celui qui

(1) Déjà la coutume de Bretagne disait : « L'administration des biens peut être rendue à celui à qui on l'a interdite *par connaissance de cause* et autorité de justice (497, anc. Cout., 525, nouv. Cout.). »

y était soumis, sans qu'on eût d'ailleurs à se préoccuper du point de savoir si l'auteur de cet acte
jouissait ou non, en fait, de sa raison. Ce système
fut définitivement consacré par un arrêt de 1768,
et c'est en se fondant sur cette jurisprudence que
Ferrières disait que l'interdit « restait dans ses
liens tant qu'il n'était pas relevé juridiquement de
son interdiction ».

La violation de la défense faite par le juge mettait donc la personne qui avait fait un acte au mépris de l'interdiction qui la frappait, à même de
demander la nullité de cet acte, sans qu'il fût
d'ailleurs possible à son adversaire d'éviter la
nullité en établissant l'intervalle lucide, par
l'excellente raison que la demande s'appuyait sur
un vice de l'acte, l'incapacité de son auteur, et non
sur l'inexistence qui eût résulté de la folie. C'est
ainsi que Pothier dit formellement que si un interdit avait fait une donation, le donataire ne serait
point admis contre le donateur ou ses ayant cause
à prouver que l'interdit avait, au moment de l'acte,
recouvré la raison.

Cette nullité était d'ailleurs relative et temporaire.

Par exception, on admettait que, s'il était prouvé
qu'une personne qui demandait à être restituée
contre un acte fait pendant l'interdiction, jouissait au moment de l'acte de toute sa raison, la restitution ne devait point être prononcée. C'est

d'après Merlin tout ce qui reste dans le dernier état du droit coutumier des principes du droit écrit.

Favorisé d'un côté par cette faculté qu'il a désormais, d'obtenir la nullité d'un acte, sans qu'on puisse lui opposer la preuve de l'intervalle lucide, l'interdit subissait d'autre part les rigoureuses conséquences de la défense qui lui était faite. Civilement incapable, l'interdit se trouve dans une sorte de minorité, pendant laquelle il ne peut ni se marier, ni faire une donation, ni un testament valable, fût-il dans un intervalle lucide (1). L'interdiction cessait à jour fixe, au jour où le magistrat, avec les mêmes formalités qui avaient présidé à l'interdiction, procédait à sa main-levée. L'interdit pouvait d'ailleurs provoquer lui-même cette main-levée.

Avant d'aborder les effets de la demi-interdiction, disons un mot de l'influence que l'interdiction exerçait sur les actes passés antérieurement, et aussi de celle qu'exerçait sur l'admissibilité de la preuve de la folie le décès d'un homme mort *integri status*.

1° Quand un acte a été fait par un fou non interdit, c'est toujours à la partie qui attaque la validité de l'acte à établir la folie, mais dans ce cas la preuve est plus ou moins facile. « Comme il est

---

(1) Voy. arrêt du parlement de Paris, 3 août 1638. — Arrêtés du président de Lamoignon, tit. *Des testaments*, art. 1. — Pothier, *Des donations*.

fort rare, » dit Denizart, « que cette infirmité sur-
vienne tout à coup, et que d'ordinaire elle a des progrès qui se manifestent successivement, on suppose
alors que la démence est antérieure à l'interdiction,
et s'il s'agit d'actes passés dans un temps voisin de
celui où elle a été prononcée, pour peu qu'il y ait
quelque circonstance pressante, la preuve s'admet
facilement. Mais s'il est question d'actes passés
dans un temps éloigné de l'interdiction, la démence
n'étant plus dans ce cas soutenue par la vraisem-
blance que la proximité des actes fait naître, il
faut qu'il y ait quelque commencement de preuve
par écrit de l'époque à laquelle on prétend faire
remonter la folie. »

2° Si l'interdiction de celui dont on attaquait
un acte n'avait jamais été prononcée, la preuve
de la folie était encore plus difficilement admissible. « On présume toujours, » dit Denizart, « en
faveur de l'état..... » Et il ajoute : « Il est d'un si
grand intérêt pour une famille d'ôter la faculté de
disposer à celui qui, par l'égarement de son esprit,
ne peut qu'en abuser, qu'on regarde comme un
témoignage non suspect celui de tous les parents qui l'ont laissé en possession de son état. »

Les effets de la demi-interdiction n'avaient point
soulevé les mêmes difficultés que ceux de l'interdiction ; l'incapacité ne naissait jamais que du jour
du jugement qui la prononçait. Cette incapacité
n'était relative qu'à certains actes déterminés. Quel-

quefois l'interdiction ne s'appliquait qu'à une seule espèce d'actes. C'était d'une interdiction de ce genre que se plaignait la comtesse de Pimbêche à Chicaneau :

> Je ne sais quel biais ils ont imaginé,
> Ni tout ce qu'ils ont fait, mais on leur a donné
> Un arrêt par lequel, moi vêtue et nourrie,
> On me défend, monsieur, de plaider de ma vie.

Quelle que fût l'étendue de la demi-interdiction, les actes seuls qui en faisaient l'objet exigeaient l'assistance du conseil. S'ils étaient faits sans cette assistance, ils étaient frappés d'une nullité relative et temporaire. Si le conseil venait à mourir et n'était pas remplacé par les soins de la famille, le droit commun reprenait son empire.

CHAPITRE IV.

DE QUELQUES EFFETS DE LA FOLIE SUR LE DROIT PRIVÉ ET SUR LE DROIT PUBLIC.

Les principes que nous venons d'exposer dans notre dernière section nous dispenseront d'entrer dans le développement des effets que pouvait produire leur application à chacun des actes de la vie civile ou de la vie publique. Nous n'étudierons ici

que quelques effets de la folie particuliers à notre
ancien droit.

Droit privé.

§ 1er. — DROITS DE FAMILLE.

*De l'influence de la folie sur la séparation de
corps et sur la séparation de biens.* — La folie n'est
plus, comme dans le dernier état du droit romain,
une cause de dissolution du mariage contracté avant
la folie, mais elle peut donner lieu à la séparation.
On distingue entre la fureur et la démence. La démence ne peut donner lieu qu'à la séparation de
biens, mais elle y donne lieu indépendamment de
l'interdiction du mari; si bien que, souvent, dans notre ancien droit, on avait recours à la séparation de
biens pour éviter d'avoir à faire prononcer une interdiction; on envisageait la séparation de biens comme
ayant presque autant d'effet que l'interdiction pour
conserver les biens à la femme et aux enfants (1).

A plus forte raison la démence donnait-elle lieu,
après l'interdiction du mari, à la séparation de
biens. On voulait éviter que la femme se trouvât
sous la tutelle du curateur de son mari. Quelques
coutumes considéraient même la femme comme
émancipée par le fait seul de l'interdiction du
mari.

La fureur constituait une juste cause de séparation de corps.

(1) Meslé, nos 8, 16 et 20.

§ II. — DROIT RELATIF AUX BIENS.

De l'influence de la folie sur l'existence des quasi-délits.—Lorsqu'un fou commet un acte nuisible à autrui, évidemment il n'est point tenu *ex delicto ;* mais n'est-il pas au moins obligé *quasi ex delicto ?* Comme l'état du fou est précisément de nature à lui faire commettre un grand nombre de ces actes, on comprend combien il est intéressant pour les tiers de savoir si le fou répondra ou non sur ses biens des dommages qu'il aura pu causer. Nous avons déjà étudié sur ce point la doctrine romaine, et nous avons vu qu'elle n'admettait pas que le fou pût s'obliger *quasi ex delicto.* Cette solution, pour qui ne va pas au fond des choses, semble bien rigoureuse; aussi fut-elle combattue. Ses adversaires triomphèrent en Allemagne, et firent introduire contre le fou une action *de damno dato.* Thomasius (1) consacre à en démontrer la légitimité une longue dissertation, où il représente cette action comme dérivant de l'équité naturelle et du droit de propriété.

En France, les mêmes considérations séduisirent quelques jurisconsultes, et des controverses s'élevèrent sur cette question.

Elles duraient encore dans le dernier état de notre ancien droit ; tandis que l'on peut citer, au

(1) T. II, p. 851 et suiv.

nombre des partisans de la responsabilité du fou, le savant Merlin, on compte Pothier parmi ceux qui continuaient à défendre le système des jurisconsultes romains (1).

Droit public.

§ I. — DE L'INFLUENCE DE LA FOLIE SUR LE DROIT PÉNAL.

Si le fou commettait un acte qui, émanant d'une autre personne, aurait constitué un crime, notre droit ancien, comme le droit romain lui-même, considérait qu'il n'y avait pas d'imputabilité, point de faute à punir, et, par conséquent, l'action pénale ne prenait point naissance.

Ce sont là des principes de droit naturel, et qui devaient nécessairement se retrouver dans notre ancien droit; aussi n'aurions-nous pas insisté sur ce point si nous n'avions à signaler des dérogations étranges à ces principes.

La Rocheflavin prétendait que la fureur n'était point une excuse quand le crime concernait le prince, la religion ou les magistrats, et que dans tous ces cas l'accusé devait être condamné suivant la rigueur des lois. Et il citait à l'appui de son principe plusieurs arrêts qui condamnaient à divers supplices de malheureux fous accusés de sacriléges

(1) Voy. Merlin, *Rép.*, v° *Démence*, § 2, n° 3. — Pothier, vol. II, p. 57, éd. Bugn.

ou de crimes de lèse-majesté; il faut dire que ces arrêts remontaient à une époque assez éloignée. Cette opinion avait été définitivement abandonnée dans notre ancien droit. Mais une doctrine qui fut encore consacrée, de 1732 à 1738, par trois arrêts, c'est celle qui ne permettait pas aux premiers juges de décharger les accusés de crimes sous prétexte de démence ou de fureur. Les arrêts leur enjoignaient de juger conformément à la rigueur des lois et ordonnances, sauf à la Cour à ordonner sur l'appel l'instruction de ce fait justificatif.

Si la folie ne survenait qu'après les premières poursuites criminelles, mais avant que l'instruction ne fût complète, on suspendait l'instruction jusqu'à ce que l'accusé eût recouvré la raison.

Si, au contraire, l'instruction était complète, on admettait qu'il pouvait être valablement condamné à une peine pécuniaire, ou même à une autre peine extraordinaire, à l'arbitrage du juge, mais non à une peine corporelle.

Si, enfin, la folie ne survenait qu'après la condamnation, on surseyait à l'exécution de la peine corporelle; on se contentait de renfermer le fou dans une maison de force, on exécutait seulement la peine pécuniaire et la confiscation prononcées contre lui.

II.—DES MESURES DE SURETÉ PRISES A L'ÉGARD DU FOU.

Lorsque la maladie mentale n'entraînait pas des accès de fureur de nature à compromettre la sécurité publique, le malade était ordinairement soigné dans sa famille. Le curateur chargé du soin de sa personne, comme de l'administration de ses biens, pouvait le garder auprès de lui ou le mettre en pension dans telle maison honnête qu'il jugeait convenable. Les couvents reçurent ainsi un grand nombre d'aliénés. Quelquefois aussi, quand la folie, sans être dangereuse, se traduisait par des excentricités de nature à humilier une puissante famille, une lettre de cachet pourvoyait à sa tranquillité.

Quand la folie était dangereuse, les familles pouvaient encore conserver les malades auprès d'elles, mais à la condition de mettre, par une surveillance active, la société à l'abri des dangers que pouvait lui faire courir le fou. Quand cette surveillance ne pouvait point être exercée, la police prenait des mesures de sûreté. Ordinairement, — à Paris au moins, — le fou était envoyé en prison, de là à l'Hôtel-Dieu, et s'il ne guérissait pas, à Bicêtre ou à la Salpêtrière, suivant qu'il s'agissait d'un homme ou d'une femme. Tout ceci se passait sans aucune intervention de la justice; et il n'était, en aucune façon, nécessaire que le fou eût été préalablement interdit.

DROIT INTERMÉDIAIRE

Le droit intermédiaire ne s'occupa presque pas des aliénés.

La Constitution de l'an VIII rangea l'interdit parmi les personnes privées de l'exercice des droits politiques.

Une loi des 16-24 mars 1790 contient une disposition temporaire relative aux personnes alors détenues pour cause de démence : Art. 9. « Les personnes détenues pour cause de démence seront, pendant l'espace de trois mois, à compter du jour de la publication du présent décret, à la diligence de nos procureurs, interrogées par les juges dans les formes usitées et, en vertu de leurs ordonnances, visitées par les médecins qui, sous la surveillance des directoires des districts, s'expliqueront sur la véritable situation des malades, afin que d'après la sentence qui aura statué sur leur état ils soient élargis ou soignés dans les hôpitaux qui seront indiqués à cet effet. »

Enfin, les lois des 16-24 août 1790 et 19-22 juillet 1791 parlent, en passant, des personnes atteintes d'aliénation mentale :

« Les objets de police, dit l'article 3 (titre II de la loi des 16-24 août 1790), confiés à la vigilance et à l'autorité des corps municipaux sont : .....6° le soin d'obvier ou de remédier aux événements fâcheux qui pourraient être occasionnés par les insensés ou les furieux laissés en liberté, et par la divagation des animaux malfaisants ou féroces...»

L'article 15 de la loi des 19-22 juillet 1791 établit, de son côté, des peines contre... «4° ceux qui laisseront divaguer des insensés ou furieux, ou des animaux malfaisants ou féroces. »

DROIT FRANÇAIS

CHAPITRE PREMIER.

DE LA CONCEPTION JURIDIQUE DE LA FOLIE.

Les auteurs du code Napoléon ont envisagé la folie comme l'avaient fait nos anciens jurisconsultes eux-mêmes ; à leur exemple, ils ont distingué ce que nous avons appelé la folie et la demi-folie, la première destructive du libre arbitre, la seconde simplement oppressive de la volonté.

Nous trouverons et nous signalerons plus tard les traces de cette distinction en parlant de l'interdiction et de la demi-interdiction; ajoutons seulement dès à présent que tout ce que nous avons dit de la conception juridique de la folie dans notre ancien droit peut s'appliquer encore sous l'empire du code Napoléon.

CHAPITRE II.

PRINCIPES GÉNÉRAUX SUR LES EFFETS DE LA FOLIE
ET DE LA DEMI-FOLIE.

1° DE LA FOLIE. — Ici encore, nous n'avons qu'à nous reporter à ce que nous avons dit des effets de la folie dans notre ancien droit ; nous croyons qu'aujourd'hui encore on peut prétendre que le code Napoléon a respecté en principe les règles proclamées sur ce point avec une logique si admirable par les jurisconsultes romains ; les règles que notre ancien droit leur avait empruntées et qui ne peuvent pas ne pas se dresser au frontispice de toute législation sur les aliénés, parce qu'elles découlent de la nature même des choses ; nous croyons qu'aujourd'hui encore on peut poser en principe :

1° Qu'à l'égard des actes de la vie civile ou de la vie publique qui exigent la possession du libre arbitre, le fou est complétement incapable de les accomplir ; que ceux qu'il peut lui arriver de faire sont nuls absolument.

2° Qu'en dehors de ces actes sa capacité reste pleine et entière.

3° Qu'il suffit enfin que le fou recouvre sa libre volonté pendant un temps quelconque pour que sa capacité renaisse avec son libre arbitre.

2° DE LA DEMI-FOLIE. — De même en ce qui concerne les effets de la demi-folie, nous croyons qu'il faut s'en tenir encore sous l'empire de notre code aux principes qui étaient ceux de l'ancien droit ; la demi-folie ne constitue pas par elle-même un vice du consentement.

Il nous semble, pour nous, qu'on ne peut se faire une idée juste de notre législation sur les aliénés, si l'on n'a pas constamment les yeux sur les principes qui constituent la base de cette législation.

Ces principes sont inscrits dans notre code, ils y sont répétés dans différents articles : dans l'article 146, dans l'article 901, dans le second paragraphe de l'article 1108, on trouve l'application de cette règle unique qu'un acte où le consentement n'est pour rien n'existe pas civilement, qu'il est nul, d'une nullité absolue.

Pour nous, ces trois articles nous paraissent être les bases fondamentales de la législation française sur les aliénés ; les actes faits par un fou sont nuls de nullité absolue, inexistants.

Cette règle générale, le législateur l'a respectée en partie, en partie modifiée dans son application, par des dispositions spéciales dont il nous reste à parler.

Nous avons exposé dans nos précédents chapitres l'histoire de l'interdiction ; nous avons vu comment, après s'être pendant longtemps confondue avec ce qu'on pouvait appeler l'interdiction naturelle, et après avoir cessé avec elle *ipso jure*, l'interdiction civile, — cette défense que prononçait le juge après la constatation de la folie, — s'en était distinguée et avait fini par devenir la base d'un état permanent d'incapacité civile distincte de l'incapacité naturelle.

Sur ce point notre code reproduit absolument les principes de notre ancien droit.

Il en est de même en ce qui concerne la demifolie; le code a reproduit encore le système de la demi-interdiction.

Trois présomptions, dont deux organisées accessoirement à l'interdiction, dans les articles 5o3 et 5o4, et une troisième créée par l'article 39 de la loi de 1838 sur les aliénés, achèvent de modifier, dans leur application, les principes que nous venons de poser.

Nous allons étudier dans le chapitre suivant les sources des incapacités purement civiles qui peuvent frapper l'aliéné, et des présomptions légales qui peuvent servir à déterminer la valeur de ses actes dans certaines circonstances ; nous voulons dire : l'interdiction, la demi-interdiction et le placement dans un établissement d'aliénés.

CHAPITRE III.

DE L'INTERDICTION, DE LA DEMI-INTERDICTION ET DU PLACEMENT DANS UN ÉTABLISSEMENT D'ALIÉNÉS.

TITRE PREMIER. — DE L'INTERDICTION.

SECTION I.

Des caractères que doit présenter la folie pour motiver l'interdiction, et des personnes qui peuvent y être soumises.

1. Nous l'avons déjà dit : ce qui caractérise, au point de vue juridique, la folie, c'est la perte du libre arbitre : dès que cette perte se produit, quels que soient d'ailleurs les symptômes extérieurs de la maladie dont elle est le résultat, il y a lieu d'appliquer les dispositions de la loi. C'est ce qu'avaient fort bien indiqué les jurisconsultes romains en employant indifféremment dans leurs textes tous les mots du vocabulaire médical de leur époque, et en donnant à chacun d'eux, non pas un sens restreint, mais un sens universel embrassant toutes les manitations extérieures de la perte du libre arbitre.

La pensée des rédacteurs du code a été la même; mais ils l'ont réalisée d'une façon peu heureuse en énonçant, dans l'article 489, les caractères physiologiques d'où résultait pour eux la perte du libre arbitre.

Article 489 : « Le majeur qui est dans un état habituel d'imbécillité, de démence ou de fureur, doit être interdit même lorsque cet état présente des intervalles lucides. »

« L'imbécillité, dit l'orateur du tribunat, est une faiblesse d'esprit causée par l'absence ou l'oblitération des idées ; la démence est une aliénation qui ôte à celui qui en est atteint l'usage de la raison ; quant à la fureur, c'est la démence exaltée qui se porte à des excès dangereux pour celui qu'elle travaille ou pour les autres. »

Cette nomenclature n'est ni complète ni exacte ; aujourd'hui la médecine mentale reconnaît en général quatre espèces de folie : 1° la manie ; 2° la mélancolie ; 3° la démence ; 4° l'idiotisme. Quant à la fureur, on la considère comme n'étant qu'un symptôme commun à toutes les maladies mentales, mais possédant ce caractère particulier de ne pouvoir devenir habituelle.

Ainsi, pour avoir voulu emprunter un langage à demi scientifique, les rédacteurs du code ont omis de signaler deux genres de folie très-importants, la manie et la mélancolie ; et ils ont signalé, comme pouvant présenter un caractère habituel, la fureur qui ne peut précisément revêtir ce caractère.

Ils auraient ainsi jeté du doute et de l'obscurité sur leur pensée et sur leurs intentions, si on ne trouvait dans les travaux préparatoires de nombreuses traces de ce fait qu'ils ne s'attachaient qu'à la perte du libre arbitre indépendamment de la forme de sa manifestation. C'est ainsi qu'on trouve dans ces travaux préparatoires au sujet des individus qu'il faut interdire des phrases comme celles-ci : « Privés de raison, ils ne peuvent connaître les rapports de justice, de convenance ou d'intérêt que présentent les divers objets » (Tarrible); « qu'ils sont replongés dans des ténèbres plus épaisses que celles de l'enfance (*id*)...»; « qu'ils ne sont susceptibles d'aucune réflexion (Bertrand de Greuille)...»; «qu'ils n'ont aucune volonté, aucune pensée.... qu'ils sont privés de la faculté de comparer et de juger, l'imbécile parce que son esprit, incapable de recevoir ou de retenir des impressions, n'a aucun objet de comparaison ; l'insensé et le furieux, parce que les objets ne se présentent à leur esprit que sous des formes fantastiques éloignées de la réalité.... » (Tarrible).

Il résulte évidemment de tout ceci que ce qui préoccupait le législateur, c'était la perte du libre arbitre, qu'il faisait de cette perte même la cause et la raison d'être de l'interdiction ; nous croyons donc que ce sera respecter l'esprit de la loi que d'appliquer l'interdiction à tous ceux, mais à ceux-là seulement, qui ont perdu leur libre arbitre ; de quelque nom d'ailleurs que la médecine mentale nomme la maladie à laquelle ils sont en proie.

Si ces caractères d'imbécillité, de démence ou de fureur dont parle l'article 489, n'ont, en réalité, aucune valeur, il n'en est pas de même du caractère habituel que doit présenter la folie pour donner lieu à l'interdiction.

Il résulte de notre article que, s'il n'est pas nécessaire pour que l'interdiction soit possible que la folie existe à l'état permanent, *sine intermissione*, — il faut au moins que la personne qu'il s'agit d'interdire éprouve des accès de folie assez fréquemment répétés pour constituer un état habituel (1).

C'est là un caractère capital, essentiel, de l'interdiction, de ne pouvoir s'appliquer en dehors d'un état habituel de folie; nous aurons l'occasion de revenir par la suite sur ce point et d'en tirer des conséquences.

II. Nous venons de voir qu'une personne qui n'est pas habituellement folle ne peut point être interdite. N'en est-il pas de même du mineur? L'article 486 ne l'exempte-t-il pas implicitement de l'interdiction en parlant expressément et seulement des majeurs? Le Code aurait-il voulu suivre l'exemple du droit romain et de notre ancien droit français qui, nous l'avons vu, ne permettaient point d'interdire le mineur? Nous ne le croyons

(1) « Lorsque la raison n'est plus qu'un accident dans la vie de l'homme, lorsqu'elle ne s'y laisse apercevoir que de loin en loin, tandis que les paroles et les actes de tous les jours sont les paroles et les actes d'un insensé, on peut dire qu'il existe un état habituel de démence : c'est alors le cas de l'interdiction. » M. Emmery, *Exposé des motifs.*

pas. Le projet du Code renfermait l'article suivant : « La provocation en interdiction n'est point
admise contre les mineurs non émancipés, elle l'est
contre les mineurs émancipés (art. 39, Fenet, t. II,
p. 96). »

Une observation fut présentée par le Tribunal de
cassation. Il fit remarquer qu'en interdisant un
mineur non émancipé, on lui ôtait la liberté de
ratifier aussitôt après sa majorité les engagements
qu'il aurait pu contracter pendant sa minorité. Le
Tribunat rédigea une proposition dans ce sens;
mais la section de législation du Conseil d'État
effaça du projet tout ce qui avait trait à l'interdiction du mineur. D'un autre côté, l'orateur du gouvernement, M. Emmery, dans l'exposé des motifs,
déclare qu'il peut arriver qu'une personne soit en
tutelle lors de son interdiction, et qu'alors la tutelle continue.

On voit la contradiction éclater dans ces travaux
préparatoires, nous ne croyons donc pas qu'ils
puissent mener à la solution de notre question ; il
faut y répondre en cherchant s'il existe ou non
des motifs d'utilité de nature à faire admettre l'interdiction du mineur. Ces motifs d'utilité existent
évidemment à l'égard du mineur émancipé; il faut
en conclure qu'il peut tomber sous l'application de
l'art. 489. Et, s'il en est ainsi, malgré le mot de « majeur », employé par cet article, il n'y a pas de raison pour ne pas admettre l'interdiction du mineur

même non émancipé, vis-à-vis duquel d'ailleurs cette mesure peut présenter, ainsi que le faisait remarquer le Tribunal de cassation, une certaine utilité. On dira dans ce cas que l'art. 489 en parlant des majeurs n'a prévu que le *plerumque fit*.

SECTION II.

Quelles personnes peuvent poursuivre l'interdiction ?

Le Code accorde ce droit : 1° aux parents ; 2° à l'époux ; 3° au ministère public.

1° *Des parents.* — Le droit des parents résulte de l'art. 490 qui est ainsi conçu : « Tout parent est recevable à provoquer l'interdiction de son parent. » Cet article ne fait, on le voit, aucune réserve ; concluons-en que la faculté de demander l'interdiction appartient à tous sans distinction de degré, et sans qu'on ait à rechercher si le demandeur en interdiction est où non héritier présomptif, ascendant ou descendant, de la personne dont il réclame l'interdiction ; et ce droit appartiendrait même au parent mineur ou même interdit. Dans ce cas, bien entendu, le soin d'exercer l'action incomberait au tuteur.

2° *Des époux.* — Après avoir dit que tout parent est recevable à provoquer l'interdiction de son parent, l'art. 490 ajoute : « Il en est de même de l'un des époux à l'égard de l'autre. » La séparation de corps n'enlèverait pas à l'époux le droit de provoquer l'interdiction de son conjoint ; le texte est trop formel pour permettre de faire cette distinction.

La femme ne pourra intenter l'action en interdiction qu'après avoir obtenu l'autorisation de justice ; elle ne pourra de même défendre à cette action, dirigée contre elle par un autre que par son mari , qu'avec l'autorisation de son mari ou de justice.

3° *Du ministère public*.—Le ministère public peut, dans certains cas , provoquer une demande en interdiction ; quelquefois même il le doit. Nous trouvons cette distinction écrite dans l'art. 491, ainsi conçu : « Dans le cas de fureur, si l'interdiction n'est provoquée ni par l'époux, ni par les parents , elle doit l'être par le procureur du roi qui, dans les cas d'imbécillité ou de démence, peut aussi la provoquer contre un individu qui n'a ni époux , ni épouse, ni parents connus. » Ainsi on distingue deux cas :

1° L'aliéné est-il atteint d'imbécillité ou de démence, le procureur impérial n'est jamais forcé d'agir ; si le fou est marié ou s'il a des parents, il est même défendu au ministère public de prendre l'initiative d'une poursuite en interdiction ; ce n'est qu'à défaut d'époux ou de parent que le procureur impérial peut prendre cette initiative, s'il le juge convenable.

2° Si au contraire le fou est atteint de fureur, — c'est-à-dire d'une maladie de nature à mettre en péril la sécurité des personnes,—l'intérêt public vient commander à la justice de s'émouvoir. Il faut que le furieux soit mis dans l'impossibilité de nuire, et nous verrons plus tard que sous l'empire du Code on ne pouvait enfermer une personne qu'autant qu'elle était interdite. C'est pourquoi dans ce cas la loi charge le ministère public de provoquer l'interdiction, sans se préoccuper des convenances de famille, si d'ailleurs celle-ci ne l'a précédé dans la demande en interdiction (1).

On peut trouver étrange que tous les parents et l'époux aient chacun, au point de vue de la demande en interdiction, un droit parallèle qu'ils peuvent exercer concurremment, et qu'ainsi un parent d'un degré éloigné soit fondé à intenter une action en interdiction contre une personne qui a

(1) Si ce qu'avance aujourd'hui la médecine mentale française, au sujet de la fureur, est exact, à savoir : que la fureur n'est qu'un symptôme commun à toutes les maladies mentales, et un symptôme qui ne peut jamais revêtir la forme habituelle, il serait rigoureusement vrai de dire que l'occasion d'appliquer la première partie de notre article n'a jamais dû se présenter, puisque le ministère public n'aurait jamais pu découvrir une fureur habituelle, et qu'il est nécessaire que la fureur soit habituelle pour pouvoir motiver l'interdiction.

Cette théorie de la médecine mentale française est, nous devons le dire, combattue par la science allemande, qui considère la fureur comme une forme spéciale et une espèce particulière de folie.

un conjoint ou des parents beaucoup plus proches. Mais cet étonnement disparaît si l'on songe que le législateur n'a voulu, en organisant l'interdiction, faire autre chose que constituer une série de mesures énergiquement protectrices du fou. Qu'il l'ait protégé jusqu'à lui faire en définitive une situation des plus pénibles, c'est ce que nous croyons; mais il ne faut pas perdre de vue que pour le législateur l'interdiction constitue une mesure de protection du fou, mesure qu'il est bon d'appeler sur lui en multipliant le nombre des personnes chargées de la réclamer; nous trouvons la trace de cette pensée dans un mot de l'art. 489 qui dit que l'aliéné *doit* être interdit; nous en trouverons plus tard une nouvelle preuve dans l'art. 504 qui organise une véritable pénalité contre les personnes qui devaient réclamer l'interdiction, et qui, en ne le faisant pas, ont manqué à leur devoir.

On peut objecter que, si telle avait été la pensée du législateur, il n'eût pas manqué d'imposer dans tous les cas au ministère public le devoir de poursuivre l'interdiction dans le cas d'abstention des familles. Nous répondrons que c'est, en effet, ce qui aurait dû arriver si, parallèlement à l'intérêt du fou, ne s'était pas présenté au législateur l'intérêt des familles, qui se seraient vues avec peine soumises à l'espèce d'inquisition que le ministère public eût été forcé d'exercer s'il eût voulu remplir son devoir. Le législateur n'a pas voulu confier au ministère public le soin d'aller rechercher au sein des familles si quelqu'un de leurs membres n'est point affligé de maladies mentales ; mais il a confié à tous les membres de la famille le devoir de réclamer l'interdiction pour le fou , et ce devoir trouve, nous le répétons, sa sanction dans l'article 504.

De ce fait que le droit de demander l'interdiction appartient simultanément à tous les parents, à l'époux, et même, dans le cas de fureur, au ministère public, peut s'élever une question. Si une demande en interdiction, formée par l'une des personnes qui y étaient recevables, a été repoussée, la chose jugée sera-t-elle opposable aux autres personnes capables de demander l'interdiction, qui renouvelleraient la même demande en la basant sur les mêmes faits? Pour nous, nous croyons sur ce point la négative bien fondée ; sans doute il pourra arriver que la personne qui aura déjà soutenu un procès en interdiction se voie de nouveau actionnée à plusieurs reprises ; sans doute aussi, ce sera là un résultat fâcheux ; mais, en présence des termes formels de l'art. 1351 qui ne permet d'invoquer l'autorité de la chose jugée qu'autant que les parties en cause sont les mêmes , nous croyons impossible que ce résultat, si fâcheux qu'il soit, puisse être évité. Il faut d'ailleurs remarquer que la personne qui se trouverait ainsi en butte à des poursuites vexatoires aurait toujours la res-

source de réclamer des dommages-intérêts, conformément à l'art. 1382.

Les parents, l'époux et le ministère public, telles
sont les trois classes de personnes auxquelles la loi
a expressément donné le droit de former une demande en interdiction : ce droit peut-il appartenir
à d'autres, ou leur est-il exclusivement réservé ?

En ce qui concerne les alliés, ce droit leur est
implicitement dénié par le texte même du Code qui
n'accorde la faculté de demander l'interdiction
qu'aux parents. Le législateur a pensé sans doute
que la faculté qu'il accordait à tous ces derniers
sans distinction était suffisante pour assurer l'interdiction du fou quand elle serait nécessaire ; il
n'a pas voulu l'étendre aux alliés, — chez lesquels
les sentiments d'affection sont moins développés
que chez les parents, et qui auraient pu de cette
faculté faire jusqu'à un certain point une arme et
un instrument de persécution.

La question est plus délicate s'il s'agit de la personne à interdire elle-même. — Une personne ne
peut-elle pas provoquer sa propre interdiction ?
Au premier abord rien ne paraît plus naturel
que de se prononcer pour l'affirmative ; on se demande en effet pourquoi une personne ne pourrait point, pendant un intervalle lucide, réclamer de
la justice la protection que la loi a organisée en faveur des aliénés. D'ailleurs l'ancien droit qui permettait au juge de nommer un conseil sur la pro-

pre réquisition de l'incapable vient à l'appui de cette opinion. Cette solution ne nous paraît cependant pas devoir être admise ; rien en effet dans la loi ne nous indique que le Code ait voulu déroger pour le cas qui nous occupe aux principes généraux qui interdisent aux citoyens de consentir directement ou indirectement à une modification de leur état personnel (art. 6); ces principes conservent donc dans l'espèce toute leur valeur. Et non-seulement le Code n'autorise pas la demande en interdiction qu'une personne voudrait former pour elle-même, mais encore il est à remarquer que ses auteurs ont supprimé un article du projet qui permettait de demander pour soi-même un conseil appelé conseil volontaire ; cette suppression indique nettement leur intention de ne pas suivre sur ce point la voie tracée par notre ancienne jurisprudence. — D'ailleurs quelle procédure mettrait-on en œuvre? Le système du Code civil et du Code de procédure suppose toujours deux adversaires en présence : — qui jouerait dans le cas dont il s'agit le rôle de défendeur ? Il serait impossible dans l'espèce de remplir les formalités voulues par la loi, qui, si elle eût admis qu'une semblable instance fût possible, eût pris soin d'en régler la procédure.

SECTION III.

De la procédure de l'interdiction.

L'interdiction est une mesure qui entraîne contre celui qui en est l'objet des conséquences extrêmement graves; la loi a donc dû veiller à ce qu'elle ne fût prononcée qu'en parfaite connaissance de cause, et seulement contre les personnes qu'elle devait atteindre; c'est pour arriver à ce résultat qu'elle a organisé une procédure spéciale que nous trouvons tant dans le Code civil que dans le Code de procédure.

« Toute demande en interdiction, dit l'art. 492 du code Napoléon, sera portée devant le tribunal de première instance. » Il s'agit évidemment ici du tribunal du domicile du défendeur (art. 59, C. Pr. C.). Cependant on pourrait soutenir que dans le cas où il s'agit d'une poursuite en interdiction provoquée par le ministère public pour cause de fureur, le tribunal du lieu où s'est manifestée la fureur est compétent; il s'agit alors en effet d'une mesure de police, et les mesures de police sont de la compétence des magistrats du lieu où elles sont nécessaires (1).

La demande en interdiction n'est point précédée du préliminaire de conciliation : « Il serait impos-

_____

(1) V. Cassation, 24 déc. 1838.

sible avec le véritable insensé, » disait M. Tarrible devant le Corps législatif, « il serait outrageant à l'égard de celui qui aurait conservé l'intégrité de sa raison. » D'ailleurs on ne pactise pas sur les questions d'état (art. 6. C. C. — art. 49. C. Pr. C.).

L'action est introduite par la présentation au président du tribunal d'une requête articulant les faits d'imbécillité, de démence ou de fureur. — Le demandeur en interdiction joint à sa requête les pièces justificatives. Il doit enfin indiquer les témoins (art. 493, C. N. et 890 C. Pr. C.).

Le président appose au bas de cette requête une ordonnance de communication au ministère public et commet un juge pour faire rapport à jour indiqué (art. 891, C. Pr.).

Ce rapport est fait dans la chambre du conseil en présence du procureur impérial qui donne ses conclusions. Elles peuvent tendre à faire déclarer l'action non recevable, soit parce que les faits ne paraissent point pertinents, soit parce que le demandeur n'a pas qualité, et le tribunal peut, — adoptant ces conclusions, — prononcer *de plano* le rejet de la demande.

Mais si concluants au contraire que paraissent les faits articulés, le tribunal ne pourrait point *de plano* prononcer l'interdiction ; il doit auparavant ordonner que le conseil de famille donnera son avis sur l'état de la personne dont l'interdiction est demandée (art. 892, C. Pr. et 494 C. N.). « Les relations habituelles des parents avec le prétendu insensé, » disait M. Tarrible, « les mettent à portée de juger son état, tandis que l'intérêt de la famille, balancée entre le devoir de ménager l'opinion publique et celui de veiller à la conservation des biens, leur fait un devoir de bien juger. »

Le conseil de famille doit, aux termes mêmes des articles 494 du code Napoléon et 892 du Code de procédure, être formé suivant les règles ordinaires établies par les articles 405 et suivants du C. N. Remarquons seulement que, dans le conseil de famille convoqué pour délibérer de l'interdiction, figurera au premier rang l'époux, dont il ne saurait être question en matière de tutelle.

En principe les demandeurs en interdiction ne peuvent faire partie du conseil de famille (art. 495. C. N.). « Ils se sont rendus parties, ils ne doivent pas rester parmi les juges (1). » On les remplace par les parents ou alliés qui sont les plus proches après eux.

Mais la seconde partie de l'article 495 introduit une exception au principe que nous venons de poser : « Cependant l'époux ou l'épouse, et les enfants de la personne dont l'interdiction sera provoquée, pourront être admis au conseil de famille sans y avoir voix délibérative. » Il résulte de cette

(1) Discours de M. Emmery au Corps législatif.

seconde partie de l'article 495 que le conjoint ou les enfants lors même qu'ils ont provoqué l'interdiction peuvent être admis au conseil de famille, sinon avec voix délibérative, au moins avec voix consultative.

Le sens que nous attribuons à la seconde partie de l'article 495 n'a pas été unanimement admis. Quelques auteurs en ont au contraire tiré cette conséquence que l'époux et les enfants qui peuvent faire partie du conseil lorsqu'ils ne sont pas les provocateurs de la poursuite en interdiction ne peuvent néanmoins y entrer dans ce cas qu'avec voix consultative seulement (1).

On voit la différence profonde qui sépare ces deux interprétations; tandis que la première constitue au profit de l'époux ou des enfants un privilége, la seconde établit contre eux une dérogation restrictive du droit commun.

Pour nous, nous considérons la première des deux opinions que nous avons exposées comme seule fondée. Le mot « cependant » qui commence la seconde partie de notre article suppose évidemment que cette seconde partie se lie à la première, et que l'article tout entier statue sur une question unique, à savoir : la personne qui aura provoqué l'interdiction pourra-t-elle faire partie du conseil de famille? Et l'article de répondre en

(1) Colmar, 4 juillet 1836 (D., 1836, II, 179).

principe négativement, et d'introduire ensuite une exception en faveur de l'époux ou des enfants.

L'opinion que nous combattons s'appuie de son côté sur les considérations suivantes :

1° L'article 8 du projet déclarait positivement que l'époux et les enfants peuvent être admis au conseil, *mais n'y ont pas voix délibérative encore qu'ils n'aient pas provoqué l'interdiction.* (Fenet., t. X, p. 698.)

2° D'autre part le tribun Bertrand de Greuille faisait observer « qu'il eût été inconvenant et peu moral de mettre l'époux et les enfants dans la cruelle obligation de prononcer contre un père ou un époux malheureux ou humilié, qu'ils doivent uniquement et constamment entourer de soins, de respect et de tendresse », et il déclarait en conséquence d'une façon absolue « que l'époux et les enfants ne pourraient prendre part à la délibération du conseil ».

A ces objections il convient de répondre : 1° Que l'article 8 du projet ne se retrouve pas dans le Code ; qu'il a été changé, et que ce changement prouve précisément que les rédacteurs du code n'ont point, en définitive, voulu adopter la disposition qu'il consacrait ;

2° Que les observations du tribun Bertrand de Greuille, quant à l'inconvenance qu'il y aurait à permettre à l'époux ou aux enfants de voter sur l'état du conjoint ou du père, manquent de portée.

Il est infiniment moins grave, en effet, d'émettre un pareil vote que de prendre la responsabilité d'une demande en interdiction, et cependant la loi non-seulement leur permet, mais leur fait même un devoir de former cette demande.

Le conseil de famille se réunit sous la présidence du juge de paix ; après avoir entendu les parties, s'il le juge convenable, il délibère en la forme ordinaire.

Sur l'avis du conseil de famille, le tribunal pourrait purement et simplement rejeter la demande ; cependant ce point est contesté. L'article 496 porte que, « après avoir reçu l'avis du conseil de famille, le tribunal interrogera le défendeur en la chambre du conseil ». On s'est appuyé sur cet article pour soutenir que dans tous les cas l'avis du conseil de famille devait être suivi de l'interrogatoire du défendeur. Nous ne pouvons admettre ce système. N'est-il pas évident, en effet, que l'article 496 s'applique au cas où les juges, après avoir pris connaissance de l'avis du conseil, croient devoir poursuivre l'instruction de la demande, et s'applique uniquement à ce cas ? Car, si, après avoir reçu l'avis du conseil, les juges sont d'ores et déjà convaincus qu'il n'y a pas lieu de donner suite à la demande, pourquoi cet interrogatoire et de quelle utilité serait-il ? Ce ne serait qu'une épreuve, aussi pénible et aussi humiliante que superflue, infligée sans motif à une personne saine d'esprit.

Lorsque le tribunal croit devoir poursuivre l'instruction de la demande en interdiction, son premier soin doit être de procéder à l'interrogatoire du défendeur ; il est donc temps de faire connaître à ce dernier la procédure qui a pu jusqu'à ce moment se passer en dehors de lui et à son insu (1). A cet effet, vingt-quatre heures au moins avant l'interrogatoire (arg. de l'art. 329 C. Pr.), le poursuivant fait signifier au défendeur copie, tant de l'ordonnance fixant le jour et l'heure de l'interrogatoire, que de la requête introductive, des pièces y annexées, et de l'avis du conseil de famille (art. 893 C. Pr.).

L'interrogatoire se fait par le tribunal entier dans la chambre du conseil. La loi a voulu que chacun des juges pût apprécier par lui-même l'état du défendeur ; elle a craint, d'un autre côté, que l'éclat et la publicité de l'audience n'intimidât et ne troublât le défendeur.

Si le défendeur ne pouvait se présenter dans la

(1) Ces dispositions de la loi, qui permettent de n'avertir le défendeur de la procédure qui s'instruit contre lui, qu'au moment où le tribunal est déjà fortement prévenu en faveur de la folie par la requête et par l'avis du conseil de famille, ont été très-vivement critiquées. (Voy. Hector Malot, *Un beau-frère*.) D'ailleurs, il faut ajouter que l'impression, que doit nécessairement produire sur la personne qu'il s'agit d'interdire, la brusque signification des pièces d'une procédure déjà très-avancée, est plutôt de nature à lui faire perdre qu'à lui donner le sang-froid nécessaire pour supporter un interrogatoire dont dépend sa capacité civile et le plus souvent aussi sa liberté.

chambre du conseil, il serait interrogé dans sa demeure par l'un des juges à ce commis. Le procureur impérial doit dans tous les cas assister à cet interrogatoire (496). Quant aux matières qui en devront faire l'objet, la loi s'en rapporte à la sagesse et à l'expérience des magistrats.

Il peut arriver que le défendeur soit dans un état de fureur tel que les magistrats ne puissent obtenir aucune réponse aux questions qu'ils posent. M. Demolombe pense qu'alors la mesure ordonnée par la loi n'en est pas moins accomplie, et que la preuve de la folie dans ce cas n'en est même que plus positive. La pensée de M. Demolombe serait juste s'il suffisait qu'un accès de folie ait été constaté pour qu'il fût permis aux juges de prononcer l'interdiction ; mais nous savons au contraire que la folie, pour donner lieu à l'interdiction, doit revêtir le caractère habituel ; et la fureur est précisément un état qui ne peut revêtir ce caractère ; nous ne pensons donc pas qu'une constatation isolée de la fureur puisse dispenser les magistrats de renouveler l'interrogatoire (1).

Dans tous les cas, d'ailleurs, nous croyons que l'interrogatoire doit être renouvelé à plusieurs reprises, et non pas seulement quand le défendeur a soutenu assez bien l'interrogatoire pour que le doute puisse s'élever dans l'esprit des magistrats sur l'exis-

(1) Voy. H. de Castelnau, *De l'interdiction.*

tence d'un état habituel de folie. C'est qu'en effet, nous le répétons, il ne suffit pas aux magistrats de s'assurer de l'existence de la folie à un moment donné, ils doivent s'assurer de l'existence d'un état habituel de folie, et c'est ce qu'ils ne sauraient évidemment faire par un seul interrogatoire (1).

Ce système trouve sa confirmation non-seulement dans l'esprit général de la loi, mais encore dans les premiers mots de l'art. 497 : « *Après le premier interrogatoire* »; il nous semble en effet résulter de ces mots, que, dans tous les cas, il y a un premier interrogatoire, c'est-à-dire un interrogatoire qui doit être suivi d'un ou de plusieurs autres.

Seulement, après le premier interrogatoire, le tribunal peut, si les circonstances semblent exiger qu'il soit dès ce moment pris des mesures conservatoires, commettre un administrateur provisoire, pour prendre soin de la personne et des biens du défendeur (art. 497); cette mesure peut d'ailleurs être ordonnée à quelque époque que ce soit de la procédure; elle pourrait même être or-

(1) Les magistrats ont à s'assurer : 1° de l'existence de la folie; 2° de l'existence d'un état habituel de folie; les pièces produites à l'appui de la requête et l'enquête qui peut, comme nous le verrons tout à l'heure, être ordonnée subsidiairement, pourraient établir ces deux points. Mais il n'y aurait là qu'une preuve insuffisante; la loi désire que les magistats eux-mêmes soient en quelque sorte témoins de l'existence de la folie et de son état habituel, et c'est pour cela qu'ils devront procéder à plusieurs interrogatoires.

donnée par la cour d'appel; le jugement ou l'arrêt nommant l'administrateur provisoire peut être rendu en chambre du conseil (arg. *a contrario* de l'art. 498).

Si les pièces fournies par le demandeur en interdiction à l'appui de sa requête, si le premier interrogatoire subi par le défendeur (1), n'ont pas suffi aux magistrats pour se faire une idée exacte de l'état mental de la personne dont l'interdiction est poursuivie; si des pièces et de plusieurs interrogatoires successifs ne résulte pas suffisamment la preuve de l'existence d'un état habituel de folie; si d'ailleurs les faits allégués comme preuve de la folie ou de l'état habituel peuvent être justifiés par témoins, le tribunal peut, s'il le juge convenable et après avoir entendu le ministère public, ordonner une enquête qui se fera en la forme ordinaire.

Il pourra ordonner, si les circonstances l'exigent, que l'enquête sera faite hors de la présence du défendeur, mais dans ce cas son conseil pourra le représenter (art. 893 C. Pr.).

(1) L'enquête peut avoir lieu après le premier interrogatoire, car avant de savoir s'il y a état habituel de folie, il faut s'assurer qu'il y a folie, et l'article 893 suppose que le tribunal n'a pas été suffisamment éclairé sur ce point par les pièces produites et le premier interrogatoire.—Si l'enquête avait pour but de suppléer à l'insuffisance des pièces produites et de l'interrogatoire au point de vue du caractère habituel de la folie, évidemment elle devrait être précédée de plusieurs interrogatoires, un seul interrogatoire ne pouvant fournir aucun renseignement sur l'état habituel.

Après les dernières formalités de l'instruction, signification des procès-verbaux des interrogatoires et de l'enquête est adressée au défendeur, avec sommation de comparaître devant le tribunal siégeant en audience publique, pour y plaider, entendre les réquisitions du procureur impérial et le prononcé du jugement (art. 498 et 515).

De deux choses l'une, ou bien les juges pensent que le défendeur jouit pleinement de son libre arbitre, et ils le renvoient purement et simplement des fins de la demande; ou bien au contraire ils estiment que la personne dont l'interdiction est poursuivie a perdu complétement ce libre arbitre qui fait le fond de la capacité civile, et ils prononcent son interdiction (1).

Le jugement quel qu'il soit est susceptible d'appel. S'il a renvoyé purement et simplement le défendeur des fins de la demande, l'appel pourra être interjeté non-seulement par le provoquant, mais encore par tout membre du conseil de famille; l'appel sera dirigé contre celui dont l'interdiction aura été provoquée (art. 894 C. Pr.). Si au contraire le jugement avait prononcé l'interdiction, le dé-

(1) Un troisième cas peut cependant se présenter : le tribunal peut considérer que, sans avoir perdu complétement son libre arbitre, le défendeur ne le possède pourtant pas dans toute son intégrité ; qu'il est atteint de demi-folie. Cette manière de voir a pour conséquence la prononciation contre le défendeur de la demi-interdiction, — mesure que nous étudierons dans notre titre second.

fendeur serait seul admis à interjeter appel , un membre du conseil de famille ne pourrait le faire à sa place (1). Dans ce dernier cas l'appel sera dirigé contre le provoquant. « La personne dont l'interdiction est provoquée plaide en cause d'appel sans être pourvue de tuteur, car, aux yeux de la loi, son état est encore entier, et il ne cesse de l'être que par la décision suprême ou par l'adhésion au nouveau jugement (2). »

« En cas d'appel du jugement rendu en première instance, » dit l'article 5oo ,« la Cour royale pourra, si elle le juge nécessaire, interroger de nouveau et faire interroger par un commissaire la personne dont l'interdiction est demandée. » Il résulte de cet article que l'interrogatoire est simplement facultatif pour la Cour ; elle pourrait d'ailleurs ordonner tout autre moyen d'instruction, par exemple, une nouvelle enquête.

L'arrêt doit être rendu en audience solennelle (3). L'interdiction produisant, comme nous le verrons dans une autre section, une incapacité personnelle qui date du jour du jugement (5o2), il importe que les tiers aient connaissance de ce jugement

(1) Caen, 23 janvier 185o.

(2) M. Berlier, *Exposé des motifs, C. de Pr.* Il a été jugé, contrairement aux derniers mots que nous venons de citer, qu'on ne pouvait acquiescer à un jugement rendu en matière d'interdiction. (Bordeaux, 3 juill. 1829.—Poitiers, 5 août 1831.)

(3) Décret du 3o mars 18o8, art. 22 ; — Cass., 14 mars 1836 et 29 août 1838.

dans le plus court délai possible ; c'est ce qu'a en vue l'art. 5o1 ainsi conçu : « Tout arrêt ou jugement portant interdiction... sera à la diligence des demandeurs, levé, signifié à partie et inscrit dans les dix jours, sur les tableaux qui doivent être affichés dans la salle de l'auditoire et dans les études des notaires de l'arrondissement. » Les notaires qui négligeraient d'exposer le tableau dont il s'agit seraient passibles de dommages-intérêts envers les intéressés (1).

L'affiche doit être apposée dans les dix jours qui suivent, non pas la signification du jugement, mais sa prononciation. Le défaut absolu d'affiches n'empêcherait pas d'ailleurs le jugement de produire ses effets ; car il résulte de l'article 5o2, d'après lequel le jugement d'interdiction produit ses effets pendant les dix jours qui peuvent s'écouler entre le prononcé du jugement et l'apposition des affiches, que les effets du jugement sont indépendants de cette mesure de publicité. Les tiers auraient, bien entendu, un droit de recours contre les officiers publics qui, en négligeant d'apposer les affiches dans le délai de la loi, leur auraient causé un préjudice (2).

(1) Loi du 25 ventôse an XI, art. 18. — Il n'est pas, d'ailleurs, nécessaire de notifier le jugement à tous les notaires ; on remet un extrait du jugement au secrétaire de leur chambre qui en donne récépissé et le communique à ses collègues. Décr. 16 fév. 1807, article 175.

(2) L'article 92 du tarif civil qui parle de l'insertion du ju-

Il y a lieu à l'affichage même dans le cas d'appel. L'arrêt confirmatif qui peut intervenir devant faire produire à la sentence des premiers juges son effet du jour de sa prononciation, il est juste que les tiers soient immédiatement avertis ; d'ailleurs l'affichage ne constitue pas une exécution du jugement.

Encore que le jugement d'interdiction ne doive être affiché que dans l'arrondissement du tribunal dont il émane, il frappe néanmoins tous les actes de l'interdit en quelques lieux qu'ils soient passés.

SECTION IV.

De la tutelle.

Nous avons vu que toujours, à Rome comme dans notre ancien droit, le législateur avait organisé auprès de l'aliéné un pouvoir tutélaire destiné à prendre soin de sa personne et de ses biens. Il en est encore de même dans notre droit moderne ; la reconnaissance juridique de la folie qui résulte du jugement d'interdiction donne ouverture à des mesures protectrices de l'aliéné.

§ Ier. — DE L'ORGANISATION DE LA TUTELLE.

« S'il n'y a pas d'appel du jugement d'interdiction, disent les articles 505 du C. N. et 895 du C.

gement dans un journal n'a pu créer par cette mention une obligation pour les demandeurs.

de Pr., — ou s'il est confirmé sur l'appel, il sera pourvu à la nomination d'un tuteur et d'un su- brogé tuteur à l'interdit..... » Tout d'abord se pose ici la question de savoir s'il faut, — au cas où il n'y aurait pas d'appel, — attendre pour or- ganiser la tutelle que l'appel soit devenu impossi- ble par l'expiration du délai. L'affirmative sur ce point a été soutenue; on a fait ressortir l'inutilité d'une mesure qui peut être d'un jour à l'autre rendue inutile par un appel ; d'ailleurs, a-t-on ajouté, rien ne presse; car, ou le tribunal a nommé un administrateur provisoire, et cet administrateur veille aux intérêts de l'interdit, ou il n'en a point nommé, et c'est la preuve qu'à ses yeux les inté- rêts de l'interdit ne courent aucun danger. Ce sys- tème ne nous paraît pas devoir être suivi. Pourvu que les trois conditions suivantes soient réalisées : 1° Que le jugement ait été signifié à l'interdit; 2° Que la huitaine à dater du jugement soit expirée (449-450, C. Pr.), et 3° qu'il n'y ait pas d'appel in- terjeté, il nous semble que rien n'empêche de pro- céder à la nomination du tuteur, bien que les délais d'appel ne soient pas encore expirés. Les ar- ticles 505 C. N. et 895 C. Pr. ne dérogent pas, en effet, à ce principe général que l'appel, — et non point le délai d'appel, — est seul suspensif (457 C. Pr.).

D'ailleurs, si postérieurement à l'organisation de la tutelle, il intervenait appel du jugement qui a prononcé l'interdiction, le tuteur devrait provi-

soirement au moins cesser ses fonctions, et céder
la place à l'administrateur provisoire, s'il en avait
été nommé un.

Passons à l'organisation de la tutelle des interdits. La nomination du tuteur et du subrogé tuteur à l'interdit doit être faite d'après l'article 5o5,
conformément aux règles prescrites au titre *de la
minorité, de la tutelle et de l'émancipation*. L'article
5o9 ajoute : « L'interdit est assimilé au mineur pour
sa personne et pour ses biens ; les lois sur la tutelle des mineurs s'appliqueront à la tutelle des
interdits. »

Si cette assimilation de la tutelle des mineurs et
de la tutelle des interdits est exacte en général, elle
n'est cependant point absolue ; sur quelques points
le Code a introduit des dispositions spéciales à
notre matière. — Ce sont uniquement ces dispositions spéciales que nous allons passer en revue, en
laissant de côté tout ce qui est commun à la tutelle
des mineurs et à celle des interdits.

Une première différence entre ces deux tutelles
consiste en ce que la tutelle du mineur ne s'ouvre
que par la mort du père ou de la mère ; tandis
que l'interdiction donne ouverture à la tutelle
même de leur vivant.

En second lieu, la tutelle des mineurs peut être
légitime testamentaire ou dative ; la tutelle des interdits au contraire est toujours dative. Cela résulte
des termes exprès de l'article 5o5, et des observa-

tions qui ont été présentées sur ce point au Tribunat (1).

Une exception a cependant été faite à ce principe qu'il n'y a pas lieu en matière d'interdiction à
la tutelle légitime. Aux termes de l'article 506, en
effet, « le mari est de droit le tuteur de sa femme
interdite. » La tutelle légitime du mari devient en
quelque sorte un mode d'exercice de sa puissance
maritale (M. Demolombe).

Sur le point de savoir qui peut être tuteur d'un
interdit, une autre dérogation a été introduite à la
règle générale qui exclut les femmes de la tutelle.
« La femme, dit l'article 507, pourra être nommée
tutrice de son mari. » C'est le conseil de famille
qui est chargé de la nomination ; la loi a voulu
lui laisser le soin d'apprécier et les aptitudes de la
femme, et la convenance de cette nomination, eu
égard aux circonstances. C'est là, du reste,
la seule exception qui a été faite aux principes généraux sur l'incapacité en matière de tutelle ; aucune incapacité particulière n'existe ni
contre le provoquant, ni contre les descendants de
l'interdit (508).

Il faut encore appliquer les règles générales en

(1) Cependant il pourra se présenter un cas où l'interdit se
trouvera soumis soit à la tutelle légitime, soit à la tutelle testamentaire ; nous voulons parler du cas où un mineur serait
déjà en tutelle lors de son interdiction. Une fois parvenu à sa
majorité, l'interdit devrait d'ailleurs recevoir un nouveau tuteur.

ce qui concerne la composition du conseil de famille, son mode de convocation, de délibération, etc. (5o9), en ce qui concerne le subrogé tuteur et aussi en ce qui touche les causes d'excuse, d'exclusion et de destitution.

§ II. — DE L'ADMINISTRATION DU TUTEUR.

De ce principe de l'article 5o9, que les lois sur la tutelle des mineurs s'appliquent à la tutelle des interdits, nous pouvons conclure en thèse générale que les pouvoirs du tuteur de l'interdit sont identiques à ceux du tuteur du mineur.

Ici encore nous ne nous occuperons que des dispositions spéciales à l'administration de la tutelle de l'interdit ; — nous parlerons d'abord de celles de ces dispositions qui sont relatives à la personne; en second lieu, de celles qui sont relatives aux biens ; nous étudierons enfin l'influence du mariage de l'interdit sur l'administration de la tutelle.

I. — DES DISPOSITIONS SPÉCIALES A LA PERSONNE DE L'INTERDIT.

En principe, la garde et le soin de la personne de l'interdit sont confiés au tuteur ; mais, en vertu de l'article 5io, il appartient au conseil de famille de décider, — selon les caractères de la maladie et l'état de la fortune de l'aliéné, — s'il sera traité dans son domicile, placé dans une maison de santé, ou soigné dans un hospice.

Ce même article 510 porte que « les revenus d'un interdit doivent être essentiellement employés à adoucir son sort et à accélérer sa guérison. » — Cette disposition indique au conseil de famille qu'il devra régler la dépense annuelle de l'interdit dans un tout autre esprit que celle du mineur. Pour celui-ci, il importe de chercher à réaliser des économies ; pour celui-là, au contraire, la première des préoccupations du conseil de famille doit être de le ramener, s'il se peut, à la santé, ou de lui procurer tout au moins le bien-être et les distractions que son état comporte. Le conseil devra donc se montrer très-large et très-libéral dans la fixation de la somme allouée chaque année au tuteur pour les besoins de l'interdit ; nous serions même tenté de croire que l'article 510, en parlant seulement du revenu, a eu simplement en vue le *plerumque fit*, et n'a pas entendu refuser au conseil la faculté de sacrifier, en cas de nécessité, une portion du capital.

II. — DES DISPOSITIONS SPÉCIALES AUX BIENS
DE L'INTERDIT.

Dès que le tuteur sera nommé, l'administrateur provisoire devra, aux termes des articles 505 C. N. et 895 C. Pr., cesser ses fonctions et rendre compte au tuteur, s'il ne l'est pas lui-même.

A l'égard des biens, le tuteur représente l'interdit, soit d'ailleurs qu'il puisse agir seul, soit qu'il lui faille l'autorisation du conseil de famille et l'homologation du tribunal. Il est néanmoins toute une série d'actes interdits au tuteur, ce sont les actes de disposition à titre gratuit ; un tuteur ne peut disposer à titre de donation des biens du mineur ou de l'interdit. Il peut arriver cependant qu'une telle disposition des biens de l'interdit présente une grande utilité ; ce cas a été prévu par l'article 511, ainsi conçu :

« Lorsqu'il sera question du mariage de l'enfant d'un interdit, la dot ou l'avancement d'hoirie et les autres conventions matrimoniales (1) seront réglés par un avis du conseil de famille, homologué par le tribunal, sur les conclusions du procureur du roi. »

La loi n'a pas voulu que, par suite de l'interdiction du père de famille, les enfants se trouvassent dans l'impossibilité de se créer un établissement ; et par là nous entendons un établissement quelconque, car nous ne croyons pas que l'article 511 ait été fait uniquement à l'occasion du mariage ; de même aussi, nous ne pensons pas que cet article doive être restreint aux fils ou aux filles : il pourrait aussi bien s'appliquer, suivant nous, aux petits-

(1) Quant au règlement des conventions matrimoniales, le conseil de famille n'a pas qualité pour agir directement, mais il aura sur ce règlement une action indirecte en faisant de l'adoption de telle ou telle clause la condition de la donation.

fils ou aux petites-filles implicitement compris dans le mot d' « enfants ».

Remarquons que le conseil de famille ne pourrait faire une donation par préciput et hors part; l'article 511 exige formellement que la donation garde le caractère d'avancement d'hoirie.

III. — INFLUENCE DU MARIAGE DE L'INTERDIT SUR L'ADMINISTRATION DE LA TUTELLE.

Nous supposerons successivement : 1° que le mari est tuteur de sa femme interdite; 2° que la femme est tutrice de son mari; 3° qu'un tiers est tuteur de l'un des époux.

I. Le mari tuteur de sa femme exerce à la fois la puissance maritale et la puissance tutélaire. A titre de mari, il devra conserver le droit de fixer la résidence de sa femme sans l'intervention du conseil de famille; mais bien entendu le conseil ne serait point empêché d'agir par ce titre de mari, si la femme ne recevait pas les soins et les égards qui lui sont dus. — Les droits du mari sur les biens restent tels qu'ils ont été fixés par le contrat de mariage; chef de la communauté, il dispose sans contrôle des biens qui la composent. En qualité de tuteur, il prend la gestion des biens dont la femme s'était réservé l'administration. Il est soumis, quant à cette gestion, à toutes les obligations ordinaires des tuteurs.

II. La femme tutrice de son mari ajoute à l'administration qu'elle avait pu se réserver de ses biens propres l'administration des biens du mari et de ceux de la communauté. Ses pouvoirs et la forme de la gestion seront déterminés conformément à l'article 5o7 par le conseil de famille. Il y a d'ailleurs lieu de croire que la loi, en armant ainsi le conseil de famille de la faculté de régler le mode d'administration de la femme tutrice, n'a pas entendu lui permettre d'étendre ses pouvoirs au-delà des termes ordinaires de la tutelle. Elle a bien plutôt voulu autoriser le conseil à restreindre vis-à-vis de la femme les pouvoirs dont elle a investi les tuteurs ; cette intention de la loi nous paraît, en effet, clairement manifestée par la dernière partie de l'article 5o7, qui permet à la femme de se pourvoir devant les tribunaux, lorsqu'elle a été lésée par l'arrêté de la famille.

III. Arrivons au cas où un tiers est tuteur de l'un des époux interdits.

1° Si c'est le mari qui est interdit, le tuteur prend l'administration des biens du mari, de la communauté, et de ceux propres à la femme dont celle-ci ne s'était pas réservé la gestion ; il a en outre l'administration des biens des enfants, si on admet que le père interdit conserve l'usufruit légal. Nous verrons que c'est là une question controversée.

2° Si c'est la femme qui est interdite, le mari

excusé, exclu ou destitué de la tutelle, conserve, avec la puissance maritale, tous les droits qu'il avait auparavant tant sur la communauté que sur les biens propres de la femme. Le tuteur prend simplement l'administration des biens dont la femme s'était réservé la gestion par ses conventions matrimoniales.

§ III. — DE LA FIN DE LA TUTELLE DES INTERDITS.

La tutelle des interdits cesse d'une façon analogue à celle des mineurs, par la disparition de la cause qui lui a donné naissance, par la main-levée de l'interdiction. Pourtant, ici, nous trouvons une règle spéciale à la tutelle des interdits : « Nul, dit l'article 5o8, à l'exception des époux, des ascendants et descendants, ne sera tenu de conserver la tutelle d'un interdit au-delà de dix ans. A l'expiration de ce délai, le tuteur pourra demander et devra obtenir son remplacement.» La reddition de comptes du tuteur est régie par les règles ordinaires.

SECTION V.

De l'incapacité de l'interdit, et des présomptions légales organisées accessoirement à l'interdiction.

I. — DE L'INCAPACITÉ DE L'INTERDIT.

Nous avons vu comment l'incapacité qui résulte de l'interdiction, après s'être confondue longtemps avec l'incapacité naturelle, finit, — par suite de considérations pratiques, — par s'en séparer complétement, et par former une incapacité civile absolument distincte de l'incapacité naturelle ; nous avons dit, enfin, dans notre second chapitre, que ce système avait été reproduit par le Code.

« Tous actes, dit l'article 502, passés postérieurement (au jugement d'interdiction) par l'interdit seront nuls de droit. »

Cet article s'explique lui-même par les articles 1124, 1125 et 1304.

Art. 1124 : « Les incapables de contracter sont les interdits... »

Art. 1125 : «...L'interdit... ne peuvent attaquer, pour cause d'incapacité, leurs engagements que dans les cas prévus par la loi. Les personnes capables de s'engager ne peuvent opposer l'incapacité... de l'interdit... avec qui elles ont contracté. »

Art. 1304 : « Dans tous les cas où l'action en nullité ou en rescision d'une convention n'est pas limitée à un moindre temps par une loi particulière, cette action dure dix ans..... Le temps ne court, à l'égard des actes faits par les interdits, que du jour où l'interdiction est levée..... »

De la combinaison de ces différents articles, il résulte que l'interdiction est une cause d'incapacité, et que, comme toutes les autres incapacités, minorité ou condition de femme mariée, elle entraîne, par elle seule, l'annulabilité des actes de la personne qui en est frappée.

Ainsi, du moment que le jugement d'interdiction est venu défendre à une personne d'agir désormais et de faire aucun acte civil; dès ce moment, les
actes que cette personne pourrait faire, contrairement à cette défense, sont, par le seul fait de la
violation de cette défense, et sans qu'on ait à s'occuper de l'état mental de l'interdit, entachés d'annulabilité.

Assurément l'interdiction, la défense d'agir, repose elle-même sur une présomption de persistance
de la folie, qui a été, à un jour donné, officiellement constatée; mais la nullité organisée par l'article 502 ne repose point directement sur cette
présomption; elle ne s'y appuie pas immédiatement. La présomption légale, *juris et de jure*,
d'existence de la folie au moment de l'acte devrait,
en effet, nécessairement entraîner, non une nullité
relative et temporaire, mais une nullité absolue et
perpétuelle de l'acte fait pendant l'interdiction. Et,
d'un autre côté, il ne s'agit pas là d'une action en
nullité fondée sur une présomption *juris tantum*,
analogue à celle qui est organisée par l'article 503
pour faciliter à l'ex-interdit la preuve de la folie,
puisque la loi déclare l'acte nul, sans réserver aux
tiers le bénéfice de la preuve contraire (art. 1352).

L'article 502 organise une nullité relative et temporaire non susceptible de preuve contraire; cette
nullité repose donc immédiatement sur l'incapacité
civile qui naît du jugement d'interdiction.

Il résulte de notre article les conséquences suivantes :

1° Tous actes (1) faits par l'interdit pendant le temps de l'interdiction pourront être attaqués dans les dix ans qui suivront la main-levée, par lui-même ou par ses ayant cause ; la nullité devra en être prononcée sans qu'il y ait à établir autre chose que l'incapacité, laquelle se prouvera par la comparaison des dates de l'acte et du jugement d'interdiction.

2° Cette incapacité ayant été organisée en faveur de l'interdit, les tiers ne pourront point l'invoquer.

Mais l'interdit ou ses ayant cause, après les dix ans qui suivront la main-levée, les tiers eux-mêmes ne pourront-ils plus attaquer l'acte passé par l'interdit ?

Suivant nous, ils le pourront, sans aucun doute, à la charge d'établir l'existence de la folie au moment même de l'acte attaqué, en tant, bien entendu,

______

(1) Ces mots « tous actes » de l'article 502 ont donné lieu à une foule de commentaires qui nous semblent, pour nous, complétement superflus. On a vu avec peine la situation faite à l'interdit par une loi dont la protection tourne quelque peu à la tyrannie, et on a voulu restreindre l'application de ces mots à un certain nombre d'actes particuliers. Malheureusement, autant d'auteurs, autant d'interprétations de l'art. 502. Pour nous, nous ne croyons pas qu'il soit possible, en présence des termes de l'article 502, de ne pas appliquer cet article à tous les actes de l'interdit, sans aucune espèce de distinction, au mariage comme à la reconnaissance d'enfant naturel, à la donation comme au testament.

que leur action ne sera point paralysée par la présomption légale de l'article 5o4.

Et, en effet, prouver qu'un acte n'existe pas, ce n'est pas la même chose que l'attaquer pour cause d'incapacité. L'incapacité, c'est un vice relatif de l'acte, un vice qui ne peut être mis en avant que par l'interdit, que son silence prolongé pendant dix ans fait disparaître par suite d'une ratification tacite ; mais l'inexistence de l'acte, la nullité absolue peut être invoquée par tout le monde et à toute époque, car on ne ratifie ni expressément ni tacitement un acte qui n'a jamais commencé d'exister.

Ainsi, il y a chez l'interdit deux incapacités qu'il faut bien distinguer : l'incapacité civile résultant de l'interdiction, et donnant naissance, dans tous les cas, à un vice de l'acte, — vice qui produit une nullité relative et temporaire ; — d'un autre côté, l'incapacité naturelle résultant de l'existence de la folie qui empêche l'acte de naître, et donne ouverture à une action en nullité absolue et perpétuelle.

Si l'interdit et les tiers peuvent ainsi arguer de l'existence de la folie pour faire tomber un de ses actes, ceux-ci ne peuvent point, en revanche, en établissant que l'interdit jouissait complétement de ses facultés mentales, empêcher l'annulation d'un acte fait pendant l'interdiction, parce que, dans ce cas, la nullité ne repose pas sur la folie, nous ne saurions trop le répéter.

II. — PRÉSOMPTIONS ORGANISÉES PAR LE CODE ACCESSOIREMENT A L'INTERDICTION.

§ Ier. — DE L'ACTE DE L'INDIVIDU QUI, N'ÉTANT PAS INTERDIT AU MOMENT DE L'ACTE, L'A ÉTÉ PAR LA SUITE.

« Les actes antérieurs à l'interdiction, dit l'article 5o3, pourront être annulés si la cause de l'interdiction existait notoirement à l'époque où ces actes ont été faits. » De cet article il résulte que les magistrats ont le droit d'annuler l'acte antérieur à l'interdiction sans que le demandeur en nullité soit tenu d'établir qu'au moment même de l'acte, l'individu qui a été depuis interdit était hors d'état de consentir; il lui suffira de prouver qu'à ce moment cet individu était déjà dans un état notoire d'imbécillité, de démence ou de fureur. Les magistrats pourront ainsi, contrairement au droit commun et en vertu d'une présomption légale, annuler un acte sans avoir la preuve directe et immédiate de l'existence de la folie au moment même de la confection de l'acte. Deux conditions sont nécessaires pour donner naissance à notre présomption; il faut : 1° que la personne ait été interdite postérieurement à l'acte; 2° que son état de folie ait été notoire au moment de la confection de l'acte. Si la loi a exigé que la personne ait été interdite postérieurement à la confection de l'acte attaqué, c'est qu'elle établissait une règle dérogatoire au droit commun; elle enlevait au demandeur en nullité le

fardeau d'une preuve souvent fort difficile à faire;
il fallait que sa présomption fût fortement motivée;
or, rien n'était plus de nature à faire présumer
l'existence de la folie au moment même de l'acte,
que l'interdiction de son auteur prononcée postérieurement à l'acte; en effet, la folie précède toujours, en réalité, pendant un temps plus ou moins
long l'instant où la famille se décide à provoquer
l'interdiction. Pourquoi la loi a-t-elle exigé, en
outre, la notoriété de la folie? Pour deux motifs :
1° la notoriété de l'existence de la folie au moment
de l'acte donne une force considérable à la présomption de la loi ; le bruit public accusant l'existence de la folie qui a, depuis, été officiellement
constatée, il y a à supposer que la folie existait réellement. 2° En second lieu, la loi, dans l'article 5o3,
a pour but, comme dans l'article 5o2, de venir au
secours de l'aliéné ; elle suppose que c'est l'ex-interdit lui-même ou ses ayant cause qui réclament la
nullité d'un acte ; et elle n'a pas voulu que cet acte
fût annulé sur une simple présomption, à l'encontre d'un tiers que le bruit public n'aurait pas averti
du danger qu'il y avait à contracter avec cette personne. Du moment, au contraire, où la folie est
devenue notoire, ou le tiers a traité de mauvaise
foi, ou du moins, s'il a contracté de bonne foi,
a-t-il à se reprocher son imprudence. En résumé,
l'article, en lui-même, contient une disposition
favorable à l'aliéné ; l'exigence de la notoriété a
pour objet de protéger les tiers.   14

Dès que les deux conditions d'interdiction et de notoriété de la folie sont réunies, la loi, sûre de ne pas léser injustement les intérêts des tiers, pose cette présomption que les actes ont été probablement faits pendant la folie, et c'est en vertu de cette présomption qu'elle permet au juge d'annuler les actes faits pendant la période qui a précédé l'interdiction.

Elle lui permet de les annuler, mais ne le lui ordonne pas ; c'est assez dire que le juge a, dans ce cas, un pouvoir d'appréciation ; il y a seulement une présomption *juris tantum*, qui peut être écartée, soit par la preuve directe de l'existence d'un moment lucide, soit par d'autres présomptions tirées des circonstances de la cause. Le caractère de la maladie, la nature et particulièrement la date de l'acte, la lésion, etc., seront autant de circonstances qui pourront influencer le juge dans un sens ou dans l'autre.

Il nous reste à examiner quelles sont les personnes qui auront qualité pour invoquer l'article 503. Toute personne intéressée a, en principe, qualité pour établir l'inexistence d'un acte, et, par conséquent, pour prouver la folie, cause de nullité absolue et perpétuelle des actes qui sont faits sous son empire ; il semblerait donc au premier abord que, la loi établissant dans l'article 503 un mode particulier de preuve de la folie, cet article dût pouvoir être invoqué par tout le monde et à quelque époque que ce fût. Assurément ce système n'aurait rien de déraisonnable ; cependant nous ne le croyons pas exact. La loi nous paraît avoir voulu, dans l'article 503, établir en faveur de l'aliéné un mode de preuve de la folie particulièrement favorable, au lieu d'exiger, pour que la nullité de l'acte fût prononcée, qu'il fasse la preuve directe de l'existence de la folie, elle permet au juge de prononcer la nullité sur la simple présomption qui résulte de la réunion de deux circonstances déterminées. Il y a là une dérogation au droit commun, une disposition qui nous semble avoir été faite spécialement pour l'aliéné et ses ayant cause (1).

Et il nous semble d'autant plus difficile que les tiers puissent demander la nullité des actes d'un aliéné sur la simple présomption qui résulte de l'article 503, qu'ils ne pourraient pas la demander en se fondant seulement sur la présomption, beaucoup plus forte cependant, qui résulterait de l'existence de l'interdiction au moment de l'acte.

(1) Ainsi la folie est une cause de nullité absolue et perpétuelle, et tout le monde a, en tout temps, le droit de l'invoquer à la charge de la prouver. Mais il y a preuve et preuve. Il y a 1° le mode de preuve du droit commun, accessible à tout le monde et perpétuel comme la nullité qu'il a pour but d'établir; il y a 2° ce qu'on peut appeler le mode de preuve privilégié qui n'est donné qu'à certaines personnes et pendant un certain temps; ce mode, c'est l'usage de la présomption légale; c'est ce qui fait que la présomption légale, tout en établissant une cause de nullité absolue et perpétuelle, ne donne lieu qu'à une action relative et temporaire.

Ainsi, suivant nous, l'action en nullité fondée sur l'article 5o3 est une action en nullité relative et temporaire. Mais, après l'expiration des dix ans qui suivront la main-levée de l'interdiction, l'ex-interdit ou ses ayant cause pourraient toujours attaquer l'acte, en vertu de l'article 1108, comme pourraient toujours le faire les tiers eux-mêmes ; après avoir perdu l'action privilégiée, il leur resterait la ressource d'invoquer le droit commun.

La décision contraire serait d'autant plus inadmissible que le tiers peut évidemment attaquer, après les dix ans, les actes passés avec l'ex-interdit antérieurement à l'interdiction, conformément au droit commun, et que l'aliéné ne saurait être dans une position inférieure à celle des tiers.

Ajoutons en terminant que le mot *actes* dans l'article 5o3 nous paraît avoir le même sens universel qu'il possède dans l'article 5o2. La proximité des deux articles ne permet point de penser que le législateur aurait pu vouloir donner en si peu d'espace deux sens différents au même mot.

§ II. — DE L'ACTE DU FOU QUI N'A PAS ÉTÉ INTERDIT OU DONT L'INTERDICTION N'A PAS ÉTÉ PROVOQUÉE AVANT SA MORT.

Art. 5o4 : « Après la mort d'un individu, les actes par lui faits ne pourront être attaqués pour cause de démence, qu'autant que son interdiction aurait été prononcée ou provoquée avant son décès ; à moins que la preuve de la démence ne résulte de l'acte même qui est attaqué. »

Cet article a donné lieu à de nombreuses explications et à des divergences très-profondes dans la jurisprudence et dans la doctrine ; nous nous efforcerons de bien préciser les motifs qui l'ont fait introduire dans la loi, et de ces motifs nous déduirons les conséquences qu'il doit entraîner. Cet article constitue une dérogation au droit commun. Pourquoi cette dérogation ? Dans la réponse à cette question réside le secret qu'on a tant cherché. Pour nous, cette dérogation repose seulement et uniquement sur ce fait, que la famille de l'individu, qui s'est trouvé dans un état habituel de folie, a commis une faute, en ne faisant point prononcer ou du moins en ne provoquant pas son interdiction. Elle a commis une faute envers le fou qu'elle a soustrait aux mesures protectrices organisées par la loi en sa faveur, et la loi l'en punit en lui refusant le droit de faire entendre de tardives allégations et en la repoussant par une fin de non-recevoir.

Il résulte de cette explication : 1° que l'article ne s'appliquera qu'autant que la personne dont l'acte sera attaqué se sera trouvée dans un état habituel de folie ; 2° que les parties qui voudront se prévaloir de l'acte devront établir l'existence de cet état habituel ; 3° que, cette preuve faite, l'acte deviendra inattaquable, excepté dans le seul cas prévu par l'article 504. La loi enlève ici par une sorte de mesure pénale, à ceux qui voudraient attaquer les actes d'un fou, le bénéfice du droit commun, la faculté d'invoquer une nullité absolue et perpétuelle.

On fait à cette explication deux objections :

Si la disposition de l'article 504 a, dit-on, un caractère pénal, elle devrait frapper exclusivement les personnes en faute de n'avoir pas demandé l'interdiction, la faculté d'attaquer les actes du fou décédé devrait être réservée à toute autre personne. A cela nous répondrons, avec M. Ducaurroy, qu'en effet il pourra bien arriver, rarement cependant, que des innocents se trouvent frappés par cette disposition; mais que la loi pose des règles générales pour les cas les plus ordinaires, sans tenir compte des cas exceptionnels.

On ajoute que la loi a voulu tarir une source de procès; qu'elle a voulu, d'un autre côté, empêcher qu'on pût accuser de folie une personne qui n'était plus là pour se défendre. Ces deux objections disparaissent devant cette observation, que si telle avait été la pensée de la loi, une simple provocation de l'interdiction intervenue du vivant du fou n'eût pas suffi pour rouvrir la porte aux procès et pour permettre d'accuser un mort de folie.

En résumé, toutes les fois qu'un individu s'est trouvé dans le cas d'être interdit et que son interdiction n'a même pas été provoquée, la loi venge le mépris que la famille a fait des prescriptions de l'article 489, en lui opposant, par une sorte de déni de justice, une présomption légale absolue de validité des actes faits par le fou. Une seule exception a été faite, nous l'examinerons tout à l'heure. Occupons-nous dès maintenant de savoir à quelles conditions la présomption légale de l'article 504 ne sera point opposable à ceux qui attaqueront, après décès, l'acte d'un homme qui était, au moment de cet acte, dans un état habituel de folie. Il résulte de l'article 504 que cet article n'est applicable qu'autant que l'interdiction n'a été ni prononcée, ni provoquée.

A quel moment cette interdiction a-t-elle dû être prononcée ou provoquée ? — Et d'abord, prononcée ? — L'article 504, en parlant d'une interdiction prononcée, veut-il dire qu'il soit nécessaire que la personne dont on attaque aujourd'hui un acte soit morte en état d'interdiction ; en d'autres termes, parle-t-il d'une interdiction actuelle et contemporaine de la mort ? Ce système est généralement suivi : nous ne croyons pas qu'il donne la pensée de la loi. Cette pensée a été, sans aucun doute, d'enlever aux intéressés la faculté d'invoquer, après la mort du fou, la nullité de droit commun résultant d'une preuve directe de la folie ; l'article suppose donc une situation telle que les intéressés pourraient,—s'il n'existait pas,—et devraient faire la preuve directe de la folie. Or, s'il s'agissait ici d'une interdiction actuelle et contemporaine de

la mort, les intéressés n'auraient point à se préoccupe de faire cette preuve de droit commun : il leur
suffirait d'invoquer, suivant les cas, ou l'article 502
ou l'article 503, qui leur offrent, l'un une preuve
toute faite, le second une preuve d'une facilité relativement très-grande. Donc la loi ne prévoit pas
une interdiction contemporaine ou postérieure aux
actes attaqués, mais une interdiction suivie d'une
main-levée antérieure à ces mêmes actes. Lorsque
l'interdiction et la main-levée sont ainsi antérieures
aux actes, ces actes ne peuvent être attaqués que
suivant les règles ordinaires ; la loi, dans ce cas, ne
prive pas les intéressés du bénéfice du droit commun, parce qu'ils ont une première fois appelé sur le
fou sa protection ; que, s'il y a échappé, ils ne sont
point en faute ; et que, d'un autre côté, l'existence
juridiquement constatée de la folie, à un certain
moment, chez la personne aujourd'hui décédée,
donne à leurs assertions une très-grande vraisem-
blance.

Il suffirait, aux termes de l'article 504, pour que
l'exception au droit commun, contenue dans cet
article, devînt inapplicable, que la personne ait été
interdite à un moment quelconque de son existence;
il suffirait même que cette interdiction eût été simplement provoquée. Mais à quelle époque la provocation doit-elle avoir eu lieu ?

La loi exige-t-elle que la demande soit encore
pendante au moment du décès ? Rien dans la loi ne

suppose cette circonstance qui aurait pour effet de rendre bien rare l'application de l'article 504. Qu'a voulu la loi dans l'article 504 ? Punir les héritiers de n'avoir pas appelé sur leur parent l'attention de la justice. Du moment que les héritiers ont rempli leur devoir en formant la demande, peu importe le succès qu'a eu cette demande. Ils ont rempli leur devoir ; l'article 504 ne doit plus leur être opposable. Mais si l'instance est encore pendante lors du décès, on peut se demander quand est-ce que la procédure en interdiction en sera à ce point qu'on pourra regarder l'interdiction comme provoquée. Suffira-t-il que la requête à fin d'interdiction ait été présentée au président du tribunal ? Faudra-t-il, au contraire, que la procédure soit devenue contradictoire ? Si nous nous reportons à l'article 495, nous y voyons que le code considère l'interdiction comme provoquée dès avant que le conseil de famille ait délibéré sur la demande en interdiction ; c'est-à-dire avant que l'individu dont l'interdiction est demandée en ait été instruit. Nous croyons dès lors que l'interdiction doit être considérée comme provoquée par le seul fait de la présentation de la requête. Sans doute cette décision peut offrir quelques dangers, par exemple si la requête est présentée *in extremis*. Mais les inconvénients pourront disparaître dans la pratique ; car la loi, quand elle parle de la provocation de l'interdiction, entend sans doute parler d'une provocation sérieuse, et les

juges seront toujours maîtres de se prononcer en fait
sur le caractère de la provocation en interdiction.

Il nous reste à parler de l'exception faite par
l'article 504 lui-même à la présomption légale qu'il
établit. L'article 504 pose en principe la validité de
l'acte fait par une personne habituellement folle
qui n'a pas été interdite ; cependant la loi n'a pas
voulu étendre cette dérogation au droit commun
jusqu'à la rendre odieuse par suite d'un contraste
éclatant entre le fait et la présomption légale.
Quand la folie éclate aux yeux dans l'acte même
qui est attaqué, quand elle se montre et se dévoile
elle-même, la loi laisse le droit commun reprendre son empire. Ce sera d'ailleurs toujours une
question de fait de décider si la démence résulte
ou non de l'acte attaqué.

Nous n'avons point à expliquer le mot *actes*
qu'emploie l'article 504 ; pour nous, dans l'article
504, comme dans l'article 503, comme dans l'article 502, le mot *actes* est universel et embrasse
tous les actes qu'il peut arriver au fou d'accomplir,
aussi bien les actes à titre gratuit que les actes à titre
onéreux. Sur ce point nous n'hésitons pas à nous
séparer de la doctrine commune et de la jurisprudence : notre système s'appuie en effet sur trois
considérations : 1° l'article 504 emploie, comme
les articles 502 et 503, le mot générique d'actes
sans en distinguer aucun ; — 2° les actes à titre
gratuit que l'on veut excepter sont précisément

ceux qui seront le plus en butte aux attaques posthumes ; la validité organisée par la loi en faveur de ces actes à titre gratuit sera infiniment plus susceptible que celle des actes à titre onéreux d'éveiller l'attention de la famille sur l'état habituel d'imbécillité, de démence ou de fureur ; elle est plus que toute autre mesure susceptible de punir d'une façon sensible la négligence de la famille et de remplir ainsi le but de la loi ; — 3° il ne faut point voir, dans l'article 901, une exception au principe de l'article 504. L'article 901, c'est l'application aux actes à titre gratuit de ce principe de droit commun que tous les actes civils exigent de la part de l'agent la sanité d'esprit. L'article 504 contient, — à tort ou à raison, nous ne discutons pas, — une dérogation indirecte à ce principe ; mais il ne faut point faire de la règle l'exception, et de l'exception la règle, et arriver ainsi à poser ce principe étrange que la nécessité d'être sain d'esprit est spéciale aux actes à titre gratuit. (Demol., n° 674) (1).

(1) Voici comment on déduit ce principe des travaux préparatoires du code. La preuve, dit-on, que la disposition de l'article 901 est spéciale aux actes à titre gratuit, c'est que l'on retrancha un deuxième paragraphe de l'article 901 qui, dans le projet, portait que les donations entre vifs ou les testaments ne pourraient être attaqués pour cause de démence que dans le cas et de la manière prescrite par l'article 504. (Fenet, t. XII, p. 296.) — Cette suppression, d'ailleurs très-logique, n'a point, suivant nous, la cause qu'on lui attribue. L'article 504 prévoit le cas d'un homme qui, étant dans le cas d'être interdit, ne l'a point été ; l'article 901 prévoit la folie accidentelle ; le second

SECTION VI.

De la fin de l'interdiction.

Cette matière est réglée par l'article 512 ainsi
conçu :

« L'interdiction cesse avec les causes qui l'ont
déterminée : néanmoins la main-levée ne sera prononcée qu'en observant les formalités prescrites
pour parvenir à l'interdiction, et l'interdit ne pourra
reprendre l'exercice de ses droits qu'après le jugement de main-levée. »

La cessation de l'état habituel d'imbécillité, de
démence ou de fureur, tel est le motif qui permet
de demander main-levée de l'interdiction; les arrêts
qui, reconnaissant la disparition de l'état habituel,
maintiendraient l'interdiction en donnant pour raison la persistance à certains intervalles d'accès de
folie devraient être nécessairement cassés par la
Cour suprême.

L'article 512 ne nous dit point quelles personnes auront qualité pour demander la main-
levée. Comment suppléer au silence de la loi

alinéa de l'article venait précisément à l'encontre de l'intention
des rédacteurs, de là sa suppression.

Un second argument consiste à dire que dans l'article 504 le
mot *actes* a le même sens que dans l'article 503, et, dit M. Demolombe, il est bien certain que cet article n'est pas applicable
aux testaments; donc.... Cela est si peu certain que nous sommes persuadé du contraire : suivant nous, le mot *actes* de l'article 503 s'applique aux actes à titre gratuit, et dès lors le rai-
sonnement de M. Demolombe se retourne contre lui-même.

et au défaut absolu de textes sur ce point? Divers systèmes ont été présentés. D'après M. Valette et M. Demolombe, la demande doit être formée par l'interdit lui-même. Elle doit être formée contre le tuteur à l'interdiction, suivant le dernier de ces auteurs. La Cour de cassation, au contraire, a décidé qu'il n'était pas nécessaire que l'interdit se donnât un adversaire : « Le conseil de famille, a-t-elle dit, et le ministère public sont les véritables contradicteurs sur cette demande et les seuls qui soient nécessaires aux termes de la loi. » (Cass. 12 fév. 1816.)

En l'absence de tout texte qui puisse servir de base à une discussion, tous les systèmes sont admissibles. Nous ferons cependant remarquer qu'il est au moins surprenant que l'interdit, c'est-à-dire celui-là auquel il a été fait une défense absolue d'accomplir aucun acte civil, soit admis à introduire une demande en justice, alors que toutes les actions qui lui appartiennent doivent être exercées par son tuteur. Pourquoi le soin d'agir n'est-il pas, dans ce cas comme dans toute autre circonstance, confié au tuteur lui-même? Que si le tuteur refuse d'agir, le fou qui se prétend complétement ou incomplétement guéri ne peut-il pas s'adresser au conseil de famille, ou au subrogé-tuteur qui provoquera la destitution du tuteur, enfin au ministère public qui, gardien né des intérêts des incapables, et de l'état des citoyens, devrait avoir, il nous semble, en pareille matière la plus large initiative ? Ce que nous venons de dire fait assez comprendre combien peu nous serions porté à admettre que l'instance pût s'organiser entre l'interdit et le tuteur. L'interdit ne doit-il pas avoir d'adversaire, comme le déclare la Cour de cassation ? Peut-être, quoique nous ne trouvions à cette décision aucune espèce de base. Pourquoi l'instance ne s'organiserait-elle pas entre le tuteur d'une part, et, à son refus d'agir, entre le ministère public et les membres qui ont provoqué l'interdiction d'autre part ? On objecte, qu'ils peuvent ne plus exister ; mais ils auront sans doute des représentants. Ce dernier système nous paraît, quant à nous, le plus logique; mais il n'a pas, bien entendu, plus de valeur au point de vue juridique que ceux que nous avons exposés jusqu'ici ; en réalité, la question de savoir par qui et contre qui serait organisée la demande en main-levée n'a pas été résolue par la loi.

Le tribunal compétent sera sans doute celui qui aura prononcé l'interdiction ; mais encore ici rien d'absolument certain.

Pour les formalités à suivre, nous renverrons simplement à notre troisième section ; remarquons cependant que celles-là seules seront applicables à la procédure en main-levée qui doivent précéder le jugement d'interdiction ; celles qui doivent suivre la prononciation de l'interdiction perdent, quand il s'agit de sa main-levée, leur raison d'être.

TITRE II. — DE LA DEMI-INTERDICTION.

SECTION I.

Des motifs de la demi-interdiction et des personnes qui peuvent y être soumises.

« En rejetant la demande en interdiction, dit l'article 499, le tribunal pourra néanmoins, si *les circonstances l'exigent*, ordonner.... »

Cet article contient le principe de la demi-interdiction. Étudions tout de suite quelles peuvent être les circonstances dont il parle. A première vue, il n'est rien de plus vague que l'expression dont se sert ici la loi, et, en présence d'un texte aussi indécis, aussi général, on peut se demander s'il y a d'autre motif de la demi-interdiction que le bon plaisir du juge. Nous ne croyons cependant pas que le pouvoir du juge en notre matière soit aussi large, aussi discrétionnaire qu'il le paraît.

Nous croyons, pour nous, que la demi-folie peut seule constituer la base de la demi-interdiction. Ce n'est qu'autant que le juge aura constaté l'existence d'une maladie mentale qui, sans détruire complétement le libre arbitre, ne le laissera cependant pas subsister dans sa plénitude, c'est-à-dire d'une maladie susceptible d'engendrer à chaque instant un vice du consentement, qu'il pourra prendre la mesure organisée par l'article 499 (1).

(1) Dans l'exposé des motifs, M. Emmery n'a parlé que de la

Nous croyons que la prononciation de la demi-interdiction en dehors de cette constatation constituerait une violation, sinon du texte, au moins de l'esprit de la loi. Ainsi l'existence d'une violente passion ne saurait justifier à nos yeux la demi-interdiction, si cette passion ne résultait pas chez celui qui en est atteint d'un état morbide. Ceci nous paraît clairement prouvé par ce fait que la loi a permis précisément au juge de prononcer la demi-interdiction dans un cas où la demi-folie n'existe pas (1), où les passions seules sont en jeu, dans le cas de prodigalité. Les seules passions qui se traduisent par la prodigalité sont donc susceptibles d'être une cause de demi-interdiction ; donc aussi les autres ne sont pas dans le même cas. *Qui dicit de uno negat de altero.*

De même encore, si, à la suite d'une procédure en interdiction, le juge reconnaissait que la personne poursuivie est en effet sujette à des accès de folie complète, mais à des accès trop rares

---

faiblesse d'esprit, c'est-à-dire de la faiblesse des conceptions et des perceptions qui tient le milieu entre l'état de sanité d'esprit et l'état de démence ; mais il ne doit y avoir là rien de limitatif, et la monomanie, par exemple, ou la manie peu développées pourraient donner lieu à la demi-interdiction.

(1) Il est si vrai que le code ne considère pas la prodigalité même comme une demi-folie que, dans la séance du 13 brumaire an XI, on reconnut qu'il ne pouvait être question des prodigues dans le chapitre de l'interdiction, et qu'on fit pour eux un chapitre spécial.

pour constituer un état habituel, nous ne croyons pas que dans ces circonstances un conseil judiciaire pût être nommé.

A quoi cela tient-il? c'est que la demi-interdiction, comme l'interdiction elle-même, ne peut être prononcée qu'en vue d'un état habituel ; que l'article 499 doit s'interpréter d'après l'article 489. D'ailleurs les principes généraux militent énergiquement en faveur de notre opinion.

L'interdiction et la demi-interdiction reposent au moins médiatement sur une présomption d'existence de la folie ou de la demi-folie : or qu'est-ce qu'une présomption, sinon la conséquence tirée par la loi elle-même d'un fait connu à un fait inconnu? Ceci posé, peut-on comprendre une présomption tirée d'un fait exceptionnel ? Comment peut-on concevoir que la loi regarde comme devant nécessairement se produire dans l'avenir un fait aujourd'hui accidentel ? Il y aurait là quelque chose que nous ne saurions nous expliquer. Concluons de ces observations qu'une présomption légale ne peut évidemment reposer que sur la constatation d'un état habituel, et que, dans tout le titre de l'interdiction, soit qu'il s'agisse de l'interdiction proprement dite, soit qu'il s'agisse de la demi-interdiction, le Code n'a eu en vue que cet état habituel. Il a laissé aux principes généraux le soin de régler les conséquences de l'état accidentel. Donc, en résumé, malgré l'élasticité toute apparente

15

des termes de l'article 499, la demi-interdiction ne peut être prononcée que sur la preuve de l'existence 1° de la demi-folie ; 2° d'un état habituel.

Quant aux personnes qui peuvent être soumises à cette mesure, nous n'avons qu'à nous reporter à ce que nous avons dit sur ce point à propos de l'interdiction.

SECTIONS II ET III.

Quelles personnes peuvent poursuivre la demi-interdiction. — De la procédure.

Ici encore nous n'avons qu'à nous référer à ce que nous avons dit à propos de l'interdiction : aux mêmes personnes appartient le droit de provoquer les deux mesures ; les mêmes formes et la même procédure sont applicables dans les deux cas (art. 514). Une observation cependant se présente. La loi suppose dans l'article 499 que la demi-interdiction est prononcée à la suite d'une poursuite en interdiction qui n'a pas réussi, parce que les demandeurs n'ont pu établir autre chose que l'existence habituelle d'une demi-folie. Il est à peine besoin de dire que par cette supposition la loi n'a pas entendu condamner les personnes qui désireraient faire prononcer simplement la demi-interdiction à demander l'interdiction complète ; cette demande pourra évidemment être formée directement.

SECTION IV.

Du conseil judiciaire.

De même que l'interdiction a pour effet d'entraîner à sa suite la constitution d'un pouvoir tutélaire auprès de l'individu qu'elle frappe, de même aussi la demi-interdiction donne lieu à la nomination d'une personne chargée d'assister de ses conseils et d'éclairer de ses lumières l'individu convaincu de demi-folie.

§ Ier. — DE LA NOMINATION DU CONSEIL JUDICIAIRE.

« Art. 499. — En rejetant la demande en interdiction, le tribunal pourra néanmoins, si les circonstances l'exigent, ordonner que le défendeur ne pourra désormais plaider, transiger, emprunter, recevoir un capital mobilier ni en donner décharge, aliéner ni grever ses biens d'hypothèques sans l'assistance d'un conseil qui lui sera nommé par le même jugement. »

Il résulte de cet article que c'est le tribunal lui-même qui nomme toujours le conseil judiciaire, le nom même de conseil judiciaire le dit assez : il résulte de là qu'il ne peut y avoir de conseil légitime, de conseil testamentaire ou de conseil datif.

Les juges ont, pour la désignation du conseil, la liberté la plus entière ; la loi, s'en rapportant à leur sagesse, n'a pas limité leur choix ; mais, en pratique, ce choix porte presque toujours sur des

hommes qui ont la pratique et l'habitude des affaires.

On admet, en général, que le conseil judiciaire
n'est point, comme le tuteur, tenu d'accepter les
fonctions qui lui sont déférées ; on regarde ces
fonctions comme une espèce de mandat que la justice confère et peut révoquer, mais qui peut être
refusé.

Nous avons vu que dans notre ancien droit on
pouvait nommer pour conseils judiciaires plusieurs
personnes ; le Code ne parle jamais du conseil qu'au
singulier : il y a donc lieu de penser qu'il a voulu
abandonner la voie suivie par notre ancien droit.

§ II. — DES FONCTIONS DU CONSEIL JUDICIAIRE.

Les fonctions du conseil judiciaire ne sont plus,
comme celles du tuteur, relatives à la fois à la personne et aux biens. Le demi-interdit reste toujours
maître absolu de sa personne (en tant du moins
qu'il n'est pas en même temps soumis aux prescriptions de la loi de 1838) ; le conseil judiciaire
ne doit intervenir que dans un certain nombre
d'actes intéressant les biens : « Plaider, transiger,
emprunter, recevoir un capital mobilier et en donner décharge, aliéner ou grever les biens d'hypothèques, » telle est l'énumération que l'article 499
fait de ces actes.

Cette énumération est limitative , elle est obligatoire pour le juge qui ne saurait ni la restreindre

ni l'étendre. C'est là une différence avec ce qui se passait, comme nous l'avons vu, dans notre ancien droit.

Remarquons que l'intervention du conseil judiciaire, en ce qui concerne les aliénations, ne paraît devoir s'appliquer qu'aux aliénations d'immeubles. C'est ce qui résulte de cette circonstance que le mot *aliéner* est suivi immédiatement de ceux-ci : « *ni grever ses biens d'hypothèques.* » D'où l'on conclut que ceux-là seuls parmi les biens qui sont susceptibles d'être hypothéqués exigent pour leur aliénation l'assistance du conseil. D'ailleurs ce système était suivi dans notre ancien droit. On pourrait encore ajouter qu'en exigeant l'assistance du conseil pour la réception d'un capital mobilier, la loi a montré qu'elle ne voulait pas prononcer, quant aux meubles, de prohibition générale. De cette nécessité de l'intervention du conseil à l'aliénation, —directe ou indirecte, d'ailleurs,—des immeubles, il résulte que les immeubles ne pourraient être vendus en exécution d'obligations personnelles contractées sans cette intervention par le demi-interdit. Ses capitaux mobiliers ne peuvent pas davantage être saisis pour l'exécution de ces mêmes obligations.

Il est à peine besoin de dire que la défense d'aliéner sans l'assistance du conseil ne saurait empêcher le demi-interdit de tester. Une disposition testamentaire ne constitue pas une aliénation ; au contraire, cette assistance nous semble de toute nécessité dans la donation entre-vifs qui est, pour ainsi dire, l'aliénation par excellence, l'aliénation la plus étendue, le type le plus expressif de l'aliénation.

De quelle façon, dans les cas où elle est nécessaire, l'assistance du conseil doit-elle être fournie?

Le conseil doit figurer à l'acte, et y concourir simultanément avec le demi-interdit. L'assistance du conseil rappelle, en effet, assez bien l'*auctoritas* du tuteur romain, duquel Justinien disait qu'il devait être *statim in ipso negotio præsens*.

Cependant, en matière d'actes extra-judiciaires, on se contente, dans la pratique, d'un consentement donné par écrit séparé, et antérieur à la passation de l'acte; mais faut-il au moins que l'acte qui constate le consentement détermine et précise exactement le caractère de l'opération que le conseil a eue en vue, ses clauses et ses conditions. Cet acte devra être annexé, en outre, à l'acte principal.

On ne pourrait pas regarder comme une assistance suffisante ce fait, que le conseil aurait eu connaissance de l'acte; un consentement exprès n'aurait même aucune espèce de valeur s'il était donné seulement après coup; un consentement donné antérieurement à l'acte serait dans le même cas s'il s'agissait d'un consentement général; la loi exige évidemment, d'après ce que nous venons de dire, à défaut d'assistance proprement dite, au moins un consentement exprès et spécial pour chaque affaire en particulier. Il résulte de là que le demi-interdit ne pourrait point être commerçant, sans que son conseil l'assistât dans chacun des actes de son commerce qui rentrerait dans l'énumération de l'article 499. Si le conseil refusait d'assister le demi-interdit, celui-ci n'aurait d'autre ressource que de provoquer devant le tribunal ou la révocation du conseil existant, ou la nomination d'un conseil *ad hoc*. En sens inverse, nous ne croyons pas que le conseil puisse jamais prendre l'initiative d'un acte que le demi-interdit refuserait de faire par lui-même.

§ III. — DE LA FIN DES FONCTIONS DU CONSEIL JUDICIAIRE.

Les fonctions du conseil judiciaire cessent soit par sa mort, soit par la révocation du mandat qui lui avait été confié par la justice, soit enfin par la main-levée de la demi-interdiction.

La fin de ces fonctions n'entraîne d'ailleurs aucune reddition de comptes; le conseil n'a pas, en effet, la manutention des deniers et ne participe en rien à l'administration.

SECTION V.

De l'incapacité résultant de la demi-interdiction.

Une procédure complétement semblable à celle de l'interdiction a pour effet d'établir chez une

personne l'existence, à l'état habituel, d'une maladie mentale de nature à produire de nombreux
vices du consentement. Sur la présomption que cet
état continuera après sa constatation officielle, on
défend à la personne dont il s'agit de faire certains
actes sans l'assistance d'un conseil. Cette défense
aura deux résultats: 1° s'il lui est obéi, il est probable qu'aucun vice du consentement n'entachera
l'acte fait avec l'assistance du conseil; 2° si l'assistance du conseil n'est pas requise, la personne
demi-interdite n'aura pas besoin d'établir directement l'existence d'un vice du consentement, elle
se prévaudra simplement de son incapacité, et
pourra ainsi obtenir la nullité de l'acte sans avoir
à fournir d'autre preuve que le jugement qui aura
nommé le conseil judiciaire.

Il y a là une nullité relative et temporaire. Bien
entendu, elle n'est applicable qu'aux actes énumérés dans l'article 499.

Ces actes sont en partie les plus importants de
la vie civile; ils peuvent, plus que tous autres, engager et compromettre la fortune de la personne
en proie à la demi-folie : c'est pour cela que la loi,
quant à ces actes, a voulu la protéger énergiquement.

Quant aux actes qui ne sont pas énumérés dans
l'article 499, le demi-interdit reste soumis au droit
commun; c'est ainsi que, dans l'ordre des droits de
famille, il peut se marier, se donner en adoption

ou adopter lui-même, reconnaître un enfant natu-rel, etc. C'est ainsi encore que, dans l'ordre des droits relatifs aux biens, il peut louer ou prendre à bail des maisons ou des terres, vendre son mobi-lier corporel, recevoir ses revenus et les employer à son gré ; qu'en un mot, il a qualité pour faire seul tous les actes d'administration.

Pour tous les actes qu'il a ainsi le droit de faire seul, le demi-interdit reste dans le droit commun. Quant à ces actes, il peut donc établir qu'il les a passés dans un état de folie complète qui doit en-traîner une nullité absolue et perpétuelle; le même droit appartient aux tiers. Le demi-interdit peut encore demander la nullité de ces mêmes actes, en établissant, par une preuve directe, que sous l'influence de la maladie mentale, l'acte s'est trouvé entaché d'un vice du consentement; mais, dans ce cas, l'*onus probandi* reste complétement à sa charge; à défaut d'une preuve complète, l'acte doit être validé.

SECTION VI.

De la fin de la demi-interdiction.

La défense de procéder sans l'assistance d'un conseil ne peut, aux termes du second paragraphe de l'article 514, être levée qu'en observant les for-malités qui ont présidé à la demi-interdiction.

Ces formalités étant communes à l'interdiction

et à la demi-interdiction, nous n'avons qu'à renvoyer à ce que nous avons dit de la fin de l'interdiction.

On admet toutefois ici que le tribunal du nouveau domicile du demi-interdit pourrait être compétent.

TITRE III. — DU PLACEMENT DANS UN ÉTABLISSEMENT D'ALIÉNÉS ORGANISÉ PAR LA LOI DU 30 JUIN 1838 (1).

SECTION 1.

Des caractères que doit présenter la folie pour motiver le placement, et des personnes qui peuvent y être soumises.

Au point de vue des caractères que doit présenter la folie pour motiver le placement dans un établissement d'aliénés, il importe de distinguer entre le placement d'office et le placement volontaire.

Le placement d'office ne peut avoir lieu qu'autant que l'aliénation mentale est de nature à compromettre l'ordre public ou la sûreté des personnes (art. 18); le placement volontaire peut au contraire avoir lieu quel que soit le caractère

(1) Nous n'examinons ici cette loi qu'au point de vue du pouvoir tutélaire et de la présomption légale qu'elle organise. Nous y reviendrons d'une façon plus étendue, en parlant des effets de la folie sur le droit public.

de la maladie ; il suffira qu'un certificat de médecin indique la nécessité de faire traiter la personne
qui y sera désignée dans un établissement d'aliénés
et de l'y tenir renfermée (art. 8).

Il n'y a donc plus lieu de distinguer dans le
cas qui nous occupe, comme en matière d'interdiction ou de demi-interdiction, entre la folie qui
fait disparaître complétement le libre arbitre, et
celle qui le laisse subsister, mais vicié par l'influence de la maladie ; entre la folie habituelle et
la folie accidentelle.

Toute personne peut être soumise au placement,
majeure ou mineure, interdite ou non, pourvue
ou non d'un conseil judiciaire ; mais les interdits
et les mineurs non émancipés, pourvus d'un tuteur,
échappent aux mesures purement civiles organisées
par la loi de 1838 ; c'est ainsi que ce que nous
dirons de l'organisation d'un pouvoir tutélaire spécial, et de la présomption légale qui résulte du
placement, ne leur est point applicable ; les dispositions du Code à leur égard sont en effet plus
vastes que celles de la loi de 1838.

SECTION II.

**Des personnes qui peuvent ordonner ou demander le
placement dans un établissement d'aliénés.**

1° Les personnes qui peuvent ordonner un placement, en d'autres termes qui peuvent prendre

l'initiative d'un placement d'office, sont, à Paris, le préfet de police, et dans les départements les préfets (art. 18).

2° Le placement volontaire peut être demandé par toute personne sans exception, sous la condition de se faire connaître, et d'établir l'individualité et l'état mental de l'aliéné. On admet même que l'aliéné lui-même pourrait, pendant un intervalle lucide, réclamer son admission.

SECTION III.

De la procédure.

1° *Des placements d'office.* — Un ordre motivé du préfet, énonçant les circonstances qui l'ont rendu nécessaire, constitue toute la procédure du placement d'office (art. 18).

2° *Des placements volontaires.* — A l'égard du placement volontaire, les formalités sont un peu plus compliquées ; la loi exige en effet la remise de trois pièces : 1° une demande d'admission ; 2° un certificat de médecin, et 3° un passe-port ou toute autre pièce propre à constater l'individualité de la personne à placer. — Moyennant la remise de ces pièces, le directeur de l'établissement peut immédiatement, et sans autre forme de procès, admettre la personne qu'on lui présente.

SECTION IV.

Du pouvoir tutélaire.

Qu'il soit volontaire ou forcé, le placement dans un établissement d'aliénés, par la réclusion même qu'il entraîne, met la personne qui en est l'objet dans l'impossibilité de s'occuper de ses affaires ; la loi a voulu obvier aux inconvénients nombreux qui pouvaient résulter, pour la personne placée dans un établissement d'aliénés, de cet état de choses, en organisant auprès d'elle une sorte de pouvoir tutélaire chargé du soin de sa personne et de ses biens.

§ Ier. — DE L'ORGANISATION DU POUVOIR TUTÉLAIRE.

« Les commissions administratives ou de surveillance des hospices ou établissements publics d'aliénés, dit l'article 34 de la loi, exerceront à l'égard des personnes non interdites qui y seront placées les fonctions d'administrateurs provisoires. Elles désigneront un de leurs membres pour les remplir. » Le texte de cet alinéa semble bien impératif ; on croirait que les commissions administratives ou de surveillance doivent toujours et nécessairement exercer les fonctions d'administrateurs provisoires. Cependant, quand l'aliéné, au lieu d'être placé dans un établissement public,

est placé dans un établissement privé d'aliénés, il
n'y a pas nécessairement un administrateur provisoire ; on en pourrait conclure que le texte de
l'article 31 est trop absolu et qu'il ne fait que
concéder aux commissions administratives un
droit qu'elles ne seraient pas forcées d'exercer.
Le ministre de l'intérieur a parlé en ce sens lors
de la discussion de la loi ; cependant la conservation de ce texte, après les observations du ministre, laisse à penser qu'il a gardé sa signification littérale. Donc, dans tous les cas, la
commission administrative de l'établissement public sera chargée d'office de l'administration provisoire ; elle pourra d'ailleurs en être déchargée
par suite de la nomination d'un autre administrateur provisoire, intervenue soit sur la demande
des parents, de l'époux ou de l'épouse de l'aliéné,
soit sur la demande du procureur impérial, soit
sur la propre réquisition de la commission administrative (dernier parag., art. 31).

Ce que nous venons de dire de l'administration
provisoire légale ne peut s'appliquer qu'aux établissements qui sont pourvus d'une commission
administrative, c'est-à-dire aux établissements publics. Cette administration provisoire légale n'existe
pas pour les aliénés placés dans les établissements
privés. A leur égard, l'article 32 pourvoit non
plus directement, mais par voie de nomination judiciaire, à la création d'un administrateur provi-

soire. Les dispositions de cet article ne s'appliquent pas seulement à l'aliéné placé dans un établissement privé, mais encore à celui qui est placé dans un établissement public, quand les parents, l'époux, le procureur impérial ou les commissions administratives elles-mêmes désirent voir cesser l'administration provisoire légale (art. 31, dern. parag.).

Des termes de l'article 32 (1) il résulte que la nomination par justice d'un administrateur provisoire n'a pas lieu nécessairement ; il appartient à ceux qui ont qualité à cet effet de réclamer cette nomination. Notre décision est encore confirmée par ce fait qu'un amendement de M. Portalis, tendant à rendre obligatoire la nomination de l'administrateur provisoire, fut rejeté par la Chambre des Pairs.

Qu'arriverait-il si, soit avant, soit même depuis son placement, l'aliéné avait chargé un tiers de l'administration de ses biens ? La procuration aurait-elle pour effet de mettre obstacle à la nomi-

---

(1) **Art. 32** : « Sur la demande des parents de l'époux ou de l'épouse, sur celle de la commission administrative ou sur la provocation d'office du procureur impérial, le tribunal civil du lieu du domicile pourra, conformément à l'article 497 du Code civil, nommer en chambre du conseil un administrateur provisoire, aux biens de toute personne non interdite, placée dans un établissement d'aliénés. Cette nomination n'aura lieu qu'après délibération du conseil de famille et sur les conclusions du procureur impérial. Elle ne sera pas sujette à l'appel. »

nation d'un administrateur provisoire ? On peut invoquer dans le sens de l'affirmative un argument d'analogie tiré de l'article 112 C. N., argument d'autant plus fort que M. Vivien, dans son rapport à la Chambre des députés, déclarait qu'il y avait entre l'absent et l'aliéné séquestré et non interdit une grande analogie. D'ailleurs le mandat n'est révoqué que par l'interdiction (2003 C. N.). Telle est la décision de M. Chardon (Puiss. tutél., n° 189); elle nous semble, quant à nous, très-admissible.

« Les dispositions du Code civil sur les causes qui dispensent de la tutelle, sur les incapacités, les exclusions ou les destitutions des tuteurs, sont, dit l'article 34, applicables aux administrateurs provisoires nommés par le tribunal. » Il résulte de cet article que les fonctions de l'administrateur provisoire doivent être assimilées à celles du tuteur; elles seront donc comme elles obligatoires et gratuites tout à la fois. La dernière partie de l'article 34 est consacrée à organiser les garanties qui doivent protéger les intérêts de l'aliéné. « Sur la demande des parties intéressées ou sur celle du procureur du roi, le jugement qui nommera l'administrateur provisoire pourra en même temps constituer sur ses biens une hypothèque générale ou spéciale, jusqu'à concurrence d'une somme déterminée par ledit jugement. Le procureur du roi devra, dans le délai de quinzaine, faire inscrire cette hypothèque au bureau de la conservation.

Elle ne datera que du jour de l'inscription. Ce n'est là ni une hypothèque légale, ni une hypothèque judiciaire proprement dite, c'est une hypothèque d'un caractère mixte qui participe de l'une et de l'autre.

Nous examinerons dans notre prochain paragraphe le rôle de l'administrateur provisoire ; mais dès à présent nous pouvons dire que ce rôle est des plus restreints, et que le pouvoir de cet administrateur se trouve en échec dès qu'il s'agit de faire un acte qui dépasse les limites de la simple administration ; il peut arriver aussi qu'il n'existe pas d'administrateur provisoire. C'est cette exiguïté des bornes imposées à l'action de l'administrateur provisoire, et aussi la possibilité de son inexistence, qui a fait organiser deux pouvoirs tutélaires accessoires pour deux cas particuliers, spécialement prévus par la loi de 1831 : 1° celui où il s'agit de plaider au nom de l'aliéné ; 2° celui où il s'agit de le représenter dans les inventaires, comptes, partages et liquidations dans lesquels il peut être intéressé.

« Le tribunal, dit l'article 33 sur la demande de l'administrateur provisoire ou à la diligence du procureur impérial, désignera un mandataire spécial à l'effet de représenter en justice tout individu non interdit et placé dans un établissement d'aliénés qui serait engagé dans une contestation judiciaire au moment du placement, ou contre lequel une action serait intentée postérieurement.

« Le tribunal pourra aussi, dans le cas d'urgence, désigner un mandataire spécial à l'effet d'inentert au nom des mêmes individus une action mobilière ou immobilière. L'administrateur provisoire pourra, dans les deux cas, être désigné pour mandataire spécial. » Les fonctions de mandataire spécial diffèrent de celles de l'administrateur provisoire en ce qu'elles ne sont pas obligatoires.

L'article 36 prévoit le second cas que nous avons signalé : « A défaut d'administrateur provisoire, le président, à la requête de la partie la plus diligente, commettra un notaire pour représenter les personnes non interdites placées dans les établissements d'aliénés, dans les inventaires, comptes, partages et liquidations dans lesquels elles seraient intéressées. »

Il résulte des mots « à défaut d'administrateur provisoire » que l'administrateur provisoire est compétent pour représenter l'aliéné dans les comptes, liquidations et partages ; mais la loi prévoit le cas où l'aliéné, placé dans un établissement privé, n'aurait point été pourvu d'un administrateur provisoire. La disposition de l'article 36 est, on peut le remarquer, analogue à celle de l'article 113 C. C.

La loi a organisé l'administration provisoire, elle a prévu le cas où l'aliéné serait engagé, soit dans

un procès, soit dans un partage ou dans une liqui-
dation ; elle n'a pas parlé des autres cas qui
peuvent se présenter. Qu'arrivera-t-il donc quand,
par exemple, il sera nécessaire d'hypothéquer,
d'emprunter, de transiger, d'accepter ou de répudier une succession au nom de l'aliéné, de doter
ou d'établir ses enfants? On a reconnu, lors de la
discussion de la loi, qu'il faudrait dans ces circonstances arriver à faire prononcer l'interdiction (1).

Jusqu'ici nous avons constaté que, par suite de
son placement, l'aliéné pouvait, s'il n'avait déjà
un tuteur en qualité de mineur ou d'interdit,
voir ses intérêts confiés aux mains d'un administrateur provisoire et d'un mandataire spécial, ou
d'un mandataire spécial et d'un notaire commis ;
sans que, d'ailleurs, ces précautions rendissent inutile l'interdiction, qui peut, au contraire, à chaque
instant devenir indispensable. Nous n'avons cependant pas fini d'énumérer les personnes mises
en mouvement autour de l'aliéné par la loi de
1838. A côté de l'administrateur provisoire, du
mandataire spécial et du notaire commis, elle a
établi, par son article 38, un curateur spécialement chargé du soin de la personne de l'aliéné.

(1) Remarquez qu'un individu peut être placé dans un établissement d'aliénés pour une folie accidentelle ; on n'aurait
pas alors la ressource de le faire interdire, mais il pourrait faire
lui-même tous ces actes pendant un intervalle lucide en ayant
soin de faire constater cet intervalle.

Art. 38 : « Sur la demande de l'intéressé, de l'un de ses parents, de l'époux ou de l'épouse, d'un ami, ou sur la provocation d'office du procureur impérial, le tribunal pourra nommer en chambre du conseil, par jugement non susceptible d'appel, en outre de l'administrateur provisoire, un curateur à la personne de tout individu non interdit, placé dans un établissement d'aliénés....... Ce curateur ne pourra pas être choisi parmi les héritiers présomptifs de la personne placée dans un établissement d'aliénés. » Des mots : « en outre de l'administrateur provisoire, » il résulte que la loi de 1838 n'a pas voulu confier à cet administrateur le soin de la personne ; le tribunal ne pourrait donc confier au même individu les deux fonctions d'administrateur et de curateur.

Cette dernière fonction ne pourra jamais être remplie par un héritier présomptif, quel qu'il soit ; il résulte de la discussion de la loi qu'il n'est fait d'exception ni pour les ascendants ni pour les descendants. Cette disposition repose sur un motif que les Établissements de saint Louis exposaient ainsi : « Cilz qui ont le retour de la terre ne doivent pas avoir la garde des enfants, car soupçon est qu'ils ne voulussent plus la mort des enfants que la vie pour la terre qui leur eschoirait. »

La loi ne s'explique pas sur le point de savoir si le curateur à la personne est ou non forcé d'accepter la mission qui lui est conférée. Cependant, comme il s'agit d'une fonction analogue à celle de l'administrateur provisoire, nous croirions volontiers qu'elle doit être obligatoire.

Pour résumer ce que nous venons de dire sur l'organisation du pouvoir tutélaire établi par la loi de 1838 auprès de l'aliéné, nous voyons que cet aliéné peut avoir successivement :

1° Un administrateur provisoire légal ; 2° un administrateur provisoire judiciaire ; 3° un mandataire spécial ; 4° un notaire commis ; 5° un curateur à la personne ; toutes personnes qui peuvent être d'un jour à l'autre remplacées par : 6° un tuteur et 7° un subrogé-tuteur à l'interdiction. Nous sommes loin de la simplicité des mesures qui président au placement.

Il convient d'ajouter, avant de terminer ce que nous venons de dire sur les mesures protectrices de l'aliéné, que d'après l'art. 40 : « Le ministère public sera entendu dans toutes les affaires qui intéresseront les personnes placées dans un établissement d'aliénés, lors même qu'elles ne seraient pas interdites. »

§ II. — DES FONCTIONS DE L'ADMINISTRATEUR PROVISOIRE, DU MANDATAIRE SPÉCIAL, DU NOTAIRE COMMIS ET DU CURATEUR A LA PERSONNE.

I. 1° *De l'administrateur provisoire légal.* — Nous désignerons ainsi le membre désigné par la commission administrative ou de surveillance, pour remplir les fonctions d'administrateur provisoire. Le rapporteur de la commission de la Chambre des Pairs a dit que son administration serait analogue à la tutelle conférée à ces mêmes commissions par la loi du 15 pluviôse an XIII, relativement aux enfants trouvés. Les devoirs de l'administrateur provisoire sont d'ailleurs fixés par le second alinéa de l'art. 31 : « L'administrateur, ainsi désigné, procédera au recouvrement des sommes dues à la personne placée dans l'établissement, et à l'acquittement de ses dettes ; passera des baux qui ne pourront excéder trois ans, et pourra même, en vertu d'une autorisation spéciale accordée par le président du tribunal civil, faire vendre le mobilier. Les sommes provenant soit de la vente, soit des autres recouvrements, seront versées directement dans la caisse de l'établissement et employées, s'il y a lieu, au profit de la personne placée dans l'établissement. » Les mots « s'il y a lieu » ont été introduits dans la loi sur cette observation produite dans la discussion : qu'il fallait permettre à l'administrateur provisoire de disposer d'une partie des sommes qu'il peut recouvrer au profit de la femme ou des enfants de l'aliéné.

2° *De l'administrateur provisoire nommé par justice.* — La loi ne détermine pas spécialement ses pouvoirs, mais elle les fixe virtuellement en renvoyant à l'art. 497 du Code Napoléon (1) ; il résulte

(1) Malgré ce renvoi, nous ne croyons pas que l'administra-

de ce renvoi que l'administrateur provisoire ne peut faire que les actes d'administration, et ceux-là seulement parmi les actes d'administration qui sont nécessaires (Bruxelles, 3o août 1806); d'ailleurs on peut conclure de l'art. 31 qu'il aurait, comme l'administrateur légal, le droit de faire des baux de trois ans et de vendre le mobilier avec l'autorisation du président.

L'art. 35 décide expressément qu'il devra recevoir les significations à faire à la personne placée dans un établissement d'aliénés. Et l'article ajoute, pour sanctionner cette obligation imposée aux tiers : « Les significations faites au domicile pourront, suivant les circonstances, être annulées par les tribunaux. Il n'est point dérogé aux dispositions de l'art. 173 du Code de commerce. »

Remarquez que l'art. 35 constitue une différence entre les fonctions de l'administrateur provisoire légal et celles de l'administrateur provisoire nommé par justice. Nous ne savons pas, à vrai dire, pour quel motif.

II et III. — Les motifs mêmes de la nomination du mandataire spécial et du notaire commis indiquent suffisamment la nature de leurs fonctions.

IV. *Du curateur à la personne.* — Les fonctions du curateur à la personne sont ainsi déterminées

teur provisoire ait à s'occuper de la personne de l'aliéné. Ce serait là une conséquence rigoureuse du texte, mais on se demande à quoi servirait alors le curateur à la personne.

par l'art. 38 : « (Il) devra veiller : 1° à ce que ses revenus soient employés à adoucir son sort et à accélérer sa guérison ; 2° à ce que ledit individu soit rendu au libre exercice de ses droits aussitôt que sa situation le permettra. »

§ III. — DE LA FIN DES FONCTIONS DE L'ADMINISTRATEUR PROVISOIRE, DU MANDATAIRE SPÉCIAL, DU NOTAIRE COMMIS ET DU CURATEUR A LA PERSONNE.

I. — 1° *De l'administrateur légal.* — Ses pouvoirs cessent : 1° par la révocation du mandat qui lui a été conféré par la commission administrative ou de surveillance ; 2° par la nomination, sur la provocation des personnes qui ont qualité à cet effet, d'un administrateur judiciaire ; 3° par la sortie de l'établissement de la personne qui y avait été placée.

La cessation des pouvoirs de l'administrateur légal n'entraîne jamais de sa part une reddition de comptes ; il résulte en effet de l'art. 31 qu'il n'est pas comptable ; mais, quand l'administration légale elle-même prend fin, ce qui arrive dans les deux derniers des trois cas que nous signalons plus haut, c'est le receveur de l'établissement public qui se trouve comptable des deniers qu'il a reçus : « Le cautionnement du receveur sera affecté, dit l'article 31, à la garantie desdits deniers, par privilége aux créanciers de toute nature. »

2° *De l'administrateur nommé par justice.* — Ses pouvoirs cessent *ipso jure* : 1° par la sortie de l'é-

tablissement de la personne qui y était retenue ;
2° et en outre par l'expiration d'un délai de trois
ans, pourvu qu'il ne s'agisse pas d'un administrateur provisoire « donné aux personnes entretenues
par l'administration dans des établissements privés » (art. 37).

Les pouvoirs qui cessent ainsi par l'expiration
d'un délai de trois ans peuvent être renouvelés
(art. 37). Mais l'administrateur provisoire sera-t-il
tenu d'accepter ces fonctions ainsi renouvelées?
Pour la négative, on dit que la disposition de l'article 34 n'est pas reproduite par l'art. 37, et, qu'en
second lieu, l'art. 37 a, sans aucun doute, été
conçu dans la même pensée que l'art. 508 C. N.
M. Demolombe objecte que le pouvoir conféré par
la loi au tribunal, quant au renouvellement de ces
fonctions, ne diffère point du droit de nomination
qu'il avait dans le principe, et que l'art. 37, renvoyant ainsi virtuellement à l'art. 34, il y a lieu de
considérer les fonctions, — même renouvelées, —
d'administrateur provisoire, comme obligatoires.

N'oublions pas de faire remarquer, en passant,
combien cette expression d'administrateur *provisoire* sied bien à un administrateur dont les fonctions peuvent être ainsi, sans fin ni terme, renouvelées de trois ans en trois ans, quand, par exception,
ce renouvellement est nécessaire. A la différence
de l'administrateur provisoire légal, l'administrateur provisoire judiciaire encaisse les deniers qu'il

reçoit pour l'aliéné. La fin de son administration doit donc entraîner une reddition de comptes garantie par l'hypothèque semi-légale et semi-judiciaire, organisée par l'art. 34.

II et III. — Les fonctions du mandataire spécial et du notaire commis cessent évidemment par la révocation, ou, plus généralement, par toutes les causes qui amènent la fin du mandat, et en outre par la fin de l'affaire en vue de laquelle ils avaient été nommés.

IV. *Du curateur à la personne.* — Les fonctions du curateur à la personne finissent *ipso jure* par la sortie de l'établissement de la personne qui y était retenue.

SECTION V.

De la présomption légale qui naît du placement dans un établissement d'aliénés.

Art. 39. « Les actes faits par une personne placée dans une maison d'aliénés, pendant le temps qu'elle y aura été retenue, sans que son interdiction ait été prononcée ni provoquée, pourront être attaqués pour cause de démence, conformément à l'article 1304 du Code civil. Les dix ans de l'action en nullité courront à l'égard de la personne retenue qui aura souscrit les actes, à dater de la signification qui lui en aura été faite, ou de la connaissance qu'elle en aura euc après sa sortie définitive de la maison d'aliénés ; — et, à l'égard de ses héritiers, à dater de la signification qui leur en aura été faite ou de la connaissance qu'ils en auront eue depuis la mort de leur auteur.— Lorsque les dix ans auront commencé de courir contre celui-ci, ils continueront de courir contre les héritiers. »

Remarquons, tout d'abord, que la disposition de l'article 39 n'est relative qu'aux actes passés par l'aliéné « pendant le temps qu'il a été retenu dans l'établissement ». Donc tous. les actes faits soit avant son entrée, soit depuis sa sortie, seront soumis aux règles du droit commun.

Ceci posé, examinons la nature des dispositions édictées par l'article 39. Il résulte des mots « pourront être attaqués » que les actes faits pendant le placement ne devront pas nécessairement être annulés par cela seul qu'ils auront été faits pendant le placement. Ceci nous prouve tout d'abord que la présomption organisée par la loi de 1838, — si présomption il y a, ce que nous allons examiner, — n'est pas une présomption *juris et de jure*, mais une simple présomption *juris tantum*.

Mais la loi organise-t-elle, ou non, une présomption *juris tantum* contre la validité des actes de l'aliéné? De quelle nature est cette présomption ? est-ce une présomption de nullité absolue, ou seulement une présomption de nullité relative ?

Telles sont les deux questions que nous allons

étudier successivement en commençant par la dernière.

D'après les termes mêmes de l'article 39, il est de toute évidence que la loi considère l'acte de l'aliéné comme ayant une existence civile, puisqu'il s'agit d'en faire prononcer la nullité, en vertu de l'article 1304, article qui ne vise que les cas d'annulabilité, et non les cas de nullité absolue; donc nous pouvons, dès à présent, poser en principe que si la loi fait résulter une présomption légale du placement dans une maison d'aliénés, ce ne peut être : 1° qu'une présomption *juris tantum*, 2° qu'une présomption de nullité relative.

Reste toujours la première et la principale de nos deux questions : la loi de 1838 a-t-elle créé une présomption légale? Pour nous, nous n'hésitons pas à nous prononcer en faveur de l'affirmative.

L'opinion contraire s'appuie sur le passage suivant du discours de M. Barthélemy à la Chambre des Pairs : « Comme l'accomplissement de toutes les formalités prescrites pour arriver à la séquestration d'un individu établit une présomption d'aliénation, croyez que les tribunaux ne se montreront pas très-difficiles sur les preuves à faire pour justifier que, lorsque l'acte a été souscrit, l'individu était en démence. Ce sera le cas de dire qu'il faudra que l'acte se défende par lui-même...» (*Moniteur* de 1838, page 304.)

On conclut de là que c'est toujours au demandeur qui attaque l'acte pour cause de démence à
prouver que cette démence existait au moment de
l'acte; qu'il y a là l'application pure et simple du
droit commun, avec cette simple restriction que les
juges pourront se montrer moins exigeants sur la
preuve, à raison de la présomption de fait qui ré-
sultera de la séquestration de la personne à l'époque de l'acte.

Nous ne saurions admettre ce système; nous
croyons, pour nous, que le demandeur en nullité
n'a en principe qu'à établir l'existence de la séquestration au moment de l'acte, et que, sur cette
simple preuve, la nullité devra être prononcée, à
moins que le défendeur ne prouve l'existence de
la raison au moment de l'acte chez la personne séquestrée (1).

Notre opinion nous semble justifiée :

1° Par l'existence même de la loi de 1838 tout
entière. Nous verrons plus tard que cette loi a pour
effet de supprimer la liberté individuelle; la séquestration qu'elle permet doit évidemment se
baser sur l'existence et la persistance de la folie
pendant le placement; sans doute cette persistance
n'est pas absolument nécessaire à tous les instants
du séjour, puisqu'on peut être séquestré pour folie
accidentelle; mais, enfin, il serait inconcevable

(1) En ce sens, Mourlon et Marcadé.

qu'en général au moins, une personne séquestrée ne fût pas considérée comme folle ; qu'en présence de la séquestration, la présomption légale de droit commun de persistance de la raison conservât, quand même, tout son empire; et ne fît pas, au moins dans une certaine mesure, place à une présomption *juris tantum* d'existence de la folie.

Il y aurait là, selon nous, une contradiction inexplicable.

2° Par l'article 39 de la loi. Si la loi avait entendu ranger, au point de vue de la nullité des actes, les aliénés enfermés dans un établissement public ou privé sous le régime du droit commun, il eût été bien inutile d'édicter pour cela un article spécial.

3° Par l'antagonisme qui règne entre les règles du droit commun, et les conséquences qui résultent nécessairement de l'article 39.

Que dit l'article 39? Que les actes pourront être attaqués pour cause de démence en vertu de l'article 1304. Or, en droit commun, un acte peut-il être attaqué pour cause de démence en vertu de l'article 1304? Non : nous croyons qu'en droit commun, un acte doit être attaqué pour cause de démence en vertu de l'article 1108 ; car, remarquez qu'il s'agit de démence, de la démence qui constitue dans le système du Code une cause d'interdiction comme entraînant la destruction complète du libre arbitre.

Concluons de là que l'article 39 contient une

dérogation au droit commun. Étudions de plus près cette dérogation.

L'article 39 parle de la démence, c'est-à-dire d'une circonstance qui, si son existence était établie au moment même de l'acte, donnerait lieu à une action en nullité absolue et perpétuelle.

Or l'article 39 refuse à la démence dont il parle la faculté de donner naissance à une action de cette nature; qu'en faut-il conclure, sinon qu'il ne parle pas de la démence dont l'existence, aù moment de l'acte, serait prouvée et établie directement?

Et s'il ne parle pas de la démence qui serait établie directement, c'est donc qu'il parle de la démence établie indirectement ; et comment la démence serait-elle établie indirectement, sinon par l'effet d'une présomption légale?

La comparaison de notre article avec l'article 503 achève de rendre encore plus certaine l'existence d'une présomption légale dans le cas qui nous occupe. Nous avons vu que l'ex-interdit ou ses ayant cause pouvaient obtenir la nullité d'un acte en prouvant seulement que l'acte a précédé l'interdiction, et qu'au moment de sa confection la démence était notoire ; que cette preuve faisait naître au profit de l'ex-interdit une présomption légale, *juris tantum,* d'existence de la folie; nous avons vu, à ce propos, que la preuve de la folie au moyen d'une présomption légale ne pouvait être faite que par certaines personnes et pendant un certain temps, et qu'ainsi ces personnes n'avaient qu'une action relative et temporaire pour établir une cause de nullité absolue et perpétuelle.

Or ici nous sommes en présence d'une action relative et temporaire permettant d'établir une cause de nullité absolue et perpétuelle : n'en faut-il pas nécessairement conclure que la preuve de la folie est faite encore, dans ce cas, au moyen d'une présomption légale (1)?

Il nous semble résulter de tout ceci que l'individu placé dans un établissement d'aliénés acquiert, par le fait seul de ce placement, la faculté de prouver la folie au temps de l'acte, au moyen d'une présomption légale susceptible de preuve contraire; que, d'ailleurs, cette faculté lui est exclusivement propre, à lui et à ses ayant cause; qu'enfin, il ne pourra jamais invoquer ce mode de preuve privilégié que pendant le délai déterminé par l'article 39 de la loi de 1838. Il est inutile de répéter une observation que nous avons déjà faite sous l'article 503; c'est que le bénéfice du droit commun reste acquis à l'aliéné, quand l'expiration du délai ou la ratification lui ont fait perdre le bénéfice de l'article 1304. Les tiers, bien

(1) Nous croyons, en effet, qu'il y a analogie complète entre la présomption de l'art. 39 et celle de l'art. 503. La seule différence réside dans leurs motifs ; dans un cas la loi exige la notoriété de la folie au moment de l'acte et l'interdiction postérieure de l'aliéné ; dans l'autre, la loi exige le placement au moment de l'acte.

entendu, jouissent en tout temps contre l'aliéné du bénéfice du droit commun.

Signalons, en finissant, une dérogation que l'article 39 de la loi de 1838 a apportée à l'article 503 du Code Napoléon ; l'article 39 permet, en effet, d'attaquer les actes d'un homme pour cause de folie alors qu'il n'y a eu ni : 1° interdiction postérieure à l'acte, ni 2° notoriété de la folie au moment de cet acte. Cet article 39 déroge aussi à l'article 504, car il permet d'attaquer pour la même cause les actes d'un homme qui a été dans un état habituel de folie, et qui est mort sans avoir jamais été interdit ou sans que son interdiction ait été provoquée (1).

SECTION VI.

De la sortie de l'établissement d'aliénés.

La sortie de l'établissement d'aliénés doit, en vertu de ce principe que l'article 39 ne s'appli-

(1) Ici peut se présenter une objection. On peut dire : l'art. 39 établit une faculté relative aux ayant cause de l'aliéné, donc la prohibition de l'art. 504 reste tout entière contre les tiers. Nous ne le croyons pas, car si la loi, en posant le principe de l'art. 504, a voulu punir les héritiers, si sa disposition a été étendue aux tiers pour ne point faire d'exception, du moment que la prohibition disparaît à l'égard des héritiers, elle doit disparaître à l'égard des tiers. Même après les dix ans, les héritiers pourraient, croyons-nous, établir, comme les tiers, la nullité de l'acte par les voies de droit commun.

que qu'aux actes faits pendant le séjour dans l'établissement, avoir pour effet de faire cesser l'application de cet article, de faire disparaître la présomption légale, et de replacer, quant à la preuve de la folie, la personne qui sort de l'asile sous l'empire du droit commun. C'est à ce titre que nous devrions dire ici quelques mots de la sortie de l'établissement et de ses formalités ; mais nous aurons occasion d'en parler avec quelques développements en traitant des effets de la folie sur le droit public, et, pour éviter des répétitions, nous renvoyons à ce passage de notre travail (1).

CHAPITRE IV.

DES EFFETS DE LA FOLIE SUR LE DROIT PRIVÉ ET SUR LE DROIT PUBLIC.

Il résulte de tout ce que nous avons dit jusqu'ici que, pour nous rendre un compte exact des effets de la folie sur chacun des actes que nous examinerons successivement, nous devrons faire une distinction suivie de plusieurs sous-distinctions. Nous devrons distinguer : 1° les actes à faire ; 2° les actes déjà faits.

(1) Voyez page 328.

Quand il s'agira d'un acte futur, nous devrons distinguer encore suivant que l'agent sera :

1° Actuellement interdit;

2° Demi-interdit;

3° Placé dans un établissement d'aliénés;

4° En dehors de ces trois conditions.

A l'égard des actes déjà faits, nous distinguerons les différentes circonstances suivantes :

1° L'auteur de l'acte était interdit;

2° L'auteur de l'acte n'était pas interdit, mais il était frappé d'une folie complète habituelle, et il est mort sans que son interdiction ait été ni prononcée ni provoquée;

3° L'auteur de l'acte n'était point interdit, mais il était frappé de folie notoire, et il a été postérieurement interdit;

4° Il était soumis à la demi-interdiction;

5° Il était placé dans un établissement d'aliénés;

6° Il n'était dans aucun des cas ci-dessus spécifiés.

Ceci posé, abordons successivement l'étude des effets de la folie sur les droits de famille et sur le droit relatif aux biens.

I. — DROIT PRIVÉ.

SECTION I.

Droits de famille.

§ 1er — DU MARIAGE.

Parmi les droits de famille, les principaux : la puissance paternelle et la puissance maritale, découlent du mariage ; examinons donc tout d'abord, 1° les modifications apportées par la folie à la faculté de contracter mariage ; 2° les effets de la folie sur un mariage contracté.

I. — DES MODIFICATIONS APPORTÉES PAR LA FOLIE A LA FACULTÉ DE CONTRACTER MARIAGE.

1° *De l'interdit.* — Le jugement qui prononce l'interdiction défend à l'interdit tous les actes civils sans aucune espèce de distinction ; ce jugement est, par lui-même, constitutif d'une incapacité civile entièrement distincte de l'incapacité naturelle ; tant que l'interdit sera dans « ses liens », comme disait Ferrières, il restera incapable d'une façon générale, et encore bien qu'il soit établi, en fait, qu'il jouit de toute sa raison. C'est pourquoi nous le croyons incapable de contracter mariage pendant les intervalles lucides, quoi qu'en aient pu dire les nombreux auteurs des nombreuses controverses qui se sont élevées sur ce point.

2° *Du demi-interdit.* — Aucun droit de famille n'étant retiré au demi-interdit, concluons-en qu'il peut se marier, sauf ce que nous dirons ci-après au n° 4.

3° *De l'individu placé dans un établissement d'aliénés.* — Aucune défense ne pèse sur lui, il reste donc capable de contracter mariage dans les mêmes conditions que les personnes dont nous parlons au n° 4 ci-après.

4° *De celui qui ne fait partie d'aucune des trois catégories ci-dessus énumérées.* — Cet individu pourra-t-il, s'il est réellement fou, forcer l'officier de l'état civil à célébrer son mariage? Non, car l'officier public ne saurait être forcé de prêter son concours à un acte qui, comme nous le verrons tout à l'heure, serait absolument nul.

D'ailleurs, la folie peut former la base d'une opposition au mariage de la part des frères ou sœurs, de l'oncle ou de la tante, du cousin ou de la cousine germains, et enfin du tuteur du mineur, à la charge par eux de provoquer l'interdiction. De ces derniers mots il résulte que l'opposition ne peut être fondée que sur un état habituel de folie complète; mais, en dehors de l'opposition, nous avons vu que l'officier de l'état civil peut, dans tous les cas, refuser de célébrer le mariage à ses risques et périls.

II. — DES EFFETS DE LA FOLIE SUR UN MARIAGE CÉLÉBRÉ.

I. DE LA FOLIE ANTÉRIEURE AU MARIAGE. — 1° *De l'interdit*. — Si, en fait, le mariage d'un interdit a été célébré, quelles seront les conséquences de cette célébration? Il sera toujours possible de demander la nullité de ce mariage, soit en vertu de l'article 146, soit en vertu de l'article 180, s'il y a lieu; mais l'art. 1304 ne serait évidemment point applicable. En effet, ce dernier article organise l'action en nullité qui résulte de l'incapacité de contracter, et cette incapacité ne constitue pas une cause de dissolution du mariage. Ce sera donc à l'interdit, relevé de son interdiction, à établir directement (1), — dans les délais prescrits par l'article 181, — ou qu'il n'y a pas eu de consentement, ou que son consentement n'a pas été libre, ou qu'il y a eu erreur dans la personne.

2° *De la personne qui aurait été dans un état notoire de folie au moment du mariage, et aurait été postérieurement interdite.* — Si cette personne venait, après la main-levée de son interdiction, à demander la nullité de son mariage, l'article 503 serait applicable, et les juges pourraient prononcer la nullité du mariage sans exiger, d'ailleurs, la preuve de l'existence de la folie au moment précis du mariage. Comme il n'y a là qu'une présomption

---

(1) Cependant l'interdit, dans ce cas, pourrait peut-être invoquer par *à fortiori* la présomption légale de l'article 503.

juris tantum, les tiers seraient admis à faire la preuve de l'existence de la raison. Les tiers intéressés à toute époque, et l'ex-interdit après les dix ans qui suivraient la main-levée de l'interdiction, pourraient encore demander la nullité du mariage en faisant la preuve directe de l'existence de la folie au moment du mariage.

3° *De la personne qui s'est mariée étant dans un état habituel de folie complète, et est morte sans avoir été interdite.* — L'article 504 obligerait les tribunaux à refuser de recevoir la preuve de l'inexistence du mariage par suite du défaut absolu de consentement.

4° *Du demi-interdit.* — Il a, en principe, la capacité absolue de se marier; il ne pourrait donc demander la nullité de son mariage que suivant les règles du droit commun, soit en vertu de l'article 146, s'il prouvait l'existence de la folie complète, soit en vertu de l'article 180, s'il n'établissait qu'un vice du consentement.

5° *De l'individu placé dans un établissement d'aliénés.* — On devrait adopter la décision que nous avons exposée sous le numéro 2.

6° *Des fous qui se trouvent en dehors des conditions ci-dessus spécifiées.* — On appliquerait le droit commun, c'est-à-dire l'article 146 ou l'article 180, selon les circonstances.

II. — DE LA FOLIE POSTÉRIEURE AU MARIAGE. — Nous avons vu que dans le dernier état du droit romain la folie postérieure au mariage constituait une cause de dissolution ; que, dans notre droit ancien, elle était, suivant une distinction que nous avons indiquée, tantôt une cause de séparation de corps, tantôt une cause de séparation de biens. La folie produit-elle encore aujourd'hui les mêmes effets ? Non, elle n'est ni une cause de dissolution du mariage, ni même une cause de séparation. En effet, il résulte des articles 1443 et 1563 que la seule cause qui permette d'intenter une demande en séparation de biens, c'est le péril que court la dot de la femme ; d'un autre côté, la folie ne figure point parmi les causes de la séparation de corps. Nous irons même plus loin : si une demande en séparation de corps était fondée sur des excès, sévices ou injures graves, et s'il était démontré que l'époux coupable n'a agi que sous l'influence de la folie, nous croyons que la séparation ne devrait point être prononcée, sauf au juge à ordonner des mesures de sûreté en faveur de l'époux menacé ; la folie fait perdre, en effet, aux excès, sévices ou injures graves, tout caractère offensant.

§ II. — DE LA PUISSANCE MARITALE.

Au point de vue des effets de la folie sur la puissance maritale, le Code est peu explicite : un seul article, l'article 222, s'occupe du soin de remédier à 'incapacité de la femme mariée, pour le cas où le mari est interdit.

1° *Du mari interdit.* — La puissance maritale estelle éteinte par l'interdiction? Non ; cela résulte de l'article 222 ainsi conçu : « Si le mari est interdit, le juge peut en connaissance de cause autoriser la femme soit pour ester en jugement, soit pour contracter. » Le droit d'autoriser la femme reste au mari, et l'exercice de ce droit est seul suspendu par l'interdiction.

2° *Du mari demi-interdit.* — Le mari pourvu d'un conseil judiciaire peut-il autoriser sa femme ? Sans aucun doute il peut l'autoriser à faire les actes qu'il pourrait faire lui-même ; mais, quant à ceux qu'il ne peut faire qu'avec l'assistance de son conseil, nous croyons que son consentement ne suffirait point, et que la femme devrait obtenir l'autorisation de justice.

3° *Du mari enfermé dans une maison d'aliénés.* Le mari placé dans un établissement d'aliénés n'est sous le coup d'aucune incapacité ; il garde donc en principe le droit d'autorisation ; mais, comme il pourrait plus tard revenir sur son autorisation, soit en vertu de l'art. 39, soit en vertu du droit commun, la femme fera bien de demander l'autorisation de justice.

4° *Du mari fou, mais non interdit.*—Le mari fou est complétement incapable, et l'autorisation qu'il donnerait serait nulle et de nul effet. La femme qui voudrait contracter sans voir son contrat entaché de nullité devrait donc requérir l'autorisation de la justice.

Voyons maintenant ce qu'il adviendrait d'un acte fait par la femme avec l'autorisation du mari, si le mari rentrait dans les catégories suivantes :

1° Le mari était interdit : Dans ce cas, le consentement n'est pas nul, il n'est qu'annulable. L'action en nullité étant relative et dépendant de la puissance maritale, le mari seul pourra l'exercer après la main-levée de l'interdiction. Mais tous les intéressés peuvent toujours invoquer la nullité résultant de la preuve de la folie.

2° Si le mari avait été dans un état habituel de folie lors du consentement, et s'il était mort sans avoir jamais été interdit ou sans que son interdiction ait été provoquée, l'acte ne pourrait être attaqué, conformément à l'article 504.

3° Si le mari était frappé de folie notoire et a été postérieurement interdit, il faut adopter la même décision que s'il s'était trouvé dans un établissement d'aliénés (voir 5° ci-après).

4° S'il était soumis à la demi-interdiction, ou bien l'acte qu'il a autorisé est un de ceux qu'il aurait été capable d'accomplir lui-même et son consentement est valable, ou c'est un de ceux qu'il lui était défendu de faire seul, et on doit adopter la même décision que s'il avait été interdit.

5° Si le consentement avait été donné par le mari enfermé dans un établissement d'aliénés, le mari pourrait seul se prévaloir de la présomption légale de l'article 39, c'est-à-dire demander la nullité sans offrir de faire directement la preuve de l'existence de la folie au moment du consentement; mais d'ailleurs la femme et ses héritiers, et le mari lui-même après l'expiration des délais, pourraient, en offrant de faire la preuve directe de l'existence de la folie au moment du consentement, demander la nullité de l'acte.

6° Si le mari était fou sans rentrer dans aucune des catégories ci-dessus spécifiées, le consentement pourrait être attaqué suivant les règles du droit commun.

§ III. — DE LA PUISSANCE PATERNELLE.

La puissance paternelle tire son origine soit de la filiation légitime, soit de la filiation naturelle. Nous étudierons successivement l'influence de la folie 1° sur l'acquisition de la puissance paternelle; 2° sur la puissance paternelle acquise.

I. — DE L'ACQUISITION DE LA PUISSANCE PATERNELLE.

I. PAR FILIATION LÉGITIME. — « L'enfant conçu pendant le mariage, dit l'article 312, a pour père le mari. » C'est la traduction de la maxime : « *pater is est quem nuptiæ demonstrant.* » La folie n'a sur cette présomption légale aucune espèce d'influence, et le fou interdit ou non est légalement réputé le père des enfants de sa femme. Il en serait de même du fou enfermé dans une maison d'aliénés, sauf à lui à invoquer le second paragraphe de l'art. 312, si la séquestration l'avait mis pendant tout le temps légal de la conception dans l'impossibilité physique de cohabiter avec sa femme.

Si la loi attribue au fou comme à toute autre personne la paternité des enfants nés de sa femme pendant le mariage, elle lui concède évidemment aussi l'action en désaveu. Comment s'exercera cette action ?

Examinons les différentes positions dans lesquelles le fou peut se trouver au moment de la naissance de l'enfant :

1° Il était interdit : Le tuteur pourra-t-il exercer l'action en désaveu ? Nous ne le croyons pas ; car, s'il est une action qui doive être éminemment personnelle, dont l'initiative doive être réservée à la personne qui en est investie, c'est assurément l'action en désaveu. Mais nous pensons qu'il y aurait lieu, dans le cas qui nous occupe, de considérer l'interdit comme un absent ; c'est une assimilation que la loi fait elle-même dans l'article 222, elle nous paraît devoir être admise en notre matière ; l'interdit devrait donc avoir deux mois à partir de la main-levée de l'interdiction pour intenter l'action en désaveu en vertu du second paragraphe de l'article 316. Que si le mari mourait en état d'interdiction, ou avant l'expiration des deux mois qui suivraient la main-levée, nous pensons qu'il y aurait lieu d'appliquer l'article 317.

2° Le mari de la mère se trouvait, au moment de

la naissance de l'enfant, dans un état notoire de folie et il a été postérieurement interdit : Il pourrait réclamer personnellement, après la main-levée de son interdiction, le bénéfice du second paragraphe de l'article 316, sans qu'il ait à établir autrement l'existence de la folie au moment de la naissance. Ce serait à ses adversaires à établir qu'il était à ce moment sain d'esprit et qu'il a laissé passer les délais fixés par l'article 316. Ses héritiers jouiraient du même privilége s'il mourait durant l'interdiction, ou dans les deux mois de la main-levée.

3° Si le mari de la mère qui était dans un état habituel de folie au moment de la naissance de l'enfant est mort sans avoir été interdit ou sans que son interdiction ait été provoquée, ses héritiers ne pourront point faire la preuve de la folie, et par conséquent réclamer le bénéfice de l'art. 317 (art. 504).

4° S'il était soumis à la demi-interdiction, il devait user de l'action en désaveu selon les règles et dans les délais de droit commun ; si cependant son conseil lui avait refusé l'autorisation de plaider, nous croyons qu'il pourrait réclamer le même bénéfice que l'interdit proprement dit.

5° S'il était placé au moment de la naissance dans une maison d'aliénés, nous croyons qu'il y aurait lieu, dans ce cas, de faire une distinction. Si l'aliéné jouissait d'une raison suffisante pour pouvoir exprimer son désir d'intenter l'action en désaveu, il pourrait charger un mandataire de l'exercer en son nom. Mais nous ne croyons pas que, dans le cas contraire, un mandataire spécial nommé par justice eût qualité pour intenter l'action. Si l'aliéné restait inactif pendant son séjour dans l'asile, et si après sa sortie il réclamait le bénéfice du second paragraphe de l'article 316, nous croyons qu'il y aurait lieu d'adopter la décision que nous avons exposée sous notre 2°.

6° A l'époque de la naissance le mari était fou, et il ne rentrait dans aucune des cinq catégories précédentes :

Dans ce cas, ce serait toujours au mari ou à ses héritiers à établir l'existence de la folie et sa durée; mais, cette preuve faite, ils seraient recevables : le mari à se prévaloir du second paragraphe de l'article 316 ; ses héritiers, de l'article 317.

Nous ne voulons pas abandonner la matière du désaveu sans examiner la question de savoir si, dans le cas prévu par l'article 313, il est nécessaire qu'il y ait eu vis-à-vis du fou recel de l'enfant. Si le recel de l'enfant est exigé par l'article 313, c'est que la femme qui cache sa grossesse et son accouchement à son mari reconnaît implicitement qu'elle n'a pas eu de rapports avec lui. Quand la femme au contraire n'a caché ni sa grossesse ni son accouchement, c'est apparemment qu'elle n'a pas craint les soupçons de son mari : de là, une présomption en faveur de l'existence des rapports conjugaux entre les époux, une présomption si forte qu'elle ne cède que devant la preuve d'une impossibilité physique de cohabitation.

Les mêmes conséquences doivent-elles être tirées de l'absence du recel de l'enfant quand le mari était fou à l'époque de sa naissance, et cette absence de recel empêchera-t-elle l'action en désaveu d'être recevable quand d'ailleurs le mari, offrira de faire la preuve de l'existence de l'adultère et d'une impossibilité morale de cohabitation ? A l'appui de l'affirmative on peut dire que l'action en désaveu n'est ouverte que dans des cas et sous des conditions expressément limitées par la loi, et qu'elle n'est point recevable en dehors de ces conditions. A l'appui de la négative, au contraire, on peut prétendre que l'absence de recel n'a pas dans le cas qui nous occupe la même importance qu'à l'ordinaire ; que, du moment où le mari devait forcément ignorer la grossesse et l'accouchement, la femme n'avait point intérêt à les dissimuler ; qu'ainsi il n'y a aucun argument à tirer de l'absence de recel contre la présomption d'illégitimité qui résulte de l'adultère de la femme et d'une impossibilité morale de cohabitation ; que cette présomption doit donc, dans l'espèce, conserver toute sa force et, par suite, suffire à rendre admissible l'action en désaveu.

Ces dernières considérations sont sans doute d'une

très-grande force; cependant le texte si formel de l'article 3i3 nous paraît condamner le système de l'affirmative. Nous croyons qu'en principe le recel de l'enfant devra toujours être exigé, sauf aux juges à admettre plus facilement l'existence du recel quand le mari était fou à l'époque de la naissance.

II.—DE L'ACQUISITION DE LA PUISSANCE PATERNELLE SUR UN ENFANT NATUREL. — Cette acquisition s'opère : 1° par la légitimation; 2° Par la reconnaissance de l'enfant.

1° La légitimation s'opérant par le mariage subséquent des père et mère, les effets de la folie à ce point de vue se trouvent être exactement les mêmes que sur le mariage.

2° Quant à la reconnaissance de l'enfant naturel, soit dans l'acte de naissance, soit dans un acte authentique postérieur, il faut faire les mêmes distinctions que nous avons déjà présentées à propos du mariage et de l'autorisation maritale, et décider qu'il y aura lieu d'appliquer, suivant les différents cas, les articles 1108, 5o2, 5o3 et 5o4.

II. — DE L'EFFET DE LA FOLIE SUR LA PUISSANCE PATERNELLE ACQUISE.

La folie ne fait jamais perdre le droit de puissance paternelle, mais elle rend celui qui en est investi incapable de l'exercer.

1° *De l'interdit.* — Si la puissance paternelle appartient à un interdit, et que la mère soit vivante et capable, l'exercice de tous les droits qui dérivent de la puissance paternelle (1), à l'exception peut-être du droit d'usufruit légal et du droit d'émancipation, à propos desquels des controverses se sont élevées dans la doctrine, passerait à la mère. Bien entendu, l'exercice du droit de correction, en passant dans ses mains, se trouverait modifié par l'article 381. Elle n'aurait pas d'ailleurs, puisque nous supposons le mariage subsistant, le droit de nommer un tuteur testamentaire.

Qu'arriverait-il si la mère elle-même était interdite ou placée dans un établissement d'aliénés ; ou, si l'un des deux époux étant prédécédé, l'autre venait à être interdit? L'exercice de la puissance paternelle serait, dans ces deux cas, complétement suspendu (2); mais les mesures à prendre vis-à-vis

(1) Ce sont les droits de garde, d'éducation et de correction, d'administration et de jouissance légale, de consentement au mariage et à l'adoption, d'opposition au mariage, de tutelle légale, d'émancipation, enfin le droit de nommer un tuteur testamentaire si le conjoint est prédécédé. — Les parents naturels n'ont que les droits de garde, d'éducation et de correction, de consentement et d'opposition au mariage, de consentement à l'adoption et d'émancipation. Dans ces limites, tout ce qui est applicable aux parents légitimes l'est également aux parents naturels.

(2) Cependant le droit de consentement ou d'opposition au mariage passerait aux aïeuls et aïeules. (Art. 150 et 173.)

des enfants seraient différentes. Dans le premier cas, le mariage subsistant, la tutelle ne serait point ouverte. « Nous pensons, dit Marcadé sous l'article 384, n° VII, qu'à la requête des parties intéressées ou du ministère public, le tribunal devrait nommer un représentant judiciaire qui, d'après l'usage, prendrait probablement le nom de tuteur provisoire, mais qui ne serait pourtant pas un tuteur véritable, en sorte qu'il n'y aurait pas d'hypothèque légale contre lui. Pourtant on conçoit que le tribunal pourrait lui imposer un conseil de famille. »

Dans le second cas, la tutelle dative est ouverte.

2° *Du demi-interdit*. — Nous croyons que la puissance paternelle du demi-interdit ne reçoit en principe aucune atteinte, il en conserve même l'exercice; toutefois il ne pourrait pas évidemment faire seul, au nom de ses enfants, des actes pour lesquels il lui faudrait l'assistance de son conseil.

3° *Du fou placé dans un établissement d'aliénés.* — En principe, le fou enfermé dans un établissement d'aliénés conserve l'exercice comme la jouissance de ses droits. Tous les attributs de la puissance paternelle lui sont donc conservés en droit; en fait la mère prendra sans doute le gouvernement des enfants; mais, par exemple, s'il s'agissait de consentir au mariage, elle serait incapable, à moins qu'on ne rapportât un acte de notoriété, délivré par le juge de paix, duquel il résulterait que le père est hors d'état de manifester sa volonté.

4° Du fou qui se trouve en dehors des conditions ci-dessus spécifiées. — Ce fou se trouvera nécessairement, et par le fait seul de la folie, incapable d'exercer les droits qui dérivent de la puissance paternelle. Mais est-ce à dire qu'il en sera dessaisi et que, sans aucune constatation officielle(1) de son état, cet exercice de la puissance paternelle passera à la mère si la mère est vivante et capable ? Nous ne le croyons pas. En vain chercherait-on un argument d'analogie dans les articles 143 et suivants, et dirait-on que, si l'absence simplement présumée fait passer l'exercice de la puissance paternelle du père à la mère, la folie peut bien produire les mêmes effets indépendamment de toute constatation judiciaire. Les deux cas sont en effet complétement différents. Les articles 141 et suivants ne sont applicables qu'au cas de présomption d'absence, c'est-à-dire dans un cas où à une certitude absolue, et, en quelque sorte tangible, de la non-présence, s'ajoute l'incertitude sur l'existence même du non-présent. Or, en supposant la folie non constatée,

(1) Alors même que sur une provocation en interdiction le tribunal aurait reconnu l'existence d'accès de folie, mais d'accès trop rares pour motiver l'interdiction, l'exercice de la puissance paternelle devrait, en principe, rester à l'aliéné ; dans ce cas, d'ailleurs, le tribunal qui a sur l'exercice de la puissance paternelle un droit réglementaire en vertu duquel il lui est permis de prendre les mesures que l'intérêt des enfants exige, pourrait expressément transporter à une autre personne l'administration des biens en organisant ainsi une sorte de tutelle provisoire.

nous avons un individu présent corporellement, et dont la non-présence intellectuelle, si nous pouvons employer cette expression, n'est point certaine. Il n'y a donc aucune analogie entre l'espèce prévue par les articles 141 et suivants et la nôtre ; il n'est donc pas possible d'appliquer ces articles au cas qui nous occupe. On peut au contraire appuyer notre décision sur l'article 442, qui fait de l'interdiction seule et non de la folie en général une cause d'incapacité de la tutelle.

Si nous supposons des actes faits en vertu de la puissance paternelle par un aliéné, on leur appliquera, suivant les cas, les articles 1108, 502, 503 et 504.

Avant de terminer ce qui a trait à la puissance paternelle, disons un mot de l'adoption qui, bien que ne produisant pas des rapports de filiation, donne naissance à quelques-uns des effets de la filiation légitime. La base de l'adoption est un contrat qui intervient entre l'adoptant et l'adopté ; les effets de la folie sur la capacité d'adopter, d'une part, et sur le contrat d'adoption formé par un fou, d'autre part, seront réglés par les principes généraux sur les contrats. (Voy. p. 284.)

§ IV. — DE LA PUISSANCE TUTÉLAIRE.

I. — 1° *De l'interdit.* — L'article 442 décide expressément que l'interdiction constitue une cause d'incapacité et d'exclusion de la tutelle ; il faut évidemment en dire autant de la curatelle et du conseil judiciaire.

2° *Du demi-interdit.* — Il est probable qu'un conseil de famille ne confiera pas fréquemment une tutelle à une personne pourvue d'un conseil judiciaire ; mais il peut arriver que cette personne se trouve investie de la tutelle par la loi elle-même ; la question de savoir si cette personne pourra conserver la tutelle a donc de l'importance. Pour nous, en présence des termes de l'art. 442, qui fait de l'interdiction seule une cause d'incapacité de la tutelle, nous croyons que le demi-interdit peut être tuteur ou curateur, avec cette restriction que, quant aux actes que le demi-interdit pourrait, en qualité de tuteur, faire seul, et qui se trouveront rentrer dans l'énumération de l'article 499, il devrait se faire assister de son conseil. Cette assistance nous paraîtrait au contraire absolument superflue en ce qui touche les actes que le tuteur ne peut faire qu'avec l'autorisation du conseil de famille.

3° *De la personne placée dans un établissement d'aliénés.* — Quoiqu'il soit assez étrange qu'une personne pourvue elle-même d'un administrateur provisoire, d'un mandataire spécial, etc., etc., puisse être tutrice, cependant, comme l'interdiction seule enlève la faculté d'être tuteur, il faut bien arriver à dire que l'individu non interdit enfermé dans un établissement d'aliénés pourra être tuteur. Le conseil de famille sera obligé de le faire exclure ou destituer de la tutelle pour cause d'incapacité, ou au moins de faire nommer un tuteur provisoire.

Les actes qu'il aurait faits seront régis par l'article 39 de la loi de 1838 et par le droit commun.

4° Du fou qui ne se trouve dans aucune des trois conditions ci-dessus spécifiées. — Évidemment il est incapable d'exercer les fonctions de tuteur; mais, comme il ne saurait être dépouillé de ces fonctions sans une constatation judiciaire de l'existence de la folie, il conserve, en fait, l'exercice de la tutelle. Ce sera au subrogé tuteur à provoquer l'interdiction ou la destitution pour cause d'incapacité; mais, comme ce sont là des mesures extrêmes qu'un tribunal pourrait, eu égard aux circonstances, se refuser à prononcer, nous croyons que dans ce cas le tribunal pourrait nommer simplement un tuteur provisoire.

II. — Si un fou avait fait, en qualité de tuteur, des actes d'administration, ces actes seraient soumis aux articles 1108, 502, 503 et 504, suivant les cas.

SECTION II.

De l'influence de la folie sur le droit relatif aux biens.

§ Ier. — DE LA CONSERVATION DU PATRIMOINE.

Sur ce point, le droit français moderne est d'accord avec le droit romain et notre ancien droit.

En général, la folie n'exerce aucune influence sur la conservation des droits réels et personnels, dont l'ensemble compose notre patrimoine. Ce n'est qu'à leur exercice seul qu'elle apporte des modifications, parce que leur exercice seul, et non leur conservation, exige la mise en action de la volonté. Cette règle générale comporte cependant des exceptions. C'est ainsi que l'interdiction de l'un des associés met fin à la société et détruit ainsi les rapports de droit qui existaient entre l'interdit et les autres associés (1865). C'est ainsi encore que l'interdiction du mandant ou du mandataire détruit les droits personnels nés du contrat de mandat (2003).

Sur un troisième point un doute s'est élevé.

Nous avons vu que la folie officiellement constatée du père de famille fait passer à la mère l'exercice de la puissance paternelle. On a soulevé à ce propos la question de savoir si l'usufruit légal, lui aussi, ne passerait pas, dans ce cas, du père à la mère. Les partisans de l'affirmative font de l'usufruit légal l'attribut de l'exercice de la puissance paternelle ; les partisans de la négative s'appuient de leur côté sur les termes absolus de l'article 384. (Marc. sous l'art. 384, n.)

Il est enfin un droit dont la conservation exige en principe l'existence de la volonté, et à propos duquel on peut par conséquent se demander si la folie n'est pas un obstacle à sa conservation : nous voulons parler de la possession. La possession s'acquiert *corpore et animo ;* la possession commencée peut se conserver indépendamment de la détention matérielle *animo tantum ;* mais l'*animus possidendi* doit toujours exister, soit chez le possesseur lui-même, soit chez un tiers au profit du possesseur ; s'il vient à disparaître, la possession s'évanouit avec lui (1). Il résulterait de l'application rigoureuse de ces principes que la folie devrait mettre obstacle à la conservation de la possession, en tant du moins qu'un tiers n'aurait pas pour le fou l'*animus possidendi.* Cette rigueur des principes avait cédé en droit romain devant des considérations d'équité, et le fou, quoique ayant perdu

(1) Nous avons vu que, suivant une autre théorie de la possession (v. p. 75), il suffit à sa conservation que l'*animus non possidendi* ne succède pas à l'*animus possidendi.* Dans ce système, non-seulement le fou conserverait la possession, mais il serait dans l'impossiblité de la perdre par lui-même et sans le fait d'autrui. (Voy. en ce sens Mourlon, n° 1803, *in fine.*)

l'*animus possidendi*, continuait à posséder. En sera-t-il de même aujourd'hui ? Aucun texte ne nous autorise à l'affirmer; cependant nous croyons qu'on devrait adopter encore aujourd'hui la solution du droit romain.

§ II. — DES MODIFICATIONS DU PATRIMOINE.

Ici, comme en droit romain, nous n'étudierons, bien entendu, que les modifications qui peuvent affecter le patrimoine du fou, indépendamment de l'action : — de son tuteur, s'il est interdit, — de l'administrateur provisoire, du mandataire spécial, etc., s'il est placé dans un établissement d'aliénés.

I. — DE L'ACQUISITION ET DE L'ALIÉNATION A TITRE PARTICULIER DES DROITS RÉELS.

I. DE LA POSSESSION. — Examinons successivement si la possession pourra être acquise par l'interdit, le demi-interdit, la personne placée dans un établissement d'aliénés, et enfin le fou qui se trouve en dehors de ces conditions.

1° *De l'interdit.* — Il est défendu à l'interdit de faire quelque acte que ce soit : donc il doit être, en principe, incapable d'acquérir la possession; mais nous savons que son incapacité, en tant qu'interdit, est toute relative; il aura donc en cette qualité pouvoir d'acquérir une possession dont lui seul pourrait demander la nullité. Bien entendu, s'il était fou, il ne pourrait pas commencer à posséder.

2° *Du demi-interdit.* — Nous savons qu'en général le demi-interdit est soumis au droit commun ; rien ne s'oppose à ce qu'il commence à posséder.

3° *De l'individu placé dans un établissement d'aliénés.* — Il pourra commencer à posséder pendant un intervalle lucide; mais, tant que durera sa folie, il ne le pourra point, parce que l'*animus rem sibi habendi*, qu'il est incapable d'avoir, est un des éléments essentiels nécessaires à la naissance de la possession.

4° *Du fou qui n'est dans aucune des conditions ci-dessus spécifiées.* — Il faut dire de lui ce que nous venons de dire du fou placé dans un établissement d'aliénés (1).

Si une personne invoque une possession qu'elle prétend faire remonter à une époque où elle-même se serait trouvée en état de folie, l'adversaire pourra-t-il établir l'inexistence de la possession à ce moment, en prouvant la folie, et par suite l'absence de l'*animus possidendi* ? Il le pourra toujours, excepté dans le cas prévu par l'article 504.

(1) Il est cependant un cas où un fou, interdit ou non, placé ou non dans un établissement d'aliénés, pourrait commencer à posséder ; nous voulons parler du cas où il viendrait à hériter. L'héritier acquiert en effet la possession des biens du défunt avant de les avoir appréhendés et même à son insu ; il possède sans avoir l'*animus possidendi*.

II. — DE L'ACQUISITION DU DROIT DE PROPRIÉTÉ. — Quels sont en droit français les modes d'acquisition de la propriété à titre particulier ? Ce sont : l'accession, l'occupation, la tradition, la perception des fruits par un possesseur de bonne foi, les successions, les conventions, la prescription et l'effet de la loi.

Parmi ces modes d'acquisition de la propriété, trois sont fondés sur l'acquisition de la possession ; ce sont : l'occupation, la tradition et la prescription. Le fou peut-il acquérir par ces trois modes ?

1° *Il est interdit.* — Nous avons vu que l'interdit peut, en tant qu'interdit, acquérir la possession ; donc il pourrait acquérir par occupation et par tradition et commencer à acquérir par prescription, si la folie n'y mettait obstacle.

2° *Il est demi-interdit.* — Nous avons vu qu'au point de vue de la possession le demi-interdit jouit de la capacité de droit commun ; donc ces trois modes d'acquisition lui sont ouverts.

3° et 4° *Il est placé dans un établissement d'aliénés, ou il est en dehors des trois conditions ci-dessus spécifiées.* — Il ne peut point acquérir la possession ; il ne pourra donc acquérir par occupation, et par tradition, et commencer à acquérir par prescription que pendant ses intervalles lucides.

Si une personne invoque l'occupation, la tradition ou la prescription, son adversaire pourra-t-il établir l'inexistence de la propriété par suite de l'inexistence de la possession ? La question doit se résoudre comme si c'était simplement la possession qui fût invoquée. (Voy. ci-dess. p. 282.)

Passons à l'acquisition par convention. Le fou peut-il acquérir par convention ?

1° *De l'interdit.* — En tant qu'interdit, il peut acquérir par convention, car ses actes ne sont frappés que d'une nullité relative, que les tiers sont impuissants à invoquer ; mais, en tant que fou, il ne le peut évidemment point.

2° *Du demi-interdit.* — L'article 499 lui défend d'aliéner, mais il ne lui défend pas d'acquérir ; donc à ce point de vue le demi-interdit conserve toute sa capacité.

3° *De l'individu placé dans un établissement d'aliénés.* — Il est incapable de contracter tant que dure la folie, puisque la folie détruit le consentement sans lequel le contrat ne peut se former.

4° *De l'individu qui se trouve en dehors dè ces conditions.* — Il faut lui appliquer ce que nous venons de dire de l'individu placé dans un établissement d'aliénés.

Si l'ex-interdit ou ses ayant cause et les deux derniers individus dont nous venons de parler invoquent comme titre d'acquisition un acte passé en état de folie, ce sera aux tiers à prouver l'existence de la folie au moment de l'acte ; jusque-là l'acte sera considéré comme valable en vertu de la présomption de droit commun. Les nullités établies par les articles 5o2, 5o3 et 39 de la loi de 1838, sont en effet des nullités relatives qui ne peuvent être invoquées par les tiers. Les tiers ne pourraient point faire la preuve dans le cas prévu par l'art. 5o4.

Un autre mode d'acquisition à titre particulier, c'est l'acquisition des fruits par un percepteur de bonne foi. Le fou peut-il acquérir par la perception de bonne foi?

Supposons d'abord que la possession soit déjà commencée au moment où le possesseur est frappé par la maladie. Nous savons que dans ce cas le fou continuera à posséder ; mais pourra-t-il acquérir les fruits par la perception? A la vérité, le fou qui possède ne peut être ni de bonne ni de mauvaise foi ; mais, si on fait continuer à son profit le bénéfice de la possession elle-même, on doit de même faire continuer à son profit les bénéfices résultant de sa possession, si cette possession avait été jusque-là de bonne foi. Si au contraire sa possession avait été *ab initio* entachée de mauvaise foi, la survenance de la folie ferait bien disparaître la mauvaise foi ; mais nous croyons qu'elle ne saurait engendrer malgré cela la faculté d'acquérir les fruits, car, si la possession du fou n'est plus à ce moment entachée de mauvaise foi, elle n'aura du moins jamais reposé sur cette « *justa opinio quæsiti dominii* », qui fait le fondement du mode d'acquisition dont nous nous occupons.

Si la possession commençait pendant un intervalle lucide, pourrait-elle devenir pour le fou une cause d'acquisition des fruits ? Sans doute, si *ab initio* elle était de bonne foi et reposait sur un juste titre, car, la folie revenant, nous retomberions dans le cas que nous examinions plus haut.

Arrivons à l'acquisition par succession *ab intestat* ou *testamentaire*. — On acquiert, à titre particulier, par succession *ab intestat*, dans les cas prévus par les articles 351, 747 et 766, c'est-à-dire dans les cas de successions *anomales*. On acquiert à titre particulier par succession testamentaire, toutes les fois qu'on reçoit un legs qui ne rentre ni dans la classe des legs universels, ni dans la classe des legs à titre universel.

Ce sont là des modes d'acquisition qui n'exigent de la part de celui qui acquiert aucun acte de volonté ; donc ils sont accessibles au fou d'une manière générale et sans qu'il y ait à distinguer s'il est interdit, placé dans un établissement d'aliénés, etc., etc.

Il ne nous reste plus à parler que de deux modes d'acquisition de la propriété : l'effet de la loi et l'accession. Quant à l'effet de la loi, ce mode d'acquisition se rapporte à l'usufruit légal (384 et 754). L'acquisition de la propriété des fruits perçus en vertu de cet usufruit légal est évidemment accessible à tous les fous sans distinction. Il en est de même de l'acquisition par accession,

car l'acquisition de la propriété s'opère encore
ici indépendamment de la volonté de l'acquéreur.

III. — DE L'ACQUISITION DES DÉMEMBREMENTS DE LA
PROPRIÉTÉ. — 1° *De l'usufruit.* — L'usufruit peut
naître soit : 1° de dispositions testamentaires, soit
2° de conventions, soit 3° de la prescription, soit
enfin 4° de dispositions de la loi. Nous avons déjà
parlé de ces différents modes d'acquisition à propos de l'acquisition de la propriété ; nous n'y reviendrons donc pas.

2° *Des droits d'usage et d'habitation.* — Art. 625 :
« Les droits d'usage et d'habitation s'acquièrent...
de la même manière que l'usufruit. »

3° *Des servitudes.* — Elles dérivent ou 1° de la
situation des lieux, ou 2° de la loi, ou 3° du fait
de l'homme.

Quant aux servitudes qui dérivent de la situation des lieux ou de la loi, il est bien évident que
les immeubles appartenant au fou en profitent,
comme aussi ils doivent les subir. Mais le fou
peut-il acquérir une servitude au profit de son
immeuble ? La loi reconnaît trois modes d'acquisition d'une servitude : 1° le titre exprès ; 2° la
prescription ; 3° la destination du père de famille.
1° Le titre exprès doit s'entendre, soit d'une convention à titre gratuit ou à titre onéreux, soit d'un
testament. Le premier de ces modes d'acquisition
sera inaccessible au fou, en vertu des principes

généraux que nous avons déjà exposés plus haut en
parlant de l'acquisition par convention de la propriété ; le second pourra faire acquérir une servitude à un fou comme à toute autre personne.
2° Quant à la prescription qui permet d'acquérir,
par une possession de trente ans, les servitudes qui
sont tout à la fois continues et apparentes, elle
pourra être accomplie par le fou pourvu que la
possession ait commencé avant la folie. L'interdit
pourrait même invoquer la prescription commencée
pendant l'interdiction. 3° Le fou peut-il acquérir
une servitude par destination du père de famille?
Nous n'y voyons pour notre part aucun obstacle.
L'acte qui donne naissance à la servitude, — savoir : l'établissement entre deux fonds de relations,
qui, si ces deux fonds appartenaient à des propriétaires différents, constitueraient une servitude,
suivi du passage du fonds dominant dans le patrimoine du fou, — n'exige, en effet, par lui-même
aucune manifestation de volonté de la part du fou.
Toutes les fois donc, que le passage d'un fonds dans
le patrimoine du fou pourra s'opérer, le fou
pourra acquérir une servitude par destination du
père de famille.

Il nous reste à voir si le fou peut, — toujours
indépendamment de l'action du pouvoir tutélaire
qui peut avoir été organisé auprès de lui, — voir
son patrimoine appauvri de quelques-uns des
droits réels qui le composent.

iv.—DE LA PERTE DE LA POSSESSION.—On perd la possession, ou 1° par le fait d'un tiers, ou 2° par l'abandon qu'on en fait volontairement.

I. Quant à la perte par le fait d'un tiers, rien ne s'oppose en principe à ce que le fou la subisse comme toute autre personne. Nous verrons plus tard, en parlant de la perte par prescription de la propriété et de ses démembrements, comment la loi a obvié aux inconvénients qui pouvaient résulter de cette situation.

II. L'abandon volontaire de la possession peut-il émaner d'un fou ?

1° L'interdit, en tant qu'interdit, ne pourra faire à la possession qu'une renonciation annulable; la renonciation serait nulle s'il était fou.

2° Le demi-interdit ne pourra faire, lui aussi, qu'une renonciation annulable.

3° Quant au fou, qui n'est ni interdit, ni demi-interdit, rien ne l'empêche d'abandonner la possession dans un intervalle lucide, mais il ne le peut point pendant la folie.

S'il résulte de quelque acte que la possession a été abandonnée par un fou, quel effet produira cet abandon ? Distinguons encore :

1° Le fou était interdit : Il sera, pendant les dix ans qui suivront la main-levée de son interdiction, recevable à demander la nullité de cet acte, sans avoir à faire la preuve de la folie; après les dix ans, il pourrait offrir de faire la preuve de l'existence de la folie au moment de l'acte.

2° Il était dans un état de folie notoire, et il a été interdit postérieurement : Il pourra, dans les dix ans qui suivront la main-levée de l'interdiction, attaquer l'acte sans faire la preuve directe de la folie ; mais les tiers pourront de leur côté faire la preuve de la raison, et empêcher ainsi l'annulation de l'acte. — Après les dix ans, l'ex-interdit devrait faire la preuve directe de l'existence de la folie au moment de l'acte.

3° Il est mort sans que son interdiction ait été prononcée ou provoquée : L'acte ne pourra jamais être attaqué ; ainsi le veut l'article 504.

4° Il était demi-interdit : Même décision que sur notre 1°, s'il s'agit de la possession d'un immeuble ; car, en ce qui regarde l'aliénation des droits immobiliers faite sans l'autorisation du conseil, le demi-interdit est dans la même situation que l'interdit.

5° Il était placé dans un établissement d'aliénés: Il pourra, pendant les dix ans qui suivront la signification de l'acte ou la connaissance qu'il en aurait acquise autrement, en demander la nullité, sans offrir de faire la preuve de la folie ; mais la preuve de l'existence de la raison pourra être faite par les adversaires. Après ces dix ans, il devrait faire directement la preuve de l'existence de la folie au moment de l'acte.

6° Le fou n'était, à l'époque de la naissance de

l'acte, dans aucune des conditions ci-dessus spécifiées : Dans ce cas, ce sera toujours à lui à établir
l'existence [de la folie au moment de l'acte, qui,
cette preuve une fois faite, devra nécessairement
être annulé. L'utilité de l'action en nullité de l'acte
contenant l'abandon de la possession se manifestera
toutes les fois que l'abandon de la possession aurait
entraîné, au préjudice du fou, l'interruption d'une
prescription en train de s'accomplir à son profit.

V.—DE LA PERTE DE LA PROPRIÉTÉ.—I. *Par abandon* pro derelicto *et par tradition.*—Ces deux modes
de perte de la propriété reposent sur l'intention du
derelinquens ou du *tradens*, comme la perte de la
possession par abandon volontaire repose sur l'intention du possesseur. Il faut appliquer ici tout ce
que nous avons dit de l'abandon de la possession.

II. *Par prescription.* — 1° Le fou est interdit :
« La prescription, dit l'art. 2252, ne court pas
contre.... les interdits, sauf ce qui est dit à l'art.
2278 et à l'exception des autres cas déterminés
par la loi. »

L'art. 2278 décide que les prescriptions dont
il est question dans la section IV du titre *de la
Prescription* courent même contre les interdits.
L'art. 398 du Code de Procédure décide que la pé-
remption court contre eux ; il s'agit là de prescriptions libératoires et non de prescriptions susceptibles de faire perdre à l'interdit son droit de propriété ; nous n'avons pas à y insister.

Donc en principe l'interdit ne peut point perdre par prescription son droit de propriété.

2° Le fou est demi interdit, placé dans une maison d'aliénés ou en dehors de ces conditions : Dans notre ancien droit on décidait que la folie suspendait dans tous les cas la prescription ; aujourd'hui, en présence des termes formels de l'art. 2251, il est impossible d'adopter la même décision. La prescription courra donc contre tous les fous non interdits.

III. *De la perte des fruits perçus par un tiers possesseur de bonne foi.* — C'est évidemment une perte que le fou devra subir.

IV. *De la perte de la propriété par convention.* — Nous avons dit quels étaient les effets de la folie au point de vue des conventions ; nous n'y reviendrons pas ; ajoutons seulement ici que le demi-interdit qui a toute capacité pour acquérir par convention ne peut aliéner ni ses immeubles, ni ses capitaux mobiliers.

V. *De la perte de la propriété par accession.* — De même que le fou acquiert par accession la chose qui vient se joindre à la sienne, de même il perd par accession sa chose quand elle va se joindre à celle d'autrui.

VI. — DE LA PERTE DES DÉMEMBREMENTS DE LA PROPRIÉTÉ. — 1° *De l'usufruit.* — Parmi les modes d'extinction de l'usufruit il en est qui affectent l'usufruit du fou comme celui de toute autre personne. Ce sont : 1° la mort de l'usufruitier ; 2° l'expiration du temps pour lequel il a été constitué ; 3° la consolidation ; 4° la perte totale de la chose ; 5° la résolution du droit du constituant.

Le fou peut-il perdre son usufruit par le non-usage pendant trente ans? Sur ce point il y a lieu d'appliquer les principes relatifs à la prescription et de décider que l'interdit ne le perdra point ; que tous les autres fous au contraire le perdront (art. 710). — L'usufruit s'éteint par la prescription accomplie au profit d'un tiers possesseur; ici encore il faudra appliquer la même décision.— Quant à la renonciation que le fou pourrait faire à l'usufruit, il faudrait appliquer les principes généraux comme nous les avons appliqués à propos de la renonciation à la possession. Il est un dernier mode d'extinction de l'usufruit : l'abus de jouissance. Ce mode d'extinction s'appliquera-t-il à l'usufruit du fou? Nous ne le croyons pas; il présente en effet une sorte de caractère pénal qui s'oppose à cette application. Ce n'est pas à dire d'ailleurs que le fou pourra, impunément et à loisir, dégrader le fonds dont il aura l'usufruit; les juges pourront ordonner la rentrée du propriétaire dans la jouissance de l'objet grevé d'usufruit, mais à la charge « de payer annuellement à l'usufruitier, ou à ses ayant cause, une somme déterminée, jusqu'à l'instant où l'usufruit aurait dû cesser » (art. 618). Dans ce cas il y aura plutôt suspension de l'exercice du droit d'usufruit qu'extinction de l'usufruit lui-même.

Ce que nous venons de dire de l'usufruit s'applique aux droits d'usage et d'habitation.

II. *Des servitudes.* — Les servitudes sont soumises à trois causes d'extinction : 1° l'impossibilité d'user; 2° la confusion ; 3° le non-usage pendant trente ans. De ces trois causes d'extinction, les deux premières sont évidemment applicables aux servitudes possédées par le fou ; quant au non-usage pendant trente ans, nous n'avons qu'à renvoyer à ce que nous avons dit sur ce point à propos de l'usufruit (art. 710).

II. — DE L'ACQUISITION ET DE L'EXTINCTION DES CRÉANCES. — DE LA CRÉATION ET DE L'EXTINCTION DES OBLIGATIONS.

Nous avons à examiner ici les deux questions que nous avons déjà étudiées en droit romain : 1° Le fou peut-il commencer à être créancier ou débiteur, sujet actif ou passif d'une obligation ? — 2° Le fou peut-il cesser d'être créancier ou débiteur?

I. Le fou peut-il commencer à être créancier ou débiteur? Pour résoudre cette question, il est nécessaire d'examiner en détail les sources des obligations; en appliquant à chacune d'elles les principes généraux nous verrons si elles peuvent donner naissance à une obligation contre l'aliéné ou à une créance en sa faveur.

Les obligations naissent du fait de l'homme ou

de la loi. Le fait de l'homme, susceptible de donner naissance à une obligation, est licite ou illicite ; au premier cas, c'est un contrat ou un quasi-contrat ; dans le second, c'est un délit ou un quasi-délit.

1° *Du contrat.*—Un fou peut-il devenir créancier ou débiteur par suite d'un contrat? Nous avons déjà exposé plusieurs fois quels étaient les effets de la folie sur les contrats, à propos du mariage, à propos encore de l'acquisition de la propriété par convention; il est inutile que nous répétions ce que nous avons déjà exposé à plusieurs reprises.

2° *Du quasi contrat.* — Le fou peut-il devenir créancier ou débiteur par suite d'un quasi-contrat? On définit le quasi-contrat : « Le fait licite et volontaire de l'homme qui oblige son auteur envers une autre personne et quelquefois aussi une autre personne envers lui. »

Le quasi-contrat met en relations deux personnes: l'une, qui est l'auteur du fait constitutif du quasi-contrat, qui joue un rôle actif ; une seconde, qui n'est qu'un acteur purement passif ; c'est pourquoi nous appellerons désormais l'auteur du fait licite et volontaire, productif d'obligation, l'agent actif; l'agent passif sera la personne qui, indépendamment de son fait personnel, se trouve mise en rapport avec une autre personne par le fait de cette dernière (1).

---

(1) Marcadé fait observer avec beaucoup de raison qu'il eût

Cette distinction faite, nous allons examiner successivement si le fou peut être : 1° agent actif ; 2° agent passif dans un quasi-contrat.

1° Le fou peut-il être agent actif dans un quasi-contrat, c'est-à-dire peut-il s'obliger par son fait licite et volontaire? C'est la même question qui se pose à propos du contrat lui-même ; elle appelle nécessairement la même réponse.

2° Le fou peut-il être agent passif dans un quasi-contrat, c'est-à-dire peut-il être obligé comme toute autre personne, indépendamment de sa volonté, à son insu et par la seule force de la loi? Évidemment oui, car nous l'avons déjà souvent répété, dès que la volonté n'est plus en jeu, la capacité du fou est la capacité de droit commun. Quelle est dans les quasi-contrats le rôle de l'agent passif? Il peut jouer, et c'est le cas le plus fréquent, le rôle de créancier, et aussi, mais plus rarement, le rôle de débiteur. En effet, le plus souvent, l'agent actif s'oblige par son fait envers l'agent passif qui, par suite du quasi-contrat, acquiert ainsi la qualité de créancier ; mais il résulte de la définition même du

été plus logique de n'attribuer au quasi-contrat que les obligations de l'agent actif, nées du fait volontaire de cet agent, et d'attribuer celles de l'agent passif, nées à l'occasion d'un fait qui lui est étranger, et qui est pour lui l'équivalent d'un cas fortuit, à l'autorité de la loi (art. 1371, n° 1). Voir sous le même article une excellente comparaison du système romain et du système français sur la nature du quasi-contrat.

quasi-contrat que l'agent passif peut aussi se trouver obligé.

Appliquons les principes que nous venons d'exposer aux deux quasi-contrats dont le Code s'occupe particulièrement : la gestion d'affaires et le
payement de l'indu.

De la gestion d'affaires. — Le fou gère les affaires d'un tiers.

1° Il est interdit : Il lui est défendu de gérer. S'il
gère, le quasi-contrat prend naissance, mais il est
annulable, à condition cependant que l'interdit soit
dans un intervalle lucide. Sinon, *nihil agit.*

2° Il est demi-interdit : Il lui est interdit de faire
pour autrui les actes qu'il ne pourrait pas faire pour
lui-même ; dans ces limites, il est assimilable à
l'interdit.

3° Il est placé dans une maison d'aliénés ou en
dehors de ces trois conditions : Il peut gérer pendant les intervalles lucides ; pendant la folie il en
est absolument incapable, le quasi-contrat ne se
forme pas.

Qu'arrivera-t-il si en fait il y a eu de la part du
fou gestion d'affaires ?

1° Il était interdit : Il pourra pendant dix ans, à
compter de la main levée, demander la nullité du
quasi-contrat sans avoir à faire aucune espèce de
preuve de la folie (art. 502). Après les dix ans
il ne pourra plus l'attaquer que conformément au
droit commun.

2° Il était dans un état de folie notoire et a depuis été interdit: Il pourra demander la nullité de
l'acte, source de son obligation, et la nullité pourra,
dans les dix ans, être prononcée sans qu'il ait à
faire la preuve directe de l'existence de la folie au
moment de l'acte. Après les dix ans cette preuve
serait nécessaire.

3° Il était dans un état habituel de folie et il est
mort sans avoir été interdit; son interdiction n'a pas
été provoquée, et il n'a pas même été placé dans
un établissement d'aliénés : Dans ce cas ses ayant-
cause ne peuvent jamais faire annuler l'acte d'où
résultent ses obligations.

4° Il était demi-interdit: Jugé capable d'administrer ses biens, il doit être au même titre capable
d'administrer pour autrui; nous croyons donc que,
au point de vue de l'administration, ses obligations
devraient être régies par le droit commun ; mais
que, s'il avait fait seul pour le géré des actes qu'il ne
pourrait faire pour lui-même qu'avec l'assistance
de son conseil, en principe il devrait être tenu
quasi ex contractu, sauf à lui à faire annuler les actes
qu'il a ainsi faits au préjudice du géré.

5° Il était dans un établissement d'aliénés: Ce
cas doit être réglé comme le 2°.

6° Il n'était dans aucun des cas ci-dessus spécifiés : Il aura toujours à faire la preuve directe de
la folie; cette preuve entraînera toujours la nullité de l'acte.

Dans tous les cas où l'acte d'où résulte l'obligation sera annulé, il n'y aura de part et d'autre ni
actio negotiorum gestorum directa, ni *actio n. g.
contraria*, mais des actions *de in rem verso*.

2° Si nous supposons qu'un tiers gère les affaires
du fou, dans ce cas, le quasi-contrat se forme; le
tiers contracte envers le fou toutes les obligations
d'un gérant, et le fou acquiert ainsi contre lui l'action *negotiorum gestorum directa ;* de son côté le
gérant acquiert contre le fou l'action *negotiorum
gestorum contraria.*

Appliquons les mêmes principes au *payement de
l'indu.* Dans ce quasi-contrat, l'agent actif, c'est
celui qui reçoit; l'agent passif, celui qui paye.

Ceci posé, supposons que le fou reçoive un
payement: on appliquera tout ce que nous avons dit
ci-dessus du fou gérant d'affaires, le *solvens* n'aura
point contre le fou qui invoquera son interdiction
ou sa folie de *condictio indebiti*, mais une *actio de in
rem verso.* — Si c'est au contraire le fou qui a payé
ce qu'il ne devait point, le quasi-contrat se forme,
et l'*accipiens* se trouve obligé par le fait même de
son acceptation, suivant les règles tracées par le
Code dans les articles 1376 à 1382. — De son côté
le fou sera obligé envers la personne qu'il aura
indûment payée en vertu de l'article 1381. Cet
article oblige en effet celui auquel la chose est
restituée à tenir compte même au possesseur de
mauvaise foi de toutes les dépenses nécessaires et

utiles qui ont été faites pour la conservation de la chose.

3° *Des délits et des quasi-délits.*—Les délits et les quasi-délits supposent un acte commis par une personne au préjudice d'une autre, dans une intention coupable, ou au moins par suite d'une faute.

L'acte commis pendant la folie ne pourra donc jamais constituer ni un délit ni un quasi-délit ; quant à la capacité de commettre un délit ou un quasi-délit, et quant aux suites de l'acte qui, s'il était émané d'une personne capable, constituerait un délit ou un quasi-délit, il faut appliquer ce que nous avons dit du fou gérant d'affaires.

Le fou victime d'un délit ou d'un quasi-délit acquerra, bien entendu, les actions qui pourront en résulter contre les auteurs coupables ou imprudents du fait dommageable commis à son préjudice.

4° *De la loi.* — L'obligation vient de la loi lorsqu'elle se produit sans aucun fait de l'homme ; dès lors elle doit frapper le fou comme toute autre personne. C'est ainsi, par exemple, que le fou sera tenu, s'il est propriétaire d'un mur, d'en céder la mitoyenneté à son voisin contre indemnité.

11. Examinons maintenant si le fou peut cesser d'être créancier ou débiteur, c'est-à-dire s'il peut jouer un rôle actif ou un rôle passif dans l'extinction des obligations. — Les obligations s'éteignent : 1° par le payement ; 2° par la novation ; 3° par la

remise volontaire; 4° par la compensation ; 5° par la confusion ; 6° par la perte de la chose due ; 7° par la nullité ou la rescision; 8° par l'effet de la condition résolutoire ; 9° par la prescription ; 10° par l'expiration du terme; 11° par la mort du débiteur ou du créancier dans certains cas.

1° Du payement : Quant à la capacité de l'interdit, du demi-interdit, de l'individu placé dans un établissement d'aliénés, et du fou qui se trouve en dehors de ces condition, et quant aux conséquences du paiements fait ou reçu par le fou, nous renvoyons à ce que nous avons déjà dit à propos des autres actes exigeant la volonté.

2° et 3° Nous ferons de même pour la remise de la dette et la novation qui peuvent être assimilées au payement. Notons qu'il est un cas où le fou, quel qu'il soit, pourra toujours se trouver libéré par novation, c'est le cas de l'expromission.

4° De la prescription : La prescription n'éteindrait point les créances du fou interdit, si ce n'est dans le cas prévu par l'art. 2278; elle éteindrait au contraire celles des fous non interdits. Tous les fous peuvent se libérer par prescription.

Les autres modes d'extinction des obligations : la compensation, la confusion, la perte de la chose due, la nullité ou la rescision, l'effet de la condition résolutoire, l'expiration du terme, la mort du débiteur ou du créancier dans certains cas (419, 617, 957, 1795, 1865, 1879, 1983, 2003, 1122), opérant.

indépendamment de la volonté du créancier ou du débiteur, éteindraient les créances et les obligations du fou lui-même.

La folie dans certains cas peut elle-même constituer, en fait, une cause d'extinction des obligations. « Il n'y a lieu à aucuns dommages et intérêts lorsque, par suite d'une force majeure ou d'un cas fortuit, le débiteur a été empêché de donner ou de faire ce à quoi il était obligé ou a fait ce qui lui était interdit (1148). »

Ainsi, en fait sinon en droit, la folie éteint l'obligation de faire; nous disons «en fait, sinon en droit», parce que l'obligation n'est pas éteinte; son exercice seulement est paralysé ; elle revivra si la folie disparaît dans un temps où l'obligation pourra encore être utilement exécutée; dès que l'obligation ne pourra plus être exécutée, la folie empêchant, qu'il n'y ait lieu à des dommages-intérêts, aboutira, en fait, au même résultat qu'un mode ordinaire d'extinction des obligations.

III.—DES MODIFICATIONS A TITRE UNIVERSEL DU PATRIMOINE.

Le patrimoine peut-il être augmenté ou diminué à titre universel, soit par succession testamentaire, soit ab intestat? Évidemment oui, car ces acquisitions s'opèrent sans le concours de la volonté de l'acquéreur. L'héritier ab intestat légitime ou irrégulier, et le légataire universel ou à titre universel, deviennent dès l'instant du décès du *de cujus*, propriétaires, possesseurs, créanciers et débiteurs sans aucune manifestation de volonté ; il n'y a plus en droit français comme en droit romain d'adition d'hérédité : de là la faculté pour le fou d'acquérir dans tous les cas *per universitatem*.

§ III. — DE LA DÉVOLUTION DU PATRIMOINE.

Le patrimoine du fou passe après sa mort à ses héritiers ab intestat, s'il n'a point d'héritiers testamentaires.

Il peut en effet avoir fait avant sa folie un testament qui lui permettra d'avoir des héritiers testamentaires. Quant à la capacité de faire un testament pendant la folie, et à la valeur du testament fait dans ces conditions, nous appliquerons les principes généraux qui gouvernent tous les actes du fou.

II. — DROIT PUBLIC.

SECTION I.

Des effets de la folie sur les droits politiques.

Si nous appliquons aux droits politiques les principes généraux sur les effets de la folie, nous arrivons à ce résultat que la folie ne doit pas faire perdre la jouissance des droits eux-mêmes ; qu'elle doit seulement en suspendre l'exercice .Mais on conçoit que, pour qu'en fait un homme soit privé de l'exer=

cice de ses droits de citoyen, sa folie devra être officiellement constatée.

1° *De l'interdit.*—L'interdiction a pour effet de suspendre l'exercice des droits politiques; cela résulte expressément de l'article 5 de la Constitution du 22 frimaire an VIII, ainsi conçu :

« L'exercice des droits de citoyen français est suspendu... par l'état d'interdiction judiciaire..... » Décret du 2 février 1852 : « Ne doivent pas être inscrits sur les listes électorales... 16° les interdits. De même ils sont expressément déclarés incapables d'être jurés par l'art. 2 de la loi du 4 juin 1853.

2° *Du demi-interdit.*—Nous avons établi qu'en principe la demi-interdiction laissait subsister la capacité commune, mais le demi interdit est incapable d'être juré (art. 2, l. 4 juin 1853).

3° *De l'individu placé dans un établissement d'aliénés.*— L'art. 18 du décret réglementaire du 2 fév. 1852 dit : « Le droit de vote est suspendu... pour les personnes non interdites, mais retenues en vertu de la loi du 30 juin 1838 dans un établissement *public* d'aliénés. »

De ce mot « établissement *public* » il résulte évidemment que les personnes détenues dans un établissement privé conservent l'exercice de leur droit de vote. Disposition bizarre, qui fait résulter une incapacité, de la nature de l'établissement où se trouve placé l'aliéné. Cette disposition n'est pas d'ailleurs le résultat d'une erreur puisqu'elle est

reproduite par l'art. 4 de la loi du 4 juin 1853 :
« Ne peuvent être jurés, ceux qui sont placés dans
un établissement *public* d'aliénés... »

4° *Des fous qui ne sont dans aucune des conditions ci-dessus spécifiées.* — Leur folie n'étant pas
constatée officiellement, ils restent en fait nantis de
l'exercice de leurs droits ; mais nous croyons que
l'autorité pourrait s'opposer à cet exercice, à ses
risques et périls.

SECTION II.

Des effets de la folie sur le droit pénal.

Un fou ne peut commettre ni un délit ni un crime :
donc le droit pénal ne doit point toucher le fou.

« Il n'y a ni crime ni délit lorsque le prévenu
était en état de démence au temps de l'action, »
dit l'article 64 du Code pénal.

De cette formule de la loi dérive nécessairement
la non-culpabilité de l'agent : d'où cette conséquence qu'il doit y avoir, pour cause de démence,
acquittement, et non pas absolution.

Et par le mot « démence » la loi entend la folie
en général, — de quelque nom que les physiolo-
gistes l'appellent (1), — la folie destructive du consentement.

C'est assez dire que la demi-folie, celle qui laisse

(1) La monomanie rentre parfaitement dans les termes de la
loi.(Voy. Cass. 8 frim. an XIII.)

subsister la volonté en l'altérant seulement, laisse le coupable sous l'empire du droit commun ; elle constitue une simple circonstance atténuante.

De ces mots de la loi « au temps de l'action » il résulte que dans chaque affaire on devra examiner en fait si la folie existait au moment de l'acte. Il en résulte forcément que la culpabilité reparaîtra tout entière si l'acte coupable a été commis pendant un intervalle lucide. C'est ce que décidait la loi romaine, c'est ce que décidèrent nos anciens juris-consultes, c'est ce qu'on doit encore admettre en principe aujourd'hui. M. Chauveau croit que le maniaque qui aura commis un crime dans l'inter-valle de sa maladie ne devra pas en général être mis en jugement, parce que, dit-il, on ne pourra jamais savoir si dans l'intervalle même de la ma-ladie l'état mental du fou est redevenu parfait. Nous sommes de son avis, mais cette décision peut parfaitement se concilier avec celle que nous émettions tout à l'heure. Quand nous disons que la culpabilité reparaîtra pendant l'intervalle lucide, nous supposons un intervalle lucide prouvé, établi; nous ne nous occupons pas de la difficulté de la preuve elle-même. Qu'en fait, cette preuve soit fort difficile pour le ministère public (car c'est à lui qu'elle incombera ; l'existence de la folie à une époque voisine de l'acte donne lieu en effet à une présomption qui ne peut être détruite que par la preuve de l'intervalle lucide à ce moment ; nous

nous rappelons que c'est le système romain) (1),
et que dans la plupart des cas il renonce à intenter
une poursuite qui aboutirait infailliblement à un
acquittement, nous le comprenons; mais le principe, tout difficile qu'il soit à introduire dans la
pratique, n'en reste pas moins debout encore aujourd'hui, tel que l'avaient proclamé les Romains et
notre ancienne jurisprudence.

Quand la démence du prévenu est présumée ou
alléguée, le premier soin du magistrat instructeur
doit être de la faire vérifier le plus tôt possible ;
il est important de ne point laisser en prison plus
longtemps qu'il n'est nécessaire à cette constatation un individu qui, si la folie est reconnue, se
trouvera n'être point coupable. Cette constatation
se fera au moyen de visites de médecins commis
par le juge d'instruction. Les rapports des médecins seront transmis avec les pièces de l'affaire au
procureur impérial, qui devra adresser dans les
trois jours ses réquisitions au juge d'instruction.
Si le juge d'instruction est d'avis que la démence
a existé au temps de l'acte, il déclarera par une
ordonnance qu'il n'y a pas lieu à poursuivre. Dans
les vingt-quatre heures qui suivront l'ordonnance
de non-lieu, le procureur impérial pourra former

---

(1) « Si dubitetur quo tempore deliquerit an tempore furoris
an sanæ mentis; in dubio, est potius quod deliquerit tempore furoris. » Farinacius, quæst., 98 n° 8. — Voy. Jousse, *Comm.
sur l'art.* 1. Tit. 28, *Ord. crim.*, 1670.

opposition à cette ordonnance (art. 127, 128 et 135
C. I. C., modif. par la loi du 17 juillet 1856).

Si le juge d'instruction est d'avis que la démence
n'existait pas, il renvoie le prévenu devant le tribunal de police correctionnelle, ou bien il ordonne
que les pièces de l'instruction seront transmises
par le procureur impérial au procureur général
pour être procédé à la mise en accusation. La
chambre des mises en accusation pourra, si elle
croit que la démence existait au moment de l'acte,
prononcer la mise en liberté du prévenu (art. 229
mod. par la loi du 17 juillet 1856). Sinon elle le
renverra aux assises. — L'exception de la démence
pourra-t-elle être posée au jury ? La Cour de cassation tient pour la négative (1), et, croyons-nous,
avec raison : elle en donne pour motif que « les
faits d'excuse laissent subsister le délit, tandis que
la démence au contraire anéantit la culpabilité et
par conséquent tout délit, d'où il suit qu'en posant
la question de savoir si l'accusé est coupable, on
demande nécessairement au jury si cet accusé était
sain d'esprit et si sa volonté était libre et indépendante au moment de l'action. »

Nous avons toujours parlé jusqu'ici de la folie
concomitante au crime ou délit ; quels effets produira la folie qui ne surviendra que postérieurement ?

1° Elle se produit avant les poursuites. La pour-

(1) 11 mars 1813. — 26 oct. 1815. — 9 septembre 1825.
— 9 juin 1831.

suite ne peut être intentée, ce qui n'empêche d'ailleurs point la prescription de courir contre l'action publique (1); mais le ministère public pourrait profiter d'un intervalle lucide pour faire un acte de poursuite qui interromprait la prescription.

2° Si la folie survient pendant les poursuites, les poursuites doivent être suspendues, et ne pourront être reprises qu'autant qu'il se produira un intervalle lucide d'assez longue durée pour permettre d'achever la procédure.

3° Notre ancienne jurisprudence admettait que, si la folie n'éclatait qu'après l'établissement des preuves, les juges pouvaient prononcer contre l'accusé des peines pécuniaires. Aujourd'hui il faudrait, pour que la folie se produisît après l'établissement des preuves, qu'elle intervînt entre le moment où le président déclare les débats terminés et celui où le président prononce l'arrêt de condamnation; ce fait sera extrêmement rare, à raison du peu de temps qui s'écoulera entre ces deux instants. Mais, en admettant que la folie se produisît dans ces circonstances, la Cour ne pourrait pas prononcer même des condamnations pécuniaires, car les condamnations civiles ne peuvent être que l'accessoire de la condamnation criminelle, et l'amende, de son côté, constitue une véritable peine.

4° Si la folie ne se manifeste qu'après la con-

(1) Cass., 22 avril 1813.

damnation, elle entraînera un sursis. Muyart de Vouglans veut cependant qu'on exécute les condamnés à mort pour crimes de lèse-majesté, malgré leur démence, à cause de l'exemple. Ce motif, nous l'avons rencontré dans notre ancien droit ; il est bon de l'y laisser avec ses conséquences. Rigoureusement, il suffirait que le condamné à mort eût un intervalle lucide pour qu'il pût être exécuté, mais nous croyons que, le cas se présentât-il jamais, la justice reculerait devant une pareille exécution, qui soulèverait la conscience publique.

SECTION III.

Des mesures de sûreté et d'humanité prises à l'égard du fou.

De cette considération morale que le fou ne saurait être coupable ; de la sanction que cette vérité reçoit dans l'article 64 du Code pénal, il résulte que la société se trouverait, vis-à-vis du fou, complétement désarmée, et verrait sa sécurité compromise, s'il ne lui était pas permis de prendre, contre des excès qui échapperaient aux lois répressives, des mesures préventives ; ainsi, la raison de salut public, « *salus populi suprema lex esto*, » suffirait à motiver vis-à-vis du fou des mesures préventives, alors même que ces mesures seraient attentatoires à la liberté individuelle ; mais il se trouve précisément que ces mesures ne sont en rien attentatoires à la liberté individuelle, dont il ne saurait être question là où le libre arbitre a complétement disparu.

Cette disparition du libre arbitre permet aussi aux familles ou à l'État de substituer légitimement leur volonté à celle du fou, et de disposer de sa personne sans que l'intérêt de la société soit engagé, et seulement dans l'intérêt de sa personne. Mais, si rien n'est plus légitime que de prendre à l'égard du fou des mesures préventives ou des mesures d'humanité, il importe, d'un autre côté, que ces mesures ne soient pas prises à l'égard de personnes saines d'esprit. — Organiser des mesures préventives ou des mesures d'humanité à l'égard du fou, et en même temps des mesures protectrices de la liberté individuelle, tel doit être le double objet d'une loi destinée à protéger la société contre les fous.

Nous avons vu comment notre ancien droit avait pourvu à la sécurité de la société ; voyons comment les législateurs du Code civil, et après eux les législateurs de 1838, ont essayé de réaliser le même dessein.

Le Code civil, en exigeant que le ministère public requît l'interdiction du fou furieux, a eu évidemment pour but de garantir l'ordre public; d'où l'on peut conclure que dans la pensée de ses rédacteurs l'interdiction du furieux devait précéder sa séquestration.

Le Code pénal renferme deux ordres de dispositions qui ont un rapport plus ou moins direct à notre matière. Les unes sont des dispositions générales relatives à la protection de la liberté individuelle : ainsi, les articles 114 à 122 et 186 répriment les atteintes qui seraient portées à cette liberté par les fonctionnaires publics. Les articles 341 à 343 répriment celles qui émaneraient de simples particuliers.

Les autres sont spéciales, et renouvellent les peines portées contre ceux qui auraient laissé divaguer des fous ou des furieux étant sous leur garde, et ceux qui auraient occasionné la mort ou la blessure des animaux ou bestiaux appartenant à autrui, par l'effet de la divagation des fous et des furieux. (Art. 475, n° 7; 479, n° 2.) Elles se taisent sur le cas où cette divagation aurait occasionné un homicide, des blessures aux hommes, des incendies, etc.

Aucune de nos lois n'avait donc réglé de quelle manière il serait pourvu aux mesures que nécessitaient les aliénés qui n'étaient pas interdits, ni quels seraient les établissements dans lesquels les interdits seraient recueillis, ni comment il serait pourvu aux frais du séjour des indigents dans l'asile.

A défaut de dispositions législatives, quelques règlements avaient été rendus par les administrations locales qui s'étaient autorisées à cet effet de la loi des 16-24 août 1790.

Le ministre de la justice, dans une lettre adressée, le 15 thermidor an IX, à celui de l'intérieur, avait ainsi tracé le devoir de l'administration : « Dans l'état actuel de la législation, je pense que l'autorité administrative, pour obvier aux événements fâcheux qui pourraient résulter de la liberté dont jouirait un insensé, est autorisée par l'article 3 du titre 11 de la loi du 24 août 1790, à le faire arrêter et à le placer provisoirement dans un dépôt de sûreté; mais cette mesure, essentiellement provisoire, ne peut jamais dispenser de faire prononcer définitivement sur son état par les tribunaux; c'est à eux seuls qu'il appartient de déclarer par jugement la démence des individus qui en sont atteints. Ainsi, lorsqu'un insensé a été provisoirement arrêté par l'autorité administrative, le tribunal du lieu de son domicile doit fixer son état, et c'est d'après le jugement que l'autorité administrative le fait définitivement placer dans les maisons destinées aux insensés et furieux. Lorsqu'il n'y a pas eu nécessité de faire provisoirement arrêter la personne atteinte de folie, le tribunal doit, avant que cette mesure soit prise, rendre un jugement qui détermine et fixe son état. »

Ces principes furent généralement appliqués, et particulièrement à Paris, par les ordonnances de police de 1803, une instruction du préfet de police de Paris aux commissaires de police du 25 juillet 1816, et enfin une ordonnance de police du 9 août 1828.

La liberté individuelle se trouvait ainsi sauve-
gardée en droit, mais elle était compromise en fait
par le mode de séquestration des aliénés. La loi du
24 vendémiaire an II (titre 3, art. 7) ordonnait
que les insensés fussent déposés dans les maisons de répression. Ils étaient confondus là avec
les repris de justice, ils n'étaient pas soignés, et si,
par miracle, ils revenaient à la raison, leur liberté
se trouvait très-sérieusement compromise.

Cet état de choses se maintint sans beaucoup de
changements jusque sous l'empire du Code. Une
instruction du gouvernement aux préfets, en date
du 16 juillet 1819, tenta d'introduire des amélio-
rations que le petit nombre des établissements consacrés aux aliénés fit échouer. En 1835, le gouvernement ordonna une inspection générale du service
des aliénés, inspection qui en fit connaître les im-
perfections, et ouvrit les voies à la réforme. Dans
la séance du 6 janvier 1837, la Chambre des députés reçut du ministre de l'intérieur communication
d'un projet de législation générale sur les aliénés.
Ce projet, composé de quatorze articles, ne présentait aucune division. Il s'occupait simplement de
dispositions destinées à garantir la liberté individuelle, à protéger la personne des aliénés contre
les détentions arbitraires, et à fixer comment et par
qui seraient supportées les dépenses de ceux qui
n'auraient point de ressources. A la suite de la discussion de la Chambre des députés, ce projet fut

amendé et divisé en trois titres, contenant en germe toutes les dispositions de la loi actuelle; dans cet état, il fut porté, par le ministre de l'intérieur, devant la Chambre des pairs (séance du 28 avril 1837). La commission nommée par la Chambre des pairs lui fit subir des modifications importantes indiquées dans le rapport de M. le marquis de Barthélemy. Les modifications considérables que la loi avàit subies dans les Chambres décidèrent le gouvernement à la soumettre à une nouvelle élaboration administrative. Un nouveau projet fut présenté à la Chambre des pairs le 15 janvier 1838, par le ministre de l'intérieur, M. de Montalivet. Ce nouveau projet fut l'objet d'un second rapport de M. de Barthélemy, dans la séance du 31 janvier 1838. Ce rapport introduisait un certain nombre de modifications de détail. Le projet voté par la Chambre des pairs fut porté à la Chambre des députés, où il reçut encore quelques modifications relatées dans le rapport de M. Vivien. De la Chambre des députés, le projet fut reporté à la Chambre des pairs, qui, en acceptant la plupart des changements opérés par la Chambre des députés, en introduisit elle-même quelques nouveaux. Ces remaniements nécessitèrent un nouveau renvoi du projet à la Chambre des députés, qui, cette fois, sur un rapport de M. Vivien, concluant à l'adoption pure et simple du projet, le vota sans discussion. (Séance du 14 juin.)

La loi fut suivie d'une ordonnance réglementaire d'exécution, en date du 18 décembre 1839. Elle a été suivie de plusieurs circulaires ministérielles, dont les plus importantes portent la date des 23 juillet et 18 septembre 1838, 5 juillet et 5 août 1839, 25 juin 1840 et 28 juin 1842.

La loi comprend trois titres ; le premier est intitulé : « Des établissements d'aliénés » ; le titre deuxième traite des placements faits dans les établissements d'aliénés : il se subdivise en quatre sections : 1° des placements volontaires ; 2° des placements ordonnés par l'autorité publique ; 3° dépenses du service des aliénés ; 4° dispositions communes à toutes les personnes placées dans les établissements d'aliénés. Enfin le titre III, formé d'un seul article, est intitulé : « Dispositions générales ».

De ces trois titres, les deux derniers seuls ont trait directement à la question qui nous occupe ; nous dirons cependant quelques mots des établissements où l'aliéné peut être séquestré.

Ces établissements sont de deux natures : publics ou privés.

Des établissements publics. — On appelle établissements publics d'aliénés ceux qui sont fondés et entretenus aux frais des départements et des communes.

Ils doivent être spéciaux aux aliénés et ne doivent point recevoir d'autres malades (art. 1). L'article premier de la loi impose à chaque département ment l'obligation d'avoir un établissement de ce genre. Il peut d'ailleurs ou le construire lui-même ou traiter avec un établissement public ou privé du même département ou d'un autre département. Les traités passés par le département sont soumis à l'approbation du ministre de l'intérieur. Les établissements publics sont, aux termes de l'art. 2, placés sous la direction de l'autorité publique ; le gouvernement a donc le droit de fixer le mode d'administration et le régime des établissements publics. Il réglemente encore le régime intérieur, le service médical, les dépenses, etc. (art. 7). L'administration et la direction des établissements publics d'aliénés sont réglés par le titre 1 de l'ordonnance du 18 décembre 1819, qui établit côte à côte un conseil délibérant et une autorité exécutive. Le conseil délibérant, c'est la commission de surveillance, qui, à la différence des commissions administratives des hospices, lesquelles délibèrent et administrent en même temps, n'a qu'un rôle purement consultatif. L'action et la responsabilité reposent entièrement sur un directeur salarié, qui agit et administre sous l'autorité du ministre de l'intérieur et du préfet.

Les 16 premiers articles de l'ordonnance du 18 décembre 1839 règlent : 1° la composition et les attributions des conseils de surveillance ; 2° la nomination, les fonctions et les traitements des directeurs et des médecins ; 3º enfin la nomination des préposés au service. Les quartiers d'aliénés formés dans les hospices sont exemptés de cette organisation administrative, mais la commission administrative de l'hospice est tenue de faire agréer par le préfet un préposé responsable.

Des établissements privés. — Les établissements privés sont ceux que l'industrie privée fonde pour recueillir les aliénés et les soigner moyennant une pension. « Nul, dit l'art. 5 de la loi, ne pourra diriger ni former un établissement privé, consacré aux aliénés, sans l'autorisation du gouvernement. » Et l'article 6 ajoute : « Des règlements d'administration publique détermineront les conditions auxquelles seront accordées les autorisations énoncées en l'article précédent, les cas où elles pourront être retirées et les obligations auxquelles seront soumis les établissements autorisés. » Le titre II de l'ordonnance de 1839 a déterminé ces conditions. Parmi ces conditions d'existence il en est une d'ailleurs que la loi fixe elle-même : c'est la condition de spécialité du local (art. 5, §§ 2 et 3). Il résulte de cette disposition de la loi qu'un aliéné ne pourrait être reçu dans une maison de santé non autorisée à recevoir des aliénés que provisoirement et en cas d'urgence (disc. du Min. de l'int.). Dans le cas d'urgence, le directeur de la maison de santé devrait, pour mettre sa responsabilité à couvert, exiger une réquisition de l'autorité locale. Les établissements privés sont, aux termes de l'article 3, sous la surveillance de l'autorité publique ; c'est un contrôle de police seulement que le gouvernement exerce dans l'intérêt de la morale, de la liberté et de la sûreté des personnes.

De la surveillance et de la police des établissements publics et privés d'aliénés. — Tous les établissements publics ou privés consacrés aux aliénés sont soumis à une surveillance qui a été organisée par l'article 4 : « Le préfet et les personnes spécialement déléguées à cet effet par lui ou par le ministre de l'intérieur, le président du tribunal, le procureur du roi, le juge de paix, le maire de la commune, sont chargés de visiter les établissements publics ou privés consacrés aux aliénés. Ils recevront les réclamations des personnes qui y seront placées et prendront à leur égard tous renseignements propres à faire connaître leur position. Les établissements privés seront visités à des jours indéterminés, une fois au moins chaque trimestre, par le procureur du roi de l'arrondissement. Les établissements publics le seront de la même manière une fois au moins par semestre. » Il est à remarquer que ce n'est pas sans une très-vive répugnance que la Chambre des députés adopta cet article 4 ; on craignait, disait-on, que ces visites ne permissent de divulguer trop facilement les maladies mentales. Il fut adopté néanmoins. Il résulte de cet article que toutes les personnes qui y sont désignées devront être admises à visiter toutes les fois qu'elles le demanderont. Le premier président, le procureur général, les juges d'instruction, quoique non désignés, auraient le droit de s'introduire dans les établissements d'aliénés dans le cas où ils seraient avertis qu'il s'y commet un fait de détention arbitraire (Instr. cr., art. 616). Les personnes chargées de visiter les établissements d'aliénés ont deux catégories d'observations à y faire : 1° des observations générales portant sur le régime de la maison ; 2° des observations relatives aux personnes. Les premières devront être adressées à l'autorité administrative, les secondes à l'autorité judiciaire.

§ 1ᵉʳ — DES PLACEMENTS DANS LES ÉTABLISSEMENTS D'ALIÉNÉS.

Les placements peuvent être ou 1° volontaires, ou 2° ordonnés par l'autorité publique.

1° DES PLACEMENTS VOLONTAIRES. — Ce qui regarde ces placements est réglé par les art. 8 à 17 de la loi. Ils peuvent être opérés soit dans les établissements publics, soit dans les établissements privés. Tout individu est reçu dans les premiers par les chefs ou préposés responsables, dans les seconds par les directeurs, sur la présentation des trois pièces suivantes : 1° une demande d'admission ;

2° un certificat de médecin; 3° un passe-port ou toute autre pièce propre à constater l'individualité de la personne à placer. Insistons sur ces formalités.

Et d'abord quelles personnes seront aptes à solliciter l'admission d'une autre personne dans un établissement d'aliénés? A cette question l'art. 8 fait la réponse la plus générale, la plus étendue. Toute personne, parente ou non, peut solliciter le placement d'une autre personne dans un établissement d'aliénés; cela résulte, implicitement, mais de la façon la plus nette, du 1° de l'art. 8. Ainsi donc une personne quelconque pourra réclamer l'admission d'une autre personne, à la charge de remplir trois formalités qui ont pour but : 1° de faire connaître et l'individu qui réclame le placement, et celui dont le placement est demandé; 2° de constater l'état d'aliénation mentale; 3° d'établir l'individualité du malade.

I. La première de ces formalités consiste dans la remise par la personne qui réclame le placement, au chef ou préposé responsable, ou au directeur de l'établissement, d'une *demande d'admission*. Cette pièce doit contenir : 1° les noms, profession, âge et domicile de la personne dont le placement est réclamé; 2° les noms, profession, âge et domicile de la personne qui forme la demande; 3° l'indication du degré de parenté, ou, à défaut, la nature des relations qui existent entre elles. La demande doit être écrite et signée par celui qui la forme; s'il ne sait

pas écrire, elle est reçue par le maire ou le commissaire de police qui en donne acte. 4° Enfin, si la demande d'admission est formée par le tuteur d'un interdit, il devra fournir, à l'appui de sa demande,
un extrait du jugement d'interdiction. Les chefs des
établissements sont d'ailleurs tenus « de s'assurer,
sous leur responsabilité, de l'individualité de la
personne qui aura formé la demande, lorsque cette
demande n'aura pas été reçue par le maire ou par
le commissaire de police. » Cette dernière obligation
des chefs d'établissement, s'explique par cette considération : que, la demande faisant peser sur celui
qui la forme une grave responsabilité, il importe
à l'autorité publique de faire constater d'une
manière certaine l'individualité de cette personne.

II. Une seconde pièce est nécessaire pour l'admission d'une personne dans un établissement d'aliénés, c'est un certificat de médecin remplissant les
conditions suivantes. 1° Il doit constater l'état
mental de la personne à placer, indiquer les par-
ticularités de sa maladie, et la nécessité de faire
traiter la personne désignée dans un établissement
d'aliénés et de l'y tenir renfermée. Il y avait dans
le projet de loi une disposition qui voulait que le
certificat énonçât les causes de la maladie; elle fut
supprimée par la raison que les causes de l'aliénation devraient quelquefois demeurer secrètes.
2° Il doit avoir été délivré moins de quinze jours

avant sa présentation au chef de l'établissement.
3° Il ne peut être signé d'un médecin attaché à
l'établissement, ou parent ou allié, jusqu'au second
degré inclusivement, des chefs ou propriétaires de
l'établissement, ou de la personne qui fera effec-
tuer le placement.

III. Outre la demande d'admission et le certificat
d'un médecin, il faut enfin, pour que le malade
soit admis, qu'il soit fourni un passe-port ou toute
autre pièce propre à constater l'individualité de
la personne à placer. On a voulu par cette mesure
écarter les substitutions de personnes qui en cette
matière sont aussi à craindre que les attentats à la
liberté individuelle. Nous verrons plus tard si cette
troisième formalité est de nature à remplir le vœu
du législateur.

Des trois formalités que nous venons d'étudier
successivement, il en est deux qui sont toujours
indispensables : la première et la dernière. Quant
au certificat du médecin, le chef de l'établissement
pourra se dispenser de l'exiger, pourvu que : 1° l'é-
tablissement qu'il dirige soit un établissement public ; 2° qu'il y ait urgence.

Les formalités que nous venons d'exposer étant
remplies, l'individu présenté est admis dans l'établissement public ou privé, sans autre forme de
procès.

II. DES PLACEMENTS ORDONNÉS PAR L'AUTORITÉ PUBLI-
QUE. — Art. 18. « A Paris le préfet de police, et dans

les départements les préfets ordonneront d'office le placement dans un établissement d'aliénés de toute personne interdite ou non interdite, dont l'état d'aliénation compromettrait l'ordre public ou la sûreté des personnes. Les ordres des préfets seront motivés et devront énoncer les circonstances qui les auront rendus nécessaires. »

Art. 19. « En cas de danger imminent attesté par le certificat d'un médecin ou par la notoriété publique, les commissaires de police à Paris et les maires dans les autres communes ordonneront à l'égard des personnes atteintes d'aliénation mentale toutes les mesures provisoires nécessaires, à la charge d'en référer dans les vingt-quatre heures au préfet qui statuera sans délai. »

§ II. — DES MESURES PROTECTRICES DE L'INDIVIDU SÉQUESTRÉ.

La loi organise, pour prévenir les détentions arbitraires, un système plus ou moins compliqué, suivant que l'individu a été placé volontairement ou sur l'ordre de l'autorité publique.

1° LE PLACEMENT A ÉTÉ VOLONTAIRE. — *Première formalité.* — La loi exige tout d'abord qu'il soit envoyé dans les vingt-quatre heures à Paris, au préfet de police, — au préfet ou au sous-préfet dans les communes, chefs-lieux de départements ou d'arrondissements; — aux maires dans les autres communes , les pièces suivantes : 1° un bulletin d'entrée mentionnant toutes les pièces produites pour arriver à l'admission ; 2° la copie du certificat de médecin dont il est parlé au § 2 de l'article 8 ; 3° un second certificat émané du médecin de l'établissement. Le sous-préfet ou le maire qui recevra ces pièces devra en faire immédiatement l'envoi au préfet.

Le certificat du médecin de l'établissement suffira s'il s'agit d'un établissement public ; mais, s'il s'agit du médecin d'un établissement privé, son certificat n'aura plus la même valeur. Dans ce cas « le préfet, dans les trois jours de la réception du bulletin, chargera un ou plusieurs hommes de l'art de visiter la personne désignée dans ce bulletin, à l'effet de constater son état mental et d'en faire rapport sur-le-champ. Il pourra leur adjoindre telle autre personne qu'il désignera. »

Seconde formalité. — Dans les trois jours de la réception du bulletin le préfet doit notifier : 1° au procureur impérial de l'arrondissement du domicile de la personne placée ; 2° au procureur impérial de l'arrondissement de la situation de l'établissement : 1° les noms, profession et domicile de la personne placée : 2° les noms, profession et domicile de la personne qui aura demandé le placement ; 3° les causes du placement.

Troisième formalité. — Quinze jours après le placement de la personne dans l'établissement public ou privé, le chef de l'établissement doit adresser soit au préfet de police, soit au préfet, soit au sous-préfet, soit au maire, un nouveau certificat du médecin de l'établissement. Ce certificat, dans le cas où il serait adressé au sous-préfet ou au maire, devrait être transmis immédiatement par eux au préfet, conformément au dernier paragraphe de l'article 8. Ce certificat confirmera ou ratifiera, s'il y a lieu, les observations contenues dans le premier certificat, en indiquant le retour plus ou moins fréquent des accès ou des actes de démence.

Quatrième formalité.—Elle consiste dans les visites organisées par l'article 4, visites que la loi a cherché à rendre plus efficaces, en ordonnant la tenue dans chaque établissement d'un registre coté et parafé par le maire, sur lequel doivent prendre place les énonciations suivantes : 1° les noms, profession, âge et domicile des personnes placées dans l'établissement ; 2° la mention du jugement d'interdiction, si elle a été prononcée, et le nom de leur tuteur ; 3° la date du placement ; 4° les nom, profession et demeure de la personne parente ou non parente qui l'aura demandé ; 5° le certificat qui a dû être joint à la demande d'admission ; 6° les deux certificats que le médecin de l'établissement est obligé d'adresser à l'autorité, le premier dans les vingt-quatre heures du placement, le second au bout des quinze premiers jours de ce placement ; 7° une constatation renouvelée, au moins tous

les mois, des changements survenus dans l'état mental de chaque malade ; 8° les sorties ; 9° les décès.
Ce registre sera soumis aux personnes qui, d'après
l'article 4, ont le droit de visiter l'établissement,
lorsqu'elles se présenteront pour en faire la visite ;
après l'avoir terminée, elles apposeront sur le registre leur visa, leur signature et leurs observations, s'il y a lieu.

2° LE PLACEMENT A ÉTÉ ORDONNÉ PAR L'AUTORITÉ
PUBLIQUE. — *Première formalité*. — La loi exige
encore ici la tenue d'un registre analogue à
celui qui doit être tenu pour les personnes
placées volontairement, conformément à l'article
12, dont, suivant l'article 18, toutes les dispositions
sont applicables aux individus placés d'office.

Seconde formalité. — Les chefs, directeurs ou
préposés responsables des établissements seront
tenus d'adresser aux préfets, dans le premier mois
de chaque semestre, un rapport rédigé par le médecin de l'établissement, sur l'état de chaque personne qui y sera retenue, sur la nature de sa maladie et les résultats du traitement.

Troisième formalité.—Dans le délai de trois jours
après le placement, le préfet qui a donné l'ordre
de séquestration est tenu de le notifier administra-
tivement : 1° « aux procureurs impériaux, » ce qui
doit s'entendre du procureur impérial de l'arrondissement du domicile de la personne placée, et
du procureur impérial de l'arrondissement de la

situation de l'établissement ; — 2° au maire du domicile des personnes soumises au placement, lequel devra immédiatement en donner avis à la famille ; — 3° au ministre de l'intérieur.

§ III. — DE LA SORTIE DE L'ÉTABLISSEMENT D'ALIÉNÉS.

Cette sortie peut avoir lieu sur la demande de certaines personnes ; elle peut aussi être ordonnée d'office.

I. — DE LA DEMANDE DE SORTIE. — La demande de sortie peut elle-même se présenter sous deux formes différentes, suivant les qualités des personnes qui la forment : les unes peuvent demander la sortie par voie de réquisition directe ; les autres, au contraire, ne peuvent que solliciter de l'autorité judiciaire un ordre de mise en liberté.

1° *Demande par voie de réquisition directe.* — Elle n'est applicable qu'aux personnes placées volontairement, et les personnes qui peuvent la former sont limitativement déterminées par la loi. — Art. 14. « Avant même que les médecins aient déclaré la guérison, toute personne placée dans un établissement d'aliénés cessera d'y être retenue dès que la sortie sera requise par l'une des personnes ci-après désignées, savoir : 1° le curateur nommé en exécution de l'article 38 de la présente loi ; 2° l'époux ou l'épouse ; 3° s'il n'y a pas d'époux ou d'épouse, les ascendants ; 4° s'il n'y a pas d'ascendant, les descendants ; 5° la personne qui aura signé la demande d'admission, à moins qu'un parent n'ait déclaré s'opposer à ce qu'elle use de cette faculté sans l'assentiment du conseil de famille ; 6° toute personne à ce autorisée par le conseil de famille. S'il résulte d'une opposition notifiée au chef de l'établissement par un ayant droit, qu'il y a dissentiment soit entre les ascendants, soit entre les descendants, le conseil de famille prononcera (1).

Il résulte du dernier paragraphe de l'article 14 ainsi conçu : « En cas de minorité ou d'interdiction, le tuteur pourra seul requérir la sortie, » que tout ce qui précède ne s'applique qu'aux personnes majeures et non interdites. Malgré les termes exprès de l'article, qui ne parle que du tuteur seul, il ne faudrait pas croire qu'il y eût là une dérogation au principe de l'article 510. Ici le tuteur n'est que le représentant du conseil de famille, chargé de faire exécuter ses décisions.

« Néanmoins, poursuit l'article 14, si le médecin de l'établissement est d'avis que l'état mental du malade pourrait compromettre l'ordre public ou la sûreté des personnes, il en sera donné préalablement connaissance au maire qui pourra immédiatement ordonner un sursis provisoire à la sortie, à la

---

(1) Remarquez que parmi les personnes autorisées à requérir la sortie, ne figurent point les frères et sœurs. La Chambre leur a refusé expressément ce droit.

charge d'en référer dans les vingt-quatre heures au préfet. Ce sursis provisoire cessera de plein droit à l'expiration de la quinzaine, si le préfet n'a pas, dans ce délai, donné d'ordres contraires, conformément à l'article 21 ci-après. L'ordre du maire sera transcrit sur le registre, tenu en exécution de l'article 12. »

2° *Demande adressée à l'autorité judiciaire*. — L'autorité judiciaire a reçu de la loi le droit d'ordonner la sortie de toute personne placée, soit volontairement, soit d'office, dans un établissement d'aliénés. Art. 29. « Toute personne placée ou retenue dans un établissement d'aliénés, son tuteur si elle est mineure, son curateur, tout parent ou ami pourra, à quelque époque que ce soit, se pourvoir devant le tribunal du lieu de la situation de l'établissement, qui, après les vérifications nécessaires, ordonnera, s'il y a lieu, sa sortie immédiate. Les personnes qui auront demandé le placement, et le procureur du roi, d'office, pourront se pourvoir aux mêmes fins. Dans le cas d'interdiction, cette demande ne pourra être formée que par le tuteur de l'interdit (1). La décision sera rendue sur simple requête en chambre du conseil et sans délai, elle ne sera point motivée. — La requête, le jugement et les autres actes auxquels le jugement

(1) On admet cependant que cette restriction ne devrait pas faire obstacle à la demande formée par le procureur impérial.

pourrait donner lieu, seront visés pour timbre et enregistrés en débet. Aucunes requêtes, aucunes réclamations adressées, soit à l'autorité judiciaire, soit à l'autorité administrative, ne pourront être supprimées ou retenues par les chefs d'établissement sous les peines portées au titre III ci-après. »

L'appel est suspensif en cette matière comme en droit commun. Cela résulte du rejet d'une disposition du projet qui décidait en sens contraire.

II. — DE LA SORTIE ORDONNÉE D'OFFICE. — Le préfet peut toujours ordonner d'office la sortie d'une personne placée dans un établissement d'aliénés, que cette personne ait été placée volontairement (art. 16) ou d'office.

L'intervention du préfet sera facilitée par les mesures ordonnées par le dernier paragraphe de l'art. 8 et par l'art. 20. Si, dans l'intervalle qui s'écoulera entre les rapports ordonnés par ce dernier article, les médecins déclarent que la sortie peut être ordonnée, les chefs, directeurs ou préposés responsables seront tenus d'en référer aussitôt au préfet, qui statuera sans délai (art. 23).

Cette obligation des directeurs d'en référer aux préfets, dans le cas où les médecins déclarent la sortie possible, est spéciale aux placements d'office ; sans doute le préfet aura toujours, même en cas de placement volontaire, le droit d'intervenir d'office pour ordonner la sortie ; mais, dans le cas

de guérison de la personne placée volontairement,
il n'est besoin, pour que la sortie puisse avoir lieu
d'office, d'aucune autorisation du préfet; dès que
cette guérison est constatée sur le registre de la
maison, le directeur doit mettre en liberté la personne placée (art. 13 et 30). S'il s'agissait cependant d'un mineur ou d'un interdit, il ne serait pas
immédiatement mis en liberté, mais il serait sur-
le-champ donné avis de la déclaration des médecins
au tuteur ou au procureur impérial.

§. IV. — OBSERVATIONS GÉNÉRALES SUR LA LOI DE 1838.

La loi dont nous venons de faire une analyse
rapide a soulevé, depuis quelques années, de nombreuses critiques. Nous résumerons, d'après une
brochure publiée sur ce sujet par M. Huc, professeur à la Faculté de Toulouse, les principaux
reproches qui lui sont adressés :

1° Le premier venu, porteur d'un certificat
émané d'un médecin quelconque, a qualité pour
faire enfermer un citoyen dans un établissement
d'aliénés. Bien plus, les chefs d'établissements
publics, dans les cas d'urgence dont ils sont les
seuls juges, pourront se dispenser d'exiger le certificat du médecin.

2° L'unique garantie accordée aux particuliers
placés volontairement, c'est l'intervention tardive
du préfet qui nommera un ou plusieurs hommes

de l'art et n'aura même pas besoin de prendre un arrêté pour que le prétendu dément soit indéfiniment retenu dans l'établissement. Et encore n'en sera-t-il ainsi que pour les placements faits dans un établissement privé, car, s'il s'agissait d'un établissement public, le préfet n'aurait pas à intervenir, pas même pour nommer un homme de l'art.

3° L'individu prétendu en état de démence est moins protégé que l'individu qui est sous le coup de la dénonciation d'un crime de nature à entraîner une peine afflictive ou infamante ; car, dans ce cas, la dénonciation seule ne constitue pas une présomption suffisante pour décerner un mandat d'amener contre une personne ayant domicile. Or, du moment qu'il s'agit de faire enfermer un citoyen comme atteint de démence, « il ne faudra même pas une dénonciation, car une dénonciation suppose une autorité à qui l'on s'adresse, il suffira d'une demande émanée du premier venu, et appuyée du certificat d'un médecin quelconque. »

4° Un quatrième argument contre la loi de 1838 est l'étendue des effets que produit le placement sur l'ensemble du droit privé et du droit public ; nous avons étudié ces effets, nous n'y reviendrons pas.

5° On lui oppose encore la multiplicité des agents qu'elle met en mouvement autour de l'aliéné : administrateur provisoire, mandataire spécial, etc. (1).

(1). Voy. page. 245.

6° La loi a voulu prévenir les substitutions de personnes, en exigeant qu'à la demande de place-ment fût joint un passe-port ou toute autre pièce propre à constater l'individualité de la personne à placer. M. Huc fait observer que rien ne prou-vera que le passe-port présenté s'applique à la per-sonne prétendue aliénée. « D'ailleurs, dit-il, voilà un directeur d'établissement constitué le juge unique d'une question d'*identité de personne*. Or, quand il s'agit d'un repris de justice, la cour seule qui a prononcé la condamnation a qualité pour statuer sur l'identité (518 et suiv., C. I. C.). »

7° Autre observation. La loi veut qu'il soit adressé aux procureurs impériaux notification des placements ; il est évident que ces notifications ne produiront en pratique aucune espèce d'effet, pas plus que les textes de loi qui chargent les procu-reurs impériaux de faire inscrire l'hypothèque lé-gale des femmes mariées et des mineurs.

8° Les précautions prises par la loi pour faciliter l'accès des tribunaux aux individus placés, sont illusoires si l'on suppose le cas d'une tentative de séquestration arbitraire.

9° Enfin, dans la séance du Corps Législatif du 12 juillet 1868, M. Lanjuinais se plaignait que les réclamations des aliénés dussent être portées de-vant une juridiction exceptionnelle, la Chambre du Conseil prononçant sans motifs.

On comprend que chacun de ces points mérite-

rait de longs développements ; mais cette énumération des défauts de la loi de 1838 suffit, malgré
sa sécheresse, à faire comprendre les attaques dont
elle est l'objet, attaques qui faisaient dire, il y a
quelques semaines à peine, à M. le docteur Lassègue,
devant la première chambre du Tribunal de la
Seine, « que la loi de 1838 est au ban de l'opinion »;
attaques enfin, qui, dès le 15 février 1869, ame-
naient la publication au *Journal officiel* d'un arrêté
ministériel nommant une commission chargée de
préparer des réformes. Aujourd'hui encore on
attend le rapport de cette commission, mais déjà
un projet émané de l'initiative parlementaire a été
déposé par MM. Gambetta et Magnin dans la séance
du 11 mars dernier. Il a été publié dans le *Journal
officiel* du 19 avril. Nous n'avons point à apprécier ce projet ; mais nous voulons cependant
signaler une de ses dispositions qui nous semble
complétement inacceptable, c'est l'art. 70 ainsi
conçu : « La personne placée dans un établissement
d'aliénés conservera la jouissance et l'exercice de
ses droits. Son interdiction pourra être poursuivie
conformément au titre XI du livre 1er du C. N.
Toutefois le ministère public pourra toujours la
provoquer d'office, et alors même que la personne
placée ne serait pas dans un état habituel d'imbécillité, de démence ou de fureur. » Il est inutile de
faire ressortir la bizarrerie qu'il y aurait à laisser
nantie de la jouissance et de l'exercice de ses

droits une personne dont la folie aurait été constatée avec toutes les précautions imaginées par MM. Gambetta et Magnin, et les impossibilités pratiques qui naîtraient de ce fait. Il faudrait au moins adopter le système romain tout entier, et donner à l'individu placé un curateur. Mais le second paragraphe de l'article n'est pas moins bizarre, puisqu'il ne tend à rien moins qu'à ébranler tout le système du Code sur les effets de la folie. Faire d'un état accidentel un motif d'interdiction, c'est détruire l'art. 489, qui est la base de l'interdiction; c'est de plus commettre un illogisme, car il est illogique au suprême degré de faire dériver une présomption, — car l'interdiction repose virtuellement sur une présomption, — d'un accident, d'un fait extraordinaire. Non-seulement une loi qui veut avoir chance de vivre doit être avant tout logique, mais elle doit encore s'efforcer de se rattacher aux autres dispositions qui régissent la matière, et être conçue dans le même esprit. C'est ce qui manque à la loi de 1838, qui non-seulement n'est pas conçue dans le même esprit que le Code, mais qui s'efforce de créer un système destiné à supplanter l'interdiction ; c'est ce qui manque encore au projet de MM. Gambetta et Magnin, et c'est là selon nous un vice radical.

Pour nous, s'il nous était permis d'exprimer sur ce point notre opinion, nous dirions qu'une loi sur les aliénés ne pourra cadrer avec le système du

Code, qu'autant qu'elle sera dominée par la même conception juridique de la folie.

D'après le Code, il y a la folie complète et habituelle, qui permet d'anéantir pour ainsi dire,—quant à l'exercice au moins de ses droits — la personne, civile. — Il y a la demi-folie habituelle, qui a donné lieu à l'organisation d'un système bien moins étroitement protecteur. En dehors de ces deux cas, le droit commun conserve son empire. Nous voudrions voir la loi sur les aliénés conçue dans le même esprit. Que la folie complète qui anéantit la volonté permette à la famille ou à l'État d'intervenir et de substituer leur volonté propre à la volonté disparue du fou, tantôt pour sauvegarder la société, tantôt simplement pour tâcher de guérir le malade, rien de plus juste et de plus légitime (1). Mais de quelle façon devra, dans ce cas de folie complète, intervenir la famille ou l'État? Cette intervention devra-t-elle être la même si la folie est permanente ou habituelle, ou si elle est simplement accidentelle? Ne devrait-on pas, dans ce cas, prendre des mesures différentes, à l'imitation de ce que fait le Code lui-même (2)? Et si la folie, au lieu d'être

(1) Il n'y a rien là qui ressemble à une violation de la liberté individuelle, puisqu'on ne saurait parler de liberté là où le libre arbitre a disparu.

(2) Remarquez que pendant les intervalles lucides l'imputabilité reparaît et que, même en cas de folie dangereuse, la société ne peut pas, par conséquent, invoquer le soin de sa protection pour détenir le fou pendant l'intervalle lucide.

complète, n'a pas encore atteint ce degré d'intensité qui fait disparaître la volonté, si elle laisse subsister en partie le libre arbitre, l'action de la famille et de l'État ne devra-t-elle pas encore s'exercer, — si on la croit utile, — d'une façon différente ? Aujourd'hui aucune de ces distinctions n'existe, et il est facile d'en apercevoir la raison. La loi de 1838 a été faite sous l'inspiration de médecins pour qui tout aliéné, quelque grave ou quelque légère que fût la maladie, n'était jamais qu'un malade qu'il fallait, dans tous les cas, s'efforcer de guérir. C'est une idée juste au point de vue médical, mais le point de vue juridique doit être essentiellement différent.

Ajoutons enfin qu'une loi sur les aliénés ne réunira tous les suffrages qu'autant que, — sans d'ailleurs dépouiller l'administration de son droit de police, — elle la dépouillera du droit de prononcer elle-même sur le placement ; qu'autant qu'elle rendra aux tribunaux la connaissance d'une matière qui intéresse à un si haut degré la liberté individuelle et la capacité des personnes.

POSITIONS

—

DROIT ROMAIN.

1° Le fils de famille fou pouvait être donné en adoption et émancipé.

2° Il y avait encore des curateurs légitimes à l'époque de Justinien.

3° Il ne paraît pas possible de concilier la loi 1 au Code : *Qui morbo se excusant*, et les lois 10 et 12 au Dig. : *De Excusationibus*.

4° Les lois 1 *De Bon. poss. fur.*, 11 *De auctor. et consens. tut.*, et la loi 1 de *Success. edict.*, s'accordent.

5° Le délai dans lequel on devait demander la *bonorum possessio edictalis* ne courait pas contre le fou.

6° Il pouvait arriver que la *bonorum possessio decretalis* passât aux héritiers du fou alors qu'il mourait sans être revenu à la raison.

7° Le fou ne peut pas contracter d'obligations naturelles.

8° Les lois 12 § 2 *De judiciis* et 39 *pr. eod. tit.*, s'accordent.

9° Le mariage à Rome n'est pas un contrat consensuel.

DROIT ANCIEN.

1° Dans nos provinces de droit écrit le système de l'interdiction ne différait pas en principe du système du droit romain.

2° La différence qui sépare le système de l'interdiction des pays de droit coutumier du système des pays de droit écrit et du droit romain, c'est la création d'une incapacité civile distincte de l'incapacité naturelle.

HISTOIRE DU DROIT.

1° Il n'est pas exact de dire, comme le prétend Loyseau, que les seigneurs usurpèrent leurs justices à l'avénement de la troisième race.

2° Les Établissements de saint Louis ne sont pas l'œuvre de ce roi.

DROIT CIVIL FRANÇAIS.

1° Dans notre droit actuel les principes généraux sur les effets de la folie sont encore les mêmes que dans le droit romain et dans notre ancien droit.

2° Le système de l'interdiction est un système d'incapacité civile organisé parallèlement à l'incapacité naturelle, consacrée par les art. 146, 901 et 1108.

3° Les articles 503 du Code civil et 39 de la loi de 1838 permettent à l'interdit et à la personne placée ou à leurs ayant cause d'établir l'existence de la folie, au moyen d'une présomption légale *juris tantum* qu'eux seuls peuvent invoquer.

4° L'article 504 parle d'une interdiction dont la main-levée a été prononcée antérieurement à la confection de l'acte attaqué. La provocation en interdiction empêcherait l'article de s'appliquer, encore que la demande ait été rejetée.

5° Ce même article ne doit s'appliquer qu'autant que l'individu dont on veut attaquer un acte était dans un état habituel de folie.

6° On ne peut nommer un conseil judiciaire à une personne dont la demi-folie n'est pas habituelle.

7° Les articles 502, 503 et 504 s'appliquent sans distinction à tous les actes des personnes dont parlent ces articles.

8° L'époux et les enfants doivent être admis au

conseil de famille avec voix délibérative, lorsque l'interdiction est provoquée par d'autres parents.

9° Le mineur peut être interdit.

10° La loi de 1838 sur les aliénés méconnaît les principes généraux du droit, et en particulier l'esprit du Code.

11° La recherche de la maternité n'est pas autorisée contre l'enfant, dans le but de faire réduire les libéralités qu'il a reçues de sa prétendue mère.

12° L'ascendant qui fait un partage entre ses enfants n'est point tenu de se conformer aux articles 826 et 832 du Code Napoléon.

PROCÉDURE CIVILE.

1° Le jugement interlocutoire lie le juge.

2° L'appel du jugement interlocutoire doit être formé dans les deux mois de la signification.

DROIT PÉNAL.

1° Les effets de l'interdiction légale diffèrent de ceux de l'interdiction judiciaire.

2° Le condamné par contumace n'est pas en état d'interdiction légale.

DROIT COMMERCIAL.

L'article 490 du Code de Commerce constitue au profit de la masse une véritable hypothèque sur les immeubles du failli.

DROIT ADMINISTRATIF.

Un établissement public d'aliénés ne peut être supprimé par le conseil général sans l'agrément de l'autorité supérieure.

DROIT DES GENS.

1° L'article 14 du code Napoléon, qui permet au Français créancier d'un étranger d'actionner celui-ci devant les tribunaux français, n'est pas applicable au gouvernement étranger.

2° Il y a violation de la neutralité dans le fait par le neutre de permettre le passage sur son territoire des troupes d'un belligérant.

Vu par le Président de la Thèse,
C. BUFNOIR.

Vu par le Doyen de la Faculté,
G. COLMET D'AAGE.

Vu et permis d'imprimer,
Le Vice-Recteur de l'Académie,
A. MOURIER.

Paris. — Typographie Adolphe Lainé, rue des Saints-Pères, 19.

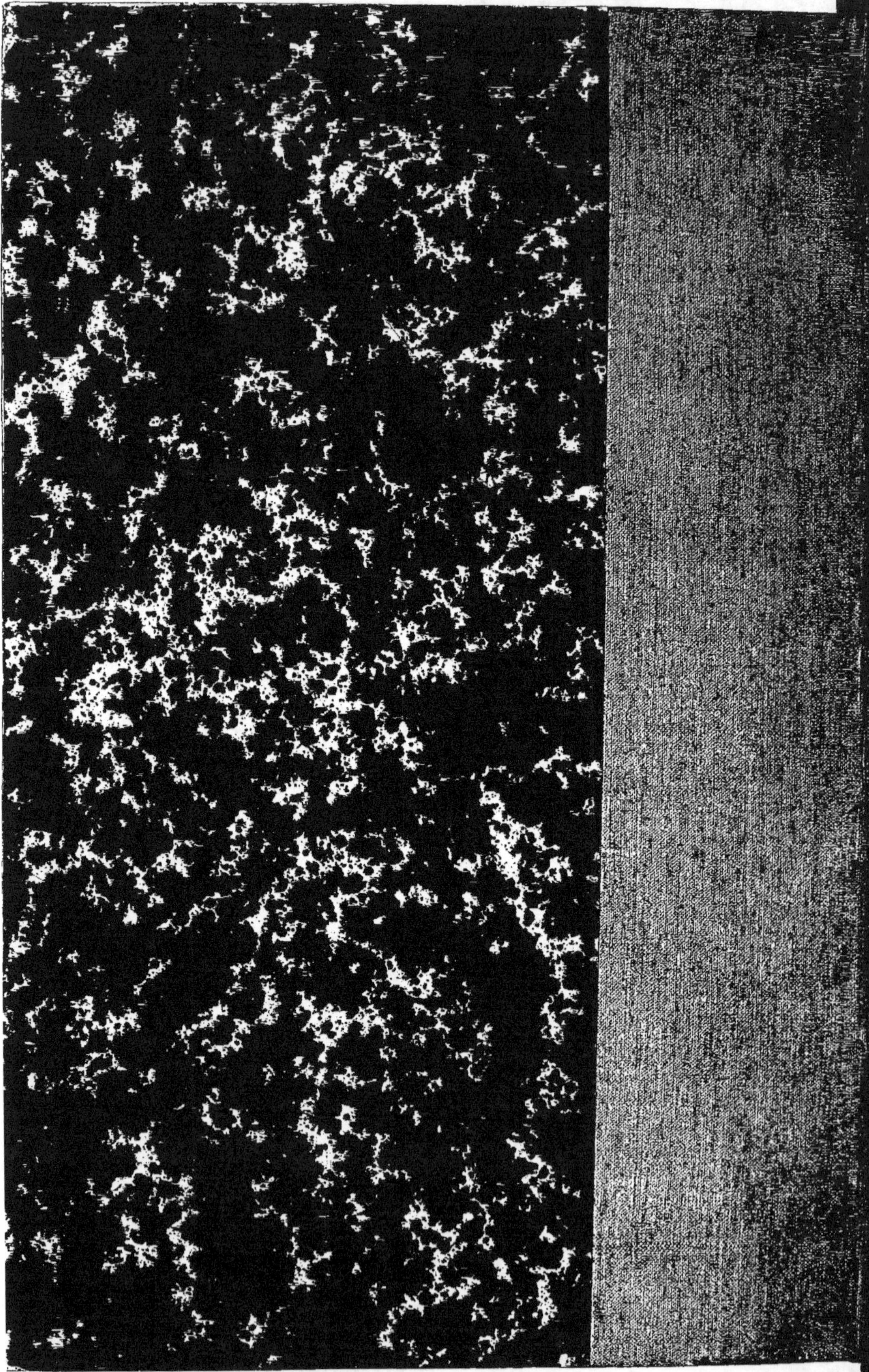